“十四五”高等职业教育公共基础课程系列教材

高职院校大学生心理健康教育
（第二版）

王嘉嘉　刘　敏◎主　编
张晓玲　刘长玲　李学涵◎副主编

中国铁道出版社有限公司
CHINA RAILWAY PUBLISHING HOUSE CO., LTD.

内 容 简 介

本书依据教育部《高等学校学生心理健康教育指导纲要》及轨道交通行业人才培养标准编写而成，旨在将心理健康教育与思想政治教育深度融合，将基础心理与职业心理相结合，落实立德树人根本任务。

本书内容基于项目教学法编写，突出轨道交通类高职学生心理健康教育特色。全书包括九个项目，涵盖基础心理学知识和针对行业与专业特点的岗位心理素质分析、岗位案例，并开发了音频、视频等丰富的教学资源，具有完整的学习评价体系，引导学生在学习基础心理学知识与技能的过程中，做好个体职业心理评估与应对准备，为专业学习和职业成长做心理赋能与储备。

本书适合作为轨道交通类高职院校相关专业的心理健康课程教材，也可作为相关企业员工的培训教材及相关专业人员提升心理健康水平的参考书。

图书在版编目（CIP）数据

高职院校大学生心理健康教育 / 王嘉嘉，刘敏主编．

2版．-- 北京 ：中国铁道出版社有限公司，2025．8．

（“十四五”高等职业教育公共基础课程系列教材）．

ISBN 978-7-113-32236-6

Ⅰ．G444

中国国家版本馆CIP数据核字第2025AU6147号

书　　名：高职院校大学生心理健康教育

作　　者：王嘉嘉　刘　敏

策　　划：张松涛　　　　**编辑部电话：**（010）83527746

责任编辑：张松涛　彭立辉

封面设计：郭瑾萱　尚明龙

责任校对：刘　畅

责任印制：赵星辰

出版发行：中国铁道出版社有限公司（100054，北京市西城区右安门西街8号）

网　　址：https://www.tdpress.com/51eds

印　　刷：天津嘉恒印务有限公司

版　　次：2021年10月第1版　2025年8月第2版　2025年8月第1次印刷

开　　本：889 mm × 1 194 mm　1/16　**印张：**12.25　**字数：**421千

书　　号：ISBN 978-7-113-32236-6

定　　价：49.80元

前言

本书依据教育部《高等学校学生心理健康教育指导纲要》及轨道交通行业人才培养标准，结合轨道交通行业的发展现状、专业设置、岗位特点及现场需求，基于项目教学法，以基础理论、培养与塑造、职业心理的顺序编写教材内容。

本书响应党的二十大号召，全面贯彻党的教育方针，落实立德树人根本任务，在保留第一版优点和特色的基础上，在教材形式、媒体资源、产教融合方面进行了更新和提升。主要进行了以下修订：内容融入课程思政元素，弘扬工匠精神；细化项目结构，项目总述部分包括项目描述、思维导图、趣味导读，每个任务包括情境导入、学习目标、任务描述、任务分析、相关知识、活动训练、任务评价，形成完整的项目学习闭环；结合任务主题对应的心理素质训练与心理活动体验，以项目情境音频导读增强学生的学习兴趣，以二维码微课视频资源呈现本书在大学生心理课堂中的使用方法及应用效果，进行重点难点知识解析，为师生提供有效思路，实现师生高效互动。

本书由王嘉嘉、刘敏任主编，张晓玲、刘长玲、李学涵任副主编。具体编写分工：王嘉嘉负责编写项目四、项目九以及其他项目的任务三，各项目的项目描述和思维导图；刘敏负责编写项目一、项目二，项目六的任务一、任务二，各项目的活动训练；张晓玲负责编写项目七和项目八的任务一、任务二；刘长玲负责编写项目三的任务一、任务二；李学涵负责项目五的任务一、任务二。

编者对铁路各站段及城市轨道交通单位进行了大量调研，得到企业专业管理领导和技术专家的大力支持和帮助。参与编写的专家有中国铁路北京局集团有限公司张家口工务段薛云飞、中国铁路北京局集团有限公司北京西工务段刘志宏、中国铁路北京局集团有限公司天津客运段李霖、天津一号线轨道交通运营有限公司王连霞、中国铁路北京局集团有限公司融媒体中心贾宁、中国铁路北京局集团有限公司天津工务段张彤晶、中国铁路北京局集团有限公司张家口工务段李晨光，在此深表谢意！

由于本书是对心理健康普及教育与专业特点、需求相结合的初步探索与尝试，难免存在疏漏和不当之处，欢迎各位专家和读者提出宝贵意见和建议，在此一并表示感谢！

编　者

2025 年 3 月

目 录

项目一

运用心理知识　适应学业职业

项目描述

本项目主要了解健康与心理健康的概念与内涵，把握大学生心理健康的标准以及加强大学生心理健康教育的重要性和方法途径；提升大学生心理健康意识与能力，加快适应大学生活环境；理解轨道交通行业岗位人员心理健康的意义及心理适应能力的要求，促进大学生全面发展，提升维护自身心理健康水平，推动健康中国建设。

思维导图

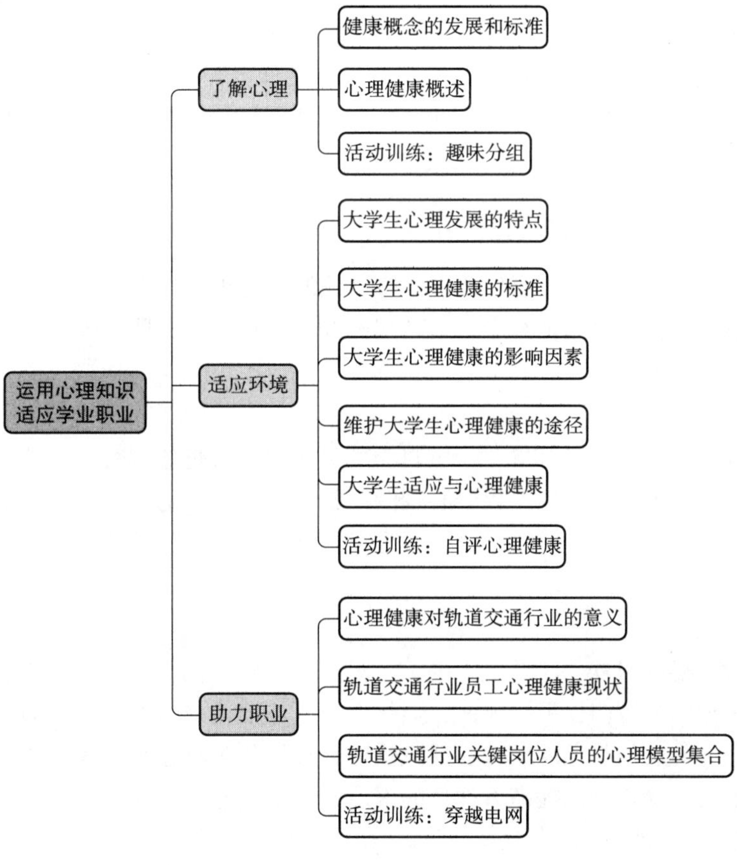

趣味导读

音 频

向上的力量

从可敬的中国宇航员的故事中可以看到，心理素质在一个人成长和发展中的重要基础作用。在现实生活中，我们做任何事情，完成任何任务甚至挑战，都需要具备良好过硬的心理素质，都要有强大的心理资源做支撑。通过学习心理健康方面的知识，可使学生增强自我心理保健的意识与自我调适能力，学会主动地对自己进行积极心理建设，保持一个和谐、积极、蓬勃的生命状态，以应对当下学业和未来职业挑战。

任务一　了解心理

情境导入

楚毅同学是高职一年级的新生，入学后没多久，他就找到心理健康老师倾诉："最近总是因为一点小事儿就控制不住发脾气，尤其是对身边的室友和好朋友，事后又觉得很后悔，但不知道怎么跟他们解释，感觉他们也不理解我。"心理健康老师还了解到，楚毅希望能够竞选上专业课代表，但是担心班级里人才济济、竞争激烈，竞选会失败，每日为此焦虑不安。

学习目标

知识目标：

掌握心理健康的含义和标准，理解心理健康教育的重要意义，了解心理健康的基础知识。

能力目标：

在日常生活中主动关注自身心理健康状态，具备寻求解决心理问题途径和方法的能力。

素质目标：

通过对心理健康概念和标准的了解，提高心理素质，为将来的工作、生活打下心理调适的基础。引导学生掌握正确的应对心理问题的方法，用积极的心态面对现实生活，发展健全的品格，提高自我道德水平，在心理健康自我教育方面提升文化自信。

任务描述

学习健康概念的发展过程和标准，结合生活事件对自我的健康程度进行分析。

描述自己的心理健康状况，结合心理健康的定义和标准，了解自我心理健康程度。

任务分析

通过学习健康和心理健康的定义和标准，了解自身的健康和心理健康的程度，能结合生活事件和所学专业岗位职业情境理解心理健康的重要性，制定提升心理健康素养的目标。通过完成学习活动训练，提升对自身心理健康状况的认识，达到觉察和提升心理健康程度、适应学业、职业的发展目标。

相关知识

大学阶段是人生非常重要的时期，将奠定人的一生的基础。年轻的大学生，一方面经历相对简单，生活阅历不够丰富，基本上是从校门到校门；另一方面，当代大学生还要面临考核升级压力、竞争经济压力、就业生存压力等困扰。因此，他们的成长与发展、身心健康受外界环境的影响越来越大，导致大学生的心理健康问题越来越突出，健康状况令人担忧。全面提高大学生的素质，特别是心理素质，培养合格的社会人才，加强大学生的心理健康教育非常必要和迫切。

一、健康概念的发展和标准

健康是经久不衰的话题，有了健康，才会有希望，才会有一切。以往大家一般认为“没有病痛和不适，就是健康”，这种无病即健康的观念一直为许多人所持有。然而，随着科学文化和社会的不断发展，传统的生物医学模式开始向生物—心理—社会医学模式转变，心理、社会因素对于健康和疾病的影响越来越引起人们的关注，人们慢慢地认识到健康不单纯是肉体无痛无病，还与精神状态有密切的联系。于是，健康的概念不断发展，由过去单一的生理健康发展到生理和心理健康，又发展到生理、心理健康以及社会适应良好，再发展到生理健康、心理健康、社会适应良好以及道德完善四个方面。由此可见，人们在重视身体健康的同时，对心理健康的关切程度也与日俱增。

世界卫生组织给健康下了正式定义：“健康是指生理、心理和社会适应均呈良好的状态，而不仅仅是指没有疾病或体质健壮。”从这一定义来看，健康并不是人们在一般意义上所理解的身体好、没有疾病、没有缺陷、不虚弱，而是要求生理、心理和社会适应等多方面良好协调。

世界卫生组织提出关于健康的十大标准：一是要有足够充沛的精力，能从容不迫地应对日常工作和生活的压力而不感到过分紧张；二是处事乐观，态度积极，乐于承担责任，事无巨细不挑剔；三是善于休息，睡眠良好；四是应变能力强，能适应外界环境的各种变化；五是能够抵抗一般性感冒和传染病；六是体重得当，身体匀称，站立时，头、肩、臀位置协调；七是眼睛明亮，反应敏锐，眼睑不发炎；八是牙齿清洁，无空洞，无痛感，齿龈颜色正常，无出血现象；九是头发有光泽，无头屑；十是肌肉丰满，皮肤富有弹性。这十个标准首先阐明，健康的目的在于运用充沛的精力承担起社会任务，而对繁重的工作不感到过分的紧张和疲劳；其次，则强调心理上健康，面对问题要表现出乐观和积极应对的态度；最后，应具备较强的应变能力，以适应瞬息万变的客观情况。可见，健康是生理健康与心理健康的辩证统一，相互促进。

视频

健康与心理健康

二、心理健康概述

1. 心理健康的定义

心理健康是指个体内部心理过程和谐一致，与外部环境适应的良好而稳定的心理状态。其表现是认知功能正常、情绪积极稳定、自我评价恰当、人际交往和谐、环境适应良好。

可以从以下两个方面来理解心理健康的定义：一是无心理疾病，即个体的心理活动处于正常状态下，认知正常、情绪协调、意志健全、个性完整和适应良好，是心理健康的最基本条件；二是具有一种积极发展的心理状态，保护和促进个体的心理健康，消除一切不健康的心理倾向，充分发挥身心潜能。积极的心理健康不仅没有心理疾病，而且能充分发挥个人潜能，发展建设性人际关系，从事具有社会价值的创造。

2. 心理健康的标准

心理健康是相对于不健康而言的，健康与不健康之间没有明显的界限，只是程度不同而已，不像生理健康那样具有精准的测量指标。心理健康与否是一个动态变化的过程，不是固定不变的。所以，关于心理健康的标准问题也是众说纷纭，没有一个统一的标准，中外学者对心理健康标准的认识也不尽相同。

世界卫生组织具体提出了人的身心健康的七条标准：

①快食：快食并不是狼吞虎咽，而是吃饭不挑食、不偏食，津津有味，没有过饱体验或不饱的不满足感。

②快眠：较快入睡，睡眠质量好，醒后头脑清醒，精神饱满。快眠说明神经系统的兴奋、抑制功能协调，且内脏无病理信息干扰。

③快便：快速通畅地排泄，感觉轻松自如，在精神上有一种良好的感觉，说明胃肠功能好。

④快语：说话流利，语言表达准确，头脑清楚，思维敏捷，说话不觉吃力、无有话说而又不想说的疲倦之感。

⑤快行：行动自如、协调，迈步轻松、有力，转体敏捷，反应迅速，说明躯体和四肢状况良好，精力充沛旺盛。

⑥良好的个性：性格温柔和顺，言行举止得当，能够很好地适应不同环境，没有经常性的压抑感和冲动感。

⑦良好的人际关系：与人相处自然融洽，与人交往能被大多数人所接受。

目前，我国心理学家提出了现代人心理健康的十条新标准：

①充分的安全感。安全感是人的基本需要之一，如果惶惶不可终日，人便会很快衰老。抑郁、焦虑等心理，会引起消化系统功能的失调，甚至会导致病变。

②充分了解自己，对自己的能力做出恰如其分的判断。如果勉强去做超越自己能力的工作，就会显得力不从心，于身心大为不利。由于超负荷的工作，甚至会给健康带来麻烦。

③生活目标切合实际。由于社会生产发展水平与物质生活条件有一定限度，如果生活目标定得太高，必然会产生挫折感，不利于身心健康。

④与外界环境保持接触。因为人的精神需要是多层次的，与外界接触，一方面可以丰富精神生活，另一方面可以及时调整自己的行为，以便更好地适应环境。

⑤保持个性的完整与和谐。个性中的能力、兴趣、性格与气质等各种心理特征必须和谐而统一，才能得到最大的施展。

⑥具有一定的学习能力。现代社会知识更新很快，为了适应新的形势，就必须不断学习新的东西，使生活和工作能得心应手，少走弯路，以取得更多的成功。

⑦保持良好的人际关系。人际关系中，有正向积极的关系，也有负向消极的关系，而人际关系的协调与否，对人的心理健康有很大的影响。

⑧能适度地表达和控制自己的情绪。人有喜怒哀乐不同的情绪体验。不愉快的情绪必须释放，以求得心理上的平衡。但不能发泄过分，否则既会影响自己的生活，又会加剧人际矛盾，于身心健康无益。

⑨有限度地发挥自己的才能与兴趣爱好。人的才能和兴趣爱好应充分发挥出来，但不能妨碍他人利益，不能损害团体利益；否则，会引起人际纠纷，徒增烦恼，无益于身心健康。

⑩在不违背社会道德规范下，个人的基本需要应得到一定程度的满足。当然，必须合法，否则将受到良心的谴责、舆论的压力乃至法律的制裁，自然毫无心理健康可言。

可见，关于心理健康的标准问题，国内外学者一般认同心理健康标准具有复杂性，既有文化差异，也有个体差异。心理健康不是指某种固定不变的状态，而是富于弹性与变化的相对状态。简言之，心理健康的标准有两个层面上的含义。广义上讲，心理健康是一种持续高效而满意的心理状态；狭义上讲，心理健康是知、情、意、行的统一，使人格完善协调，社会适应良好。

综上所述，人的心理健康是一种持续的、积极的心理状态。个体在这种状态下，能够与环境有良好的适应，生命具有活力，能充分发挥其身心潜能，便可视为心理健康。人的心理健康水平大体可分为三个等级：一是一般常态心理，表现为心情经常愉快、适应能力强、善于与别人相处，能较好地完成与同龄人发展水平相适应的活动，具有调节情绪的能力；二是轻度失调心理，表现出不具有同龄人所应有的愉快，与他人相处略感困难，生活自理能力较差，经主动调节或通过专业人员帮助后可恢复常态；三是严重病态心理，表现为严重的适应失调，不能维持正常的生活和工作，若不及时治疗可能恶化成为精神病患者。

大学生可以通过以上标准，了解自己的心理健康状态，进行适当的自我调适，或者接受心理健康教育，使自己处于最佳的健康状态，这样对学习和工作都大有益处。

学习笔记

活动训练

趣味分组

①目的：通过分组，建立课堂的小组团队，促进小组更有效地完成学习任务。

②步骤：

- 每名学生抽取一张教师提前准备的号码牌，抽到相同号码牌的学生坐在一起，组成小组。
- 小组内的学生轮流进行自我介绍，可以包括自己的姓名、他人怎样容易记住这个名字、自己具有的三个重要特征。
- 每个小组选出一名组长，制定组名、组规，并写在白纸上，所有组员签名承诺。
- 各组依次上台介绍组名和组规。

③在活动训练过程中，完成活动训练任务单（见表1-1-1）的填写。

表1-1-1　活动训练任务单

<table>
<tr><td>任务执行人</td><td></td><td>班级名称</td><td></td></tr>
<tr><td>所属小组</td><td></td><td>完成日期</td><td></td></tr>
<tr><td colspan="4">任 务 实 施</td></tr>
<tr><td>理论认知</td><td colspan="3">结合心理健康标准的学习，可以做如下描述：
①自我介绍：
我是来自______（班级）______（自己的姓名）。
他人可以通过______方式记住我的名字。
我具有的三个重要特征有______。
②我们的组规包括______</td></tr>
<tr><td>情感体验</td><td colspan="3">当我和不熟悉的同学坐在一个小组时，我感到______（描述情绪）。
当我在推选组长、商定组名、组规时，我感到______（描述情绪）。
当我在台上展示组名和组规时，我感到______（描述情绪）</td></tr>
<tr><td>意志提升</td><td colspan="3">当我和小组其他同伴一起制定组规并签署承诺时，我觉得我的自制力提升了______分（满分10分）</td></tr>
<tr><td>行为表达</td><td colspan="3">通过这项活动，我发现我在行为层面有了这些方面的改变：（比如，原来不敢在人群中表达自己的意见，通过活动体验，可与他人一起商议组规并说出自己的想法）
①______。
②______</td></tr>
<tr><td colspan="4">指导老师批阅：

年　　月　　日</td></tr>
</table>

任务评价

对本任务学习目标的达成情况进行评价，见表1-1-2。

表1-1-2 任务评价表

评价内容	评价标准	分数	评分记录		
			学生自评	组间互评	教师评分
知识掌握	掌握心理健康的含义和标准，了解心理健康的基础知识	10			
	理解心理健康教育的重要意义	10			
能力应用	结合生活事件，在日常生活中主动关注自身心理健康状态	30			
	掌握寻求解决心理问题的途径和方法	30			
素质养成	提升心理素质，为将来的工作、生活带来心理调适的基础	10			
	用积极的心态面对现实生活和未来职业，在心理健康自我教育方面提升文化自信	10			
总 分		100			

任务二 适应环境

情境导入

影辛同学是一名高职院校大一新生，是家里的独生女。上大学前，除了学习，其他事情都由父母代劳。进入大学后，她经常想家，感到焦虑和孤独。她自述："我口味清淡，而食堂里的饭菜总是很咸；我不会手洗衣服，总把自己的手指搓破，只能送到收费的洗衣机去洗，可是这样生活花销又太大；寝室的地方很小，人很多，我的东西堆得到处都是，想用的时候总是找不到，晚上也休息不好；家人不在我身边，我真的不知道和谁倾诉。"就因为这些新生适应期的琐事，影辛觉得上大学很痛苦。

学习目标

知识目标：

了解进行大学生心理健康教育的重要意义，掌握提高大学生心理健康水平的方法和途径，理解适应问题的应对措施。

能力目标：

能自主地思考和实践提高个体心理健康的途径和方法，使用适合自己的方法适应大学生活。

素质目标：

提高自我教育、自我管理、自我探索的意识。积极看待心理健康，增强健康意识，做好适应心理准备，提高生活的文明度和幸福感，能够充分体验到拥有国家文明传承的自豪感。

任务描述

准确把握大学阶段的心理特点和标准。结合生活事件，对自我在大学阶段的心理特点进行分析和描述。

理解影响心理健康的因素。结合心理健康的影响因素，分析自我心理健康的形成原因。

使用新生适应的途径和方法。结合自身的特点，探索适合自我的新生适应方法。

任务分析

通过学习大学生心理健康特点和标准，了解大学生在心理健康方面的共性与个体差异，并结合自身的生活事件，使用提升心理健康的途径和方法，可实现心理健康素质的提高；结合新生适应期的表现和应对策略，达到缩短适应期的目标。通过完成学习活动训练，提升对大学生心理健康标准的认识，达到适应大学生活的目标。

相关知识

一、大学生心理发展的特点

我国大学生多数处于18~24岁这一年龄阶段，这个阶段的青年人的生理发展已接近完成，已具备了成年人的体格及种种生理功能，心理发展迅速走向成熟，但还没有达到真正成熟的心理状态，这就使他们的心理行为特点表现得比较明显，并区别于一般青年人心理发展的基本特点。

1. 认识能力迅速发展

随着年龄增长，大学生的认识能力得到迅速发展。在中学阶段，学校主要关注培养学生的智力。进入大学后，专业知识、特殊技能以及其他相关知识都成了学习的主要内容。学生经过学习，使自己对所学专业的知识水平达到了一定高度。大学生能够系统地思考事物之间的联系，形成了抽象的逻辑思维，具备了初步的归纳能力，对事物有自己的见解；敢于提出问题，开始用批评的眼光看待周围事物，思维独立性得到显著提高。

2. 感情丰富但不稳定

在感情心理方面，大学生的特点是感情丰富，但稳定性不足。大学生的感情包括情绪、情感和情操。他们的荣誉感、集体感、道德感、正义感、美感、同情感、友谊感等高级情感都有了很大发展。

大学生的感情变化主要源于内部需要的结构变化和价值观的不平衡、不稳定。大学生的需要结构和价值观既有其实际的一面，又有其过于理想的一面。如果过分注重理想化的追求，使其与现实生活经验不符，便容易产生情绪变化，甚至是偏激和极端的情绪，容易兴奋、激动、热情，也容易发怒、怄气或感情用事。

3. 意志力增强

大学生已经具备较强的自制力，能够进行自我调节、自我激励。他们学习的目的和动机较明确，大部分学生有个人的理想愿望，并对实现自己的目标充满信心，具有较顽强的毅力，并且努力完善自己的心理发展，塑造完美个性。

4. 自我意识得到进一步发展

自我意识包括自我认识、自我体验和自我调节三个方面。自我意识是在不断变化的，自我意识的发展从根本上来说就是个体依赖性的减少和独立性的日渐增长。当代大学生可以通过集体、同学对自己的评价，客观地了解自己的思想和行为，但有时会带有一定的片面性，出现“低估自我”或“高估自我”现象。同时，当代大学生可以较好地进行自我调节、自我控制，能进行有效的人际交往，营造和谐的环境。大学生注意力开始从对外部世界的认识转变为对自己内心世界的认识，也是自我意识得到进一步发展的表现。

5. 个性基本形成

在大学期间，大学生的个性基本形成，他们懂得如何发挥自己气质的长处，避开其短处。他们的能力发展较迅速并有一定水平。他们兴趣广泛，追求时尚。

二、大学生心理健康的标准

大学生普遍具有青年人的许多共同特点，但由于特定的年龄特征和社会角色特征等决定了大学生群体在心理发展中的特殊性。根据我国大学生群体的实际情况，其心理健康水平的评判应着重从以下几个标准考虑：

1. 浓厚的学习兴趣

智力正常是大学生学习、生活和工作的最基本的心理条件，是衡量大学生心理健康的重要标准，是大学生完成学习任务、适应周围环境变化所需要的心理保证。心理健康的大学生应当学习目的明确，珍惜学习的机会，求知欲望强烈，能自觉保持一定的学习效率，勇于克服学习中的困难，乐于学习和工作，能够最大限度地开发自己的潜能，并能从学习中体验到满足与快乐。

2. 善于控制情绪

情绪是心理健康的晴雨表，情绪稳定是一个人心理成熟的特征，也是大学生心理健康的另一个重要标志，在心理变化中起着核心的作用。情绪异常往往是心理疾病的先兆。心理健康的大学生能经常保持愉快、开朗、乐观、满足的心境，当喜则喜，该怒则怒，对生活和未来充满希望。他们虽然也会有悲伤、哀愁等消极情绪体验，但多数不特别严重，持续时间不长，而且都能够进行协调和控制。情绪的表达既符合社会的要求，又符合自身的需求，情绪反应与环境相适应，反应的强度与引起这种情绪的情境相符合。

3. 健全的意志

良好的意志品质是一个人成才不可或缺的精神支柱，是促使心理成熟健康的重要因素。衡量和锻炼意志品质主要通过以下四个方面：自觉性、果断性、坚韧性和自制力。意志健全的大学生在各种活动中，都有清晰的长远目标和近期的奋斗目标、合理的行为规划，能适时地做出决定并运用切实有准备的方式解决所遇到的问题；在困难和挫折面前，能采取合理的反应方式，控制情绪和言行，而不是行动盲目、言行冲动、顽固执拗，或者畏惧困难、优柔寡断、意志薄弱。

4. 完整的人格

人格是个体比较稳定的心理特征的总和。人格完整是指人格的构成要素的气质、能力、性格和理想、信念、人生观等方面均衡发展。具有完整人格的人，都会表现出胸怀坦荡、言行一致、表里如一，有明确的人生观和世界观，并以之为中心把自己的需要、兴趣、动机、愿望、理想等统一起来的行为特征，不会出现双重人格或者多重人格，能有效地支配自己的心理行为，具有相对完整统一的心理特征。

5. 正确的自我评价

自我认知在人的心理健康中起着很重要的作用，它制约着人格的形成和发展，在人格的实现中具有强大的动力功能。正确的自我评价是大学生心理健康的重要条件。心理健康的大学生自我认知准确而清晰，自我觉察敏锐及时，能够包容和接纳自己，既不目空一切，也不妄自菲薄，对自己的优势和强项、劣势和短板等都有恰如其分的认识，并能有意识、有条件地扬长避短，这样才能有基本的自信心。

6. 心理行为与年龄相符

人的发展有很多阶段，不同年龄段的人，其心理行为是有差异的，形成独特的心理行为方式。如果一个人的心理发展不同步于生理发展，就会出现心理问题。大学生也应当具有与其年龄相符合的心理行为特征。有的大学生因为刚刚独自在学校生活，甚至不具备最基本的生活自理能力，无法独立安排自己的起居，难免会在生活中紧张焦虑，在人际交往过程中退缩封闭，在学习工作上自卑恐惧，这些都是心理不健康的表现。所以，开展大学生心理健康教育，从而培养其自主性和独立性，有助于大学生以后的工作和学习。

7. 较强的适应能力

当今世界技术发展日新月异，生存竞争压力越来越大，个体的生存发展环境变化可谓是瞬息万变。所以，只有具有较强的适应能力，才能满足当今社会的需求，而具有较强的适应能力也是心理健康的重要特征。人的一生都处在社会生活不断变化且需要与之相适应的过程，所以，不能有效处理与周围现实环境的关系是心理不健康的主要原因。大学生的适应能力主要表现在：对人际关系、环境、学习以及不同情景的适应上。心理健康的大学生，应能和社会保持良好的接触，对社会环境有清晰的了解与判断，规划自己的行为和方向，科学理性地协调与环境的关系，使之趋于和谐。一旦出现矛盾冲突，能及时调整改变自己顺应客观环境的条件。

8. 和谐的人际关系

人是社会性的动物，总是处在一定的社会关系之中，需要进行人际交往，需要与其他人互动。大学生也离不开人际交往，和谐的人际关系是大学生心理健康不可或缺的条件。营造和谐、宽松的学习和工作气氛，有助于大学生更好地学习和工作，以及健康心理的培养和维护。同样，健康的心理也有助于营造和谐的人际关系。

三、大学生心理健康的影响因素

大多数大学生处于青年中期，这个时期的心理发展水平，总体来说正在走向成熟而又未真正完全成熟，是人的一生中心理变化最激烈、最明显的时期。现实生活中存在的各种各样的问题，都会对大学生的心理健康状态有重大影响。一般而言，影响大学生心理健康的因素，既有个人生理和心理等方面的内在主观原因，又有社会环境中的外在客观原因。

1. 内在因素

（1）生理因素

现代医学研究表明，一个人的心理健康水平会受其自身的遗传、大脑损伤、性别等因素的影响。

医学临床研究表明，如果父母为精神分裂症患者，子女患精神分裂症的概率就会高出常人数倍；大脑组织损伤不仅会损害人的智力，造成记忆力缺损，影响正常的思维活动，而且由脑损伤造成的精神病患者还会产生情感障碍。例如，有的人原来脾气很好，脑损伤后却变得暴躁无比；有的患者在发生脑损伤后，还会产生幻觉和妄想；从性别因素上看，据研究表明，女性由于感情丰富、敏感细腻，她们患功能性精神障碍、焦虑症、抑郁症等精神疾病的发生率都高于男性。

（2）个性缺陷

大学生由于年龄较小，并且心理尚未成熟，其行为和情感处于复杂时期。大多数学生存在“心理闭锁”的倾向，想与人交往又害怕交往，渴望接触异性却又缺乏勇气与方法，心理上感到孤独、寂寞，看问题主观、片面、偏激、敏感且多疑，经常有不由自主的破坏性冲动，事后又懊恼不已。由于其本身的各种缺陷，也会加剧心理问题的出现。

（3）自我认同危机

由于大学生未能正确认识自我、评价自我，相当一部分学生都未及时地调整自我概念，还未顺利完成角色的转换。“理想自我”与现实自我存在较大差异，从而在学习和生活中出现心理困惑。例如，不少学生在中学时是尖子生，形成了一种优越感，但进入大学后，成为一般的学生，在知识面和能力上出现很多差异，他们无法适应这种变化，从而产生强烈的挫折感、自卑感，最后导致自暴自弃，影响学业。

（4）心理素质脆弱

心理素质不高会影响大学生的心理健康状况。大学生中的独生子女越来越多，相当一部分人因受到家庭的过分保护和宠爱，导致心理素质特别脆弱。他们承受挫折的能力和心理调节适应环境的能力都很差，只想享受权利而不愿承担义务，一旦学习、生活中遇到困难便灰心失望、萎靡不振，逃避现实，没有责任心，不敢于担当，做事唯唯诺诺，这都是心理不健康的表现。

2. 外在因素

大学生的心理健康水平，除了受个人内在的主观因素的影响之外，还会受到外在的社会环境因素的影响制约。家庭、学校、社会环境等因素，都会对大学生的心理健康状况产生影响。

（1）家庭因素

家庭是学生的第一课堂，父母是孩子的第一任老师。孩子除了在学校学习期间之外，与父母家人的接触最多，无论从遗传角度还是后期影响来看，父母等家庭成员都起着举足轻重的作用。所以，父母等家庭主要成员对子女的态度、教育方式及家庭成员之间的关系等都对学生的心理健康产生着潜移默化的影响。

（2）学校因素

由于学校多年来实行应试教育，对学生的学习成绩一直抓得很紧，但对学生的心理与精神方面的需求却疏于引导，不重视学生的素质培养，当学生独自面对成长过程中的各种问题时，就很容易引发各种各样的心理问题或心理疾病。

（3）社会因素

目前，部分用人单位认为，高等专科学生在理论水平上不及本科生。受社会评价体系与就业等多方面的影响，高等专科学生容易产生各种各样的心理问题。高等专科学生应正确看待这些现实问题，为自己定位，找到一个平衡点，发挥长处，用实际行动证明一切。

（4）环境的变迁

对于刚刚接受高等教育的大多数学生来说，他们面临着高校环境的变迁，以及学习条件和方法、生活习惯、人际关系的变化。第一次远离家庭和父母，不仅要学会照顾自己，还要面对新的人际环境；更重要的是，要面临思想观念和处世方式的改变。新旧环境差异越大，要求大学生自我调整和改变越大，对大学生的心理冲击越激烈，弄不好就会造成心理问题。有关高校通过调查发现，来自农村的新生出现心理问题比率明显大于来自城市的新生。

（5）来自专业和学习的压力

来自专业和学习上的压力也可能使学生产生心理问题。有的学生对所学专业不感兴趣，或由于中学阶段基础不牢，而觉得学习困难，常常感到力不从心，从而出现一部分消极应对的群体，“上课分心，下课揪心，平时上网，考试作弊”。这些学生由于自身的学习能力有待提高，学习动机不明确，使得学生的学习焦虑情绪日益加重，学习的信心发生动摇，从而导致产生心理压力。

总之，影响大学生心理健康状态的原因是多方面的，生理、心理、社会因素时常交织在一起，相互联系，相互制约。所以，维护大学生的心理健康也应该从多方面着手努力。

四、维护大学生心理健康的途径

在现实生活中，大学生要学会在逆境中巧妙地应对各种复杂多变的情况。大学生只有保持良好的心理状态，才能在学习和生活中健康地成长。

在大学生中开展心理健康教育，不仅关系到学校的教育能否培养出身心健康、全面发展的新型人才，而且关系到全民族素质的提高。一个人各方面的良好发展，是社会影响和个人选择、社会制约力和主体调控能力整合之后发挥作用的结果。大学生健康心理的形成和维护，更多地取决于个人的努力和调控。健康心理的维护和培养途径主要有以下几种：

1. 掌握心理健康知识

健康心理的形成和维护是一个科学的过程，大学生心理健康状况与其生活、学习、工作密切相关。

首先，大学生心理健康不仅是家庭问题、学校问题，而且已经变成了严重的社会问题，全社会都要正视高校大学生的心理健康。因此，需要学校、家庭和社会密切配合、共同努力，使心理健康教育与心理咨询工作能够在高校大学生的成长与成才中发挥更大的作用。家长要给予子女宽松、民主、平等的家庭氛围，院校要营造一个健康向上、积极进取的校园文化环境，以形成良好的校风、学风和团结友爱的人际氛围，努力创造一个群体心理健康的大环境。

其次，还应系统开设心理健康教育课程。加强学生对心理素质意义的全面认识；建立科学的心理防御机制；针对学习、生活、身心、角色、地位、人际关系等变化进行专门的辅导。对于大多数学生来说，学习掌握心理健康知识，并不一定是要成为心理学家，主要的目标是了解心理健康的常识，维护自我的心理健康。遇到心理问题，可以自我调适，采取适当的解决方法。

2. 保持身心健康

预防总比治疗好，大学生应养成良好的生活习惯，进行积极的自我暗示，努力适时预防心理疾病。预防方法主要有以下几种：

（1）适度运动

生命在于运动，大学生应坚持适宜的活动内容和活动方式，或者选择参加各项能延缓人体各器官衰退老化的健身运动，如游泳、爬山、跑步等户外运动，这样有助于减轻压力、释放心情、维护和增强心理健康。

（2）均衡饮食

适度进食，一日三餐要有节制、有规律，不可时饥时饱。人体对各种物质的需求量都有一个度，过量摄入将会适得其反，高糖、高盐、高脂肪食物的长期过量进食，尤其是饱和脂肪酸过量会导致亚健康状态。日常生活中要戒掉不良习惯和嗜好，如吸烟、酗酒、偏食，做到饮食有节。均衡、适量的营养是维护健康的基本手段之一，也是维护心理健康的重要途径。

（3）放松心情

长期的精神刺激和压力以及长期的压抑、愤怒等负面情绪，也是导致亚健康的一个因素。保持良好的心态、乐观豁达、奋发进取的精神，是防治亚健康的精神基础。大学生可适当培养业余爱好，如读书、听音乐、练字画等有益于身心健康的活动。

3. 培养良好的人格品质

注意培养锻炼自己良好的人格品质也是保持心理健康的主要途径。以往教育中常常存在重知识技能和身体素质，而忽视了对心理素质的培养，使许多学生的人格缺陷未能及时发现和改善，这是形成心理障碍的内在因素。对于进入青年期的大学生来说，应发挥自己的主观能动性，自觉主动地优化自己的人格品质。

4. 进行学生自助与互助

大学生心理问题的预防需要自我保健，心理素质的提高需要自我持之以恒的训练。外界帮助的目的在于让主体自身学会自助。心理健康教育的关键，是让大学生认识自己，学会调控和把握自己。一个健康的大学生，不仅应该德、智、体、美、劳全面发展，而且还要具备健全的人格、丰富的情感以及与生理年龄相适应的心理年龄水平。一方面，要有自助意识，同时，需要在老师的指导下，具备自助的能力。具体来说，大学生应对外在刺激时，学会自我认识、科学思考、正确对待；对内心冲突，学会自我化解；对心理压力，能够自我缓解；对自我的不足、缺陷，勇于进行自我矫治；对自己解决不了的心理疾病，不讳疾忌医，敢于主动求助。同时，大学生应该知道，在同龄的学生之中，也蕴藏着巨大的心理互助潜力。学生之间的相互关心、包容、接纳、支持、鼓励、帮助、尊重，是学生满足心理上的温暖感、安全感、归属感、力量感、尊重感的重要途径。同时，同龄人的相互理解，为其心灵的开放打开了大门。相互倾诉、倾听，为其宣泄心理压力、发现问题提供方便。

5. 接受心理咨询

随着社会转型、科技发展速度的加快，人们生活节奏加速，工作、生活的竞争日益激烈，很多人因此出现种种心理问题。有的大学生由于进入社会后适应能力不强，或就业形势日益严峻，大学生感到迷茫、无所适从，这一切都会导致学生的心理出现种种问题。由于问题具有差异性，除了有限的课堂集中辅导以外，对于学生的个别特殊问题，应针对具体情况进行个别咨询、辅导。心理咨询和辅导应根据问题的性质、学生的个性特点与要求，灵活采用多种形式进行，如针对相同问题进行团体辅导，在心理咨询室进行面谈咨询、电话咨询、书信咨询、网上咨询等，这样可以满足不同特点的学生的具体需要。通过接受咨询和辅导，及时发现问题，找出原因，缓解压力，化解矛盾冲突，矫正错误认识与不良行为，矫治轻度的心理障碍，将问题解决于萌芽状态，避免恶化为严重的心理疾病，有效地预防不良行为的发生，促进大学生身心健康和全面素质的发展，从而更好地适应社会。所以，接受心理咨询，积极配合进行心理辅导，是培养大学生健康心理的重要途径。

五、大学生适应与心理健康

视 频

心理适应

大学生活是丰富多彩的，需要从新的视角认识并适应大学生活，允许自己有一个初入大学的心理适应过程。心理适应是个体在经历外部环境变化过程中，进行自我调节，产生心理活动的一种行为方式。做到适应，就需要具备心理适应能力，包括适应新地理环境的融入能力，对默认文化的理解和接受能力，遇到逆境时的自救能力，在大好环境下的把握能力，以及在身心疲劳期的自我调节能力。

入学适应阶段是大学新生的关键时期，其主要特征是对环境的不适应和思想的不稳定。大学新生对大学生活寄予了过高的期望，甚至曾经无数次憧憬着徜徉在大学校园里的情景，而一旦发现理想与现实之间的差距难免使他们产生失落感。再加上生活环境、人际关系、学习方式方法都发生了变化，这些变化使他们原来已经形成的心理结构被打乱，心理定式受到冲击，产生一系列的不适应。如果这些不良的心理反应得不到及时有效的调整，长期积累就有可能导致心理问题。所以，大学新生心理适应的状况如何，会直接影响到整个大学时期的学习生活，新生只有在新的环境中努力适应，才能实现新的心理平衡。

1. 大学生适应不良的具体表现

大学生正处在人生发展的重要阶段，他们面临着学习、交友、恋爱、就业、成长等许多发展课题，由于经验与能力等多方面的原因导致出现了种种适应不良的状况。

（1）生活环境方面

在上大学前，不少学生没有远离过家门，饮食起居多由父母包办，在生活上形成了较强的依赖心理。多数学生过着走读的生活，拥有比较独立的生活空间；而进入大学，过着集体生活，天南海北的几个同学同在一个屋檐下，不同的性格秉性、生活习惯、交往方式都要彼此接受，这就需要每个同学做出应对与改变；还有的学生因学校与家庭的地域差异，出现了水土不服、语言隔阂、作息时间不适等，出现了心理失调；还有的学生理财能力欠缺，开支无计划，不懂得开源节流，经常会陷入“经济危机”。另外，在中学时期，学生的主要任务是学习，业余时间不多，社团活动相对比较单调；而在大学生活中，除了学习时间以外，还有丰富的文化生活需要学生自主安排、自愿参加，而这一切都对独立生活能力提出了严峻的挑战，可能使大学生，尤其是初入大学的新生产生强烈的压力感。

（2）专业学习方面

在大学的生活里，学习是学生一如既往的主要任务。但是，大学的学习环境、学习目的、学习内容、学习方法、成绩评定考核的方法是与中学完全不同的。

许多大学数十人，甚至上百人在一起学习，学生出勤、学习状态、学习效果全靠学生自律；老师上课讲解基础理论观点，但更多的是传递本专业领域的最新理论观点，在实践中面临的难点与机遇，所以，课堂上的信息量大，内容丰富，难点重点遍布；而课堂时间是有限的，所以老师讲课的速度快，内容跨度大，思维跳跃，常常使用启发式、研讨式教学，鼓励学生多思、多疑、多问；成绩评定与考量突破了中学的以成绩论成败的做法，更看重的是理论联系实际的动手参与能力。总之，在大学里，学生在学习上对老师的依赖性大幅降低，对独立性和创造性的要求更高了。

（3）人际关系的不适应

人际关系紧张或人际交往困难是大学生心理困扰的最常见的应激源。进入大学以后，天南海北的陌生同学组成了新的班级、新的宿舍，彼此是不熟悉不了解的，在初期的相处中大家都是自我防御、试探性、小心翼翼地处理与室友、同学之间的关系。任课老师不再像在中学，全天候随时随地出现在你的视线中，而是上课来、下课走，有问题请教需要和老师约定时间，班主任、辅导员似乎也很忙，也不是天天到班级中。多数学生身在异地，远离父母，有事情不可能随时商量。所以，为了更快更好地融入大学生活，获得同学和朋友的关心和帮助，让自己得到更多的机会和丰富的资源，获得心理上的支撑，大学生的交往欲望与热情有了前所未有的体现。大学生的心态与性格状况，直接受到与别人交往和关系状况的影响。

2. 大学生适应问题的应对策略

（1）重新定位自己，无条件地接纳自己

进入大学，一切都要从头学起。从某种意义上说，这是一种真正的生活独立性的锻炼。大学生要想尽快适应大学的生活，必须养成良好的生活习惯以提高自己的生活自理能力。从日常的三餐安排（荤素搭配、粗细搭配、丰简搭配）、时间的管理（管理时间、做好规划、分清轻重缓急）、钱财的管控（遵守一定的消费原则、不攀比、不追求奢华、学会开源节流、量力而行），都需要根据自己的具体情况制定对策，并根据出现的变化做出相应的调整。

要做到无条件接纳，不要以成功和失败、优点和缺点作为接纳的前提条件。无条件接纳，就是要接受自己的全部，充分认识到自己的独特性，不论是优点还是缺点、好的和坏的、成功的和失败的，都是真实自己的一部分，改变不了，要勇敢面对；其次，无条件接纳自己，需要做到接纳的程度是深刻的，不仅接受自己的外在条件，对自己的内在世界也要全部接受，即使存在着一些自己暂时不能忍受的一些体验也必须面对，不能掩盖与逃避；最后，无条件接纳就是在接受和肯定自己的同时，保持愉悦的体验和满足的感觉，以及较强烈的幸福感和价值感。

（2）学会自主学习，树立稳固的专业思想

教育心理学家曾经指出，心理健康与学习中的成功是密切相关的，在情绪的适应不良和学习的低效之间存在着一种复杂的因果关系。大量研究表明，心理健康是有效学习的基础，而发现学习的兴趣和自我提高则是心理健康的一种标志，两者相互联系、相互影响、相辅相成。

大学里的学习主体不再像中学由老师安排和主宰，变成了学生在学习活动中承担主体角色，无论是学习内容、学习时间还是学习方式都更加强调个体学习的自觉性与能动性。大学生可以在大量的必修课、选修课、辅修课程中，根据自己的专长、爱好，自由选择喜欢的或者与自己的未来职业紧密相关的课程进行学习。

虽然绝大多数大学生是按其报考志愿录取的，但学生的高考志愿往往并非出自学生个人的意愿（如囿于高考分数的限制或听从父母的意见等）而带有相当大的盲目性。一些学生或多或少地带有专业情绪和偏见，因此不少大学一年级学生都有专业思想不稳固的问题。但是随着年级的升高，学生对所学专业的了解日益加深，认识到所学专业的作用，对自己所学专业的喜爱程度逐年加深，职业化的学习动机开始逐渐巩固，可见专业兴趣是可以培养的。如果通过了解确实不喜欢所学的专业，还可以通过辅修其他专业，或者自修其他领域的知识来丰富自己的视野，拓宽专业领域，提升竞争力。

（3）改变人际交往的理念

人对环境的适应，主要是对人际关系的适应。有了良好的人际关系，才会有支持的力量；有了归属感与安全感，心情才能放松和愉悦。

大学生在与人交往中，一定要把握交往的基本原则，只有熟练运用交往技巧，才能在交往中如鱼得水、事半功倍。在交往中，大学生一定要克服消极被动的惰性心态，积极主动地参与交往活动，并在彼此熟悉的亲密关系中体验愉悦感和价值感，互相尊重，彼此悦纳，克服自负、自卑的不良心理，善于观察生活，学习掌握交际的策略和技巧。

另外，大学生要想提升人际交往水平，在日常生活中，需要多读书，广泛涉猎知识与信息，多培养自己的兴趣爱好，加强特长强项，这样在与人交往中才能更好地与人交流信息、切磋心得、分享收获。

随着对新环境的适应和知识的丰富，大部分学生能够主动调适心理，确立正确的自我意识，客观评价和悦纳自我，并努力从各个方面弥补自己的不足，发扬优势，减少心理上的不适感，实现心理平衡。但也有一部分学生不能形成正确的自我认知，孤芳自赏，离群索居，日积月累，从轻度的心理不适，形成了比较严重的心理问题，这些应该引起学生个体、家长和学校的高度重视，防微杜渐，既要做好整体上的宣传与教育，又要时刻关注大学生的心理体验与行为表现，做好预防保健，避免严重心理问题的出现和伤害。

学习笔记

活动训练

自评心理健康

①目的：通过可视化的方式，觉察自身的心理健康状况，有目的地提升自己的心理素质。

②步骤：

- 每名学生在纸上用彩笔画绿色、黄色、红色三种颜色的圆圈。
- 学生在所学到的大学生心理健康标准中选出做得好的、比较满意的条目写在绿色的圆圈里，选出做得不好也不坏、一般满意的条目写在黄色的圆圈里，选出做得不好、不满意的条目写在红色圆圈里。
- 在小组中分享，锚定一个自己特别想提升的部分分享可以采取什么方法，锚定一个自己擅长的部分分享自己平时具体是如何做的。

③在活动训练过程中，完成活动训练任务单（见表1-2-1）的填写。

表1-2-1　活动训练任务单

任务执行人		班级名称	
所属小组		完成日期	
任务实施			
理论认知	结合大学生心理健康标准的学习，可以做如下描述： ①自我觉察： 在大学生心理健康标准中做得好的、比较满意的条目为________。 做得不好也不坏、一般满意的条目为________。 做得不好、不满意的条目为________。 ②提升： 我特别想提升的部分，可采取的方法为________。 我擅长的部分，平时的做法为________		
情感体验	当我写到自己做得好的、比较满意的条目时，我感到________（描述情绪）。 当我写到做得不好也不坏、一般满意的条目时，我感到________（描述情绪）。 当我写到做得不好、不满意的条目时，我感到________（描述情绪）		
意志提升	当我锚定一个自己特别想提升的部分分享可以采取什么方法时，觉得我的目标感提升了________分。（满分10分） 当我锚定一个自己擅长的部分分享自己平时具体是如何做的时，觉得我的自信心提升了________分（满分10分）		
行为表达	通过这项活动，我发现在行为层面有了这些方面的改变：（比如，原来不愿意面对自己做得不好的部分，通过活动体验，可尝试去觉察自己全方位的行为） ①________。 ②________		
指导老师批阅： 年　月　日			

任务评价

对本任务学习目标的达成情况进行评价，见表1-2-2。

表1-2-2　任务评价表

评价内容	评价标准	分数	评分记录		
			学生自评	组间互评	教师评分
知识掌握	掌握提高大学生心理健康水平的方法和途径	10			
	理解大学生适应问题的应对措施	10			
能力应用	能自主地思考和实践提高个体心理健康的途径和方法	30			
	使用适合自己的方法适应大学生活	30			
素质养成	提高自我教育、自我管理、自我探索意识，做好适应心理准备	10			
	提高生活的文明度和幸福感，能够充分体验到拥有国家文明传承的自豪感	10			
总　分		100			

任务三　助力职业

情境导入

到了高职三年级，同学们在准备校园招聘面试，热议的话题之一是：最近两年，来学校招聘的好多公司，在面试前都要先对应聘学生的基本心理状况和职业心理素质进行测评。比如，公司会通过心理测评了解求职者与专业或岗位的适配性，据此作为是否录用的参考之一或确定作业岗位。招聘单位选聘用人如此变化，呈现出用人单位对聘用人员心理健康状况的重视程度以及职业心理在企业安全生产及稳定发展中的重要作用。这个变化和趋势让高职学生对心理健康和职业心理有了新的认知和体验。

学习目标

知识目标：

了解心理健康对轨道交通行业员工的意义，明确轨道交通行业人员心理健康现状和影响其心理健康的因素。

能力目标：

能够从心理健康的角度认识轨道交通行业的特点，关注职业心理健康常态评估。

素质目标：

能在日常生活和学习中提升注重职业心理健康的意识。能从热爱行业、热爱岗位的视角关注职业心理健康，将个人的心理健康水平与行业发展、国家经济发展相关联，提升自主就业、主动创业的职业观。

任务描述

明确心理健康对轨道交通行业人员的重要意义。通过分析企业相关案例、分组讨论总结心理健康对轨道交通行业人员的重要作用。

探索个人职业心理素质。学生对照轨道交通行业员工的职业心理模型，对自己现在的心理状况进行分析，找到差距，明确方向。

任务分析

通过了解心理健康对轨道交通行业的重要意义，结合从业人员的心理健康现状，学习轨道交通行业关键岗位人员的心理模型集合，通过参与活动训练，对个体目前情绪复原力、心理适应力、认知能力、工作价值观和安全意识进行评估，找准短板，明确努力方向，为实现岗位适配和职业发展赋能。

相关知识

视频

职业心理

一、心理健康对轨道交通行业的意义

轨道交通行业是我国当今社会高速发展的主力军和先锋队，轨道交通建设的高速发展使得相关从业人员的心理健康状态面临着新的变化。轨道交通行业员工的心理健康状况与其生活质量、工作效率、工作安全乃至社会的和谐稳定有着密切关系。因此，关注本行业从业人员的心理健康发展水平，已经成为轨道交通部门领导者和学术研究者的共识，有着非常重要的现实意义。

重视轨道交通行业员工心理健康的意义可从社会和个人两个方面体现：

1. 社会方面

①轨道交通行业员工肩负着国家经济高速发展过程中国家公共财产和人民生命安全的重大责任，其心理健康水平与国家安全运输和生产紧密相连。

②重视轨道交通行业员工心理健康水平，是提高安全生产管理质量和管理效益的重要措施。

③稳定的员工队伍，适时调整的员工心理健康状况，有利于激发员工的工作积极性和主动性，明显提高工作效率和工作质量，有效防范风险，控制和减少人身伤亡和财产损失。

2. 个人方面

（1）对个人身心状态的影响

心理健康是身体健康的基础和保证，身体健康与心理健康相互影响、相互制约。积极的心理状态，有益于身体健康稳定；消极的心理状态，容易导致身心疾病。调整心态、梳理情绪有利于身心和谐，有利于提高抗压抗挫能力和对疾病的免疫力。

（2）对个人安全保障的影响

轨道交通行业从业人员的工作具有特殊性，在身心俱惫的情况下，感知觉功能减弱，心理健康水平降低，可能直接、间接导致事故出现，影响生命安全。关注心理亚健康，避免安全操作中产生抵触心理、厌倦心理、逆反心理等诸多不良心理因素，可以最大限度地保护生命安全，构建和谐的劳动关系。

（3）对个人职业发展的影响

重视心理健康，有利于克服个人职业发展的三大心理困扰——抑郁倾向、职业枯竭和职场压力，有利于形成健康的思维方式和行为方式，科学预防和处理职业倦怠与心理枯竭。

（4）对个人家庭关系的影响

心理健康有利于维护家庭关系，增进情感交流，保持和谐稳定；有利于提高生活的满意度，提升婚姻质量；有利于孩子的培养和教育，使孩子在健康的家庭氛围中健康成长。

（5）对个人人际交往的影响

心理健康有利于发现个体人际交往特点，理解关系中的需要，灵活运用各种沟通技巧，悦纳自己与他人，提高人际交往能力和社会适应能力，实现愉快生活，开心工作。

二、轨道交通行业员工心理健康现状

1. 轨道交通行业员工的基本心理健康水平标准及适应问题

轨道交通行业是国民经济大动脉。近些年，伴随高铁持续提速，城市轨道及路面交通工具需求剧增，员工

工作节奏加快，工作流程环环相扣，相关从业人员面临和承受着前所未有的巨大压力。在针对轨道交通系统的相关协调中，对本行业从业人员的心理健康状况进行了分析，并总结出基本心理健康水平标准：

（1）具有完善的人格

具有完善的人格是指个体拥有与人类社会的进步总趋势一致的人生信念、理想、兴趣动机以及需要等，并且这些人格倾向性与个人的气质、能力、性格等人格心理特征组成和谐的整体并得到全面的发展，充分发挥自己身心的最大潜能，积极为社会创造物质和精神文明财富。个体能认清人生目标，认识到自己的能力范围与资源特点，在社会大环境和小环境中准确自我定位，建立和谐稳定的人际关系。

（2）具有良好的智能

就具体的“知、情、意”心理过程而言，“良好的智能”表现为视觉、听觉、嗅觉、味觉、触觉、动觉等感知敏锐，观察全面、准确，注意范围广、稳定而又能迅速转移，记忆持久清晰，接受新事物快，思维敏捷，想象丰富，富于创造，心灵手巧，善于学习、模仿和解决问题。

（3）具有健全的情感

情绪稳定，调控适度，愉悦平和。可以宣泄自然，交流畅通，没有过度的自我压抑和自我封闭；可依据不同环境，适度表达出自己的喜怒哀乐，同时可以感受和理解周围环境中他人的情绪变化，做出恰当反应。通过适当的情感交流获得他人和社会的理解、支持与认可，建立良好的亲情、友情和恋爱关系。

（4）具有坚强的意志

表现在能有目的、有计划地完成各种学习、劳动乃至休闲活动，表现出自觉性、自制性、果断性、顽强性。可以自觉地确定自己的追求目标，并做出正确选择，不轻率盲目，也不优柔寡断，遇到困难和挫折不退缩不动摇，能采用有效的方式方法坚持始终，即使失败，也能修正目标，继续乐观前行。

对照上述标准，总结出下列轨道交通行业从业人员日趋凸显的适应性问题及矛盾冲突：

一是高速度、快节奏的运输方式，使本行业员工长期处于高度紧张状态。

二是长期倒挂运输、运能和运量，使从业人员长期超负荷工作，身心疲惫。

三是轨道交通行业特殊的服务属性，使员工产生不同方面心理失衡的现象。

2. 影响轨道交通行业员工心理健康的六大隐患

轨道交通工作的职业特点、工作环境及职业发展前景使得本行业员工的心理健康水平受六个方面的影响：身心疾病、人际关系敏感、抑郁、焦虑、情绪枯竭和成瘾行为。

（1）身心疾病

人的疾病分两大类：身心疾病和心身疾病。

身心疾病是因为人的机体发生生理变化而引发了个体心理、行为上的变化，例如经期精神紧张、更年期综合征、老年性痴呆等。这些因生理变化而导致的心理和行为的变化与当事人对社会和自我的认识无关，其心理、行为的变化不受自我意识的控制。

心身疾病的发展过程正好与身心疾病相反，它是由于当事人对自己生活、学习和工作环境中各类事件的价值观念发生了变化（包括恶性事件的不良刺激），使自我认识发生了改变，导致心理失衡，最终影响身体的生理变化，出现心身变化的转换，导致身体疾病。

（2）人际关系敏感

人的敏感是一种良好的体态反应和机体功能，是生理健康和心理健全的标志之一。但是，过于敏感就是一种扭曲的心理状态，它是人际关系的“绊脚石”。人际关系敏感是影响个体心理健康的一个重要因素，也是衡量个体或群体心理健康水平的重要指标之一。降低人际关系敏感性，可以改善人际关系，增进心理健康水平。人际关系敏感的原因是多方面的，受遗传因素、生长环境等因素影响，与不良个性、错误认知、不妥行为、社交能力缺乏等因素相关。

（3）抑郁

抑郁是一种常见的心理障碍，以显著且持久的情绪低落为核心特征。常表现为兴趣减退、精力缺乏，对日常活动失去动力，甚至出现自责自罪、悲观厌世等念头。其成因复杂，可能与遗传、神经生物学因素（如脑内神经递质失衡）、心理社会因素（如长期压力、创伤经历）及环境变化等相关。

抑郁不仅影响情绪，还可能伴随躯体症状，如睡眠障碍、食欲改变、头痛乏力等，严重时会损害社会功能，降低生活质量。值得注意的是，抑郁不同于短暂的情绪低落，若症状持续两周以上，且严重影响正常生活，需要及时寻求专业心理干预或医学治疗。早期识别与科学干预对抑郁的康复至关重要。

（4）焦虑

焦虑是一种不愉快的、痛苦的情绪状态，同时伴有躯体方面的不舒服体验。焦虑症就是以焦虑症状为主要表现的情绪障碍，包含情绪症状和躯体症状。情绪症状表现为，个体感觉自己总处于一种紧张不安、提心吊胆、恐惧、害怕、忧虑的内心体验中。躯体症状表现为，个体紧张的同时往往会伴有自主神经功能亢进的表现，如心慌、气短、口干、出汗、颤抖、面色潮红等，心里面难受至极，严重时会有失控感。

（5）情绪枯竭

情绪枯竭也称为情绪耗竭，指个体没有热情、没有活力，情感资源被消耗一空，感情处在极度疲劳的状态，是职业倦怠的一种基本表现形态，是个人对外界适应能力的逐渐弱化。

情绪枯竭使个体经常感到身体疲劳，精力不足；平时情绪低落，甚至麻木地面对每天的工作，对工作目标的认同感降低；觉得工作做好做坏无所谓，对工作丧失激情，就好像零件磨损严重的机器仍然在运行。情绪枯竭到达更严重的程度时，人际关系也会出现问题。最直接的后果是工作业绩差，职业道德缺失，消极怠工，此外还容易引起家庭危机。

（6）成瘾行为

成瘾行为是一种额外的超乎寻常的嗜好和习惯，这种嗜好和习惯是通过刺激中枢神经而造成兴奋或愉快感而形成的。导致成瘾的因素主要有社会因素、心理因素、生物学因素。成瘾的开始、发展和持续，环境至关重要。年龄、性别和社会角色对成瘾行为的形成都有影响作用。在工作环境中，当工作烦闷、压力较大时就很容易引起对烟草、酒精等的依赖。

伴随社会发展和进步，影响员工心理健康的因素还有很多。上述六大主要隐患，应该坦然面对，积极应对，做好有效识别和持续关注，合理利用心理学知识和心理治疗方法并配合适当的身心训练，防患于未然，为铁路职工的心理健康提供有效的支持和丰富的资源。

三、轨道交通行业关键岗位人员的心理模型集合

根据轨道交通行业关键岗位人员的主要工作特征、工作内容及对人员的素质要求，相关专家通过研究构建了轨道交通行业关键岗位人员心理素质模型，包括情绪复原力、心理适应力、认知能力、工作价值观和安全意识五个维度，具体包括35个子维度。结合这类人员的工作特征，详细说明如下：

1. 轨道交通主要工种岗位人员心理素质维度、释义及作用

轨道交通主要工种岗位人员心理素质维度、释义及作用见表1-3-1。

表1-3-1　轨道交通主要岗位人员心理素质维度、释义及作用

维　度	释　义	作　用
情绪复原力	能否妥善管理自身情绪，对由于工作内容或工作环境引起的不满、恐惧、厌恶、悲伤、焦虑、愤怒等情绪体验能够有自我认识、自我协调、主动摆脱不良情绪的能力	是激发心理活动和行为的动机，是心理活动的组织者，是身心健康的调节剂，是信息交流的重要手段
心理适应能力	在面对环境压力时，个体自觉主动地应用心理学原理，通过疏导、支持、解释、启发、教育等手段，解决工作生活中的心理问题或心理障碍，使得个体具有更好的生存能力	良好的心理适应能力是适应社会的发展、不断提高自身素质的基础
认知能力	人脑加工、存储和提取信息的能力，即人们对事物的构成、性能与他物的关系、发展的动力、发展方向及基本规律的把握能力	是成功完成某种活动最基本的心理条件，是心理品质的综合体现和工作技术水平的基础，是顺利完成任务、保证安全运行的核心要素

续表

维　度	释　义	作　用
工作价值观	个人对工作和与工作相关的人、物、事等客观事物及对自己行为结果的意义、作用、效果和重要性的总体评价	赋予人们共同的目标、理想、志向和期望，使工作关系成为具有共识、同感的人群结合体，提供价值评价和判断的标准，调节行业内部的各种内在的利益关系，调节企业与社会以及与行业之间的利益关系
安全意识	在生产活动中，对各种各样可能对自己或他人造成伤害的外在环境的一种防御和警觉的心理状态	安全意识是安全生产不可少的前提。安全意识及由其支配的安全行为具有极其重要的作用

2. 轨道交通行业关键岗位人员的心理素质各维度构成分类汇总

（1）情绪复原力（见表1-3-2）

表1-3-2　情绪复原力表

紧张应对	应对由于在诸如面对抢修时间紧张时而产生的紧张情绪状态
恐惧应对	应对由于在诸如高电压环境和高空作业时而产生的恐惧感
倦怠应对	应对由于工作内容单一和重复而带来的身心疲惫的情绪状态
孤独应对	应对工作过程中长期单人执乘且与人沟通匮乏而导致的心理孤独感
挫折应对	在受到挫折后，能够较好地恢复并投入日常生活和工作生产中的能力
压抑应对	应对由于工作环境狭窄、工作压力剧增、情绪调适方式匮乏而产生的压抑情绪状态
焦虑应对	应对在作业沟通、人际交往过程中产生的焦虑情绪态度
郁闷应对	应对由于工作级别低、工作需要等待时间长、缺乏归属感和价值感而产生的郁闷情绪

（2）心理适应能力（见表1-3-3）

表1-3-3　心理适应能力表

适应时间紧迫能力	在非正常行车状况下，在短时间内可以准确冷静地发现问题、处理问题的能力；要求紧急抢修时，可以在时间紧迫的情况下保持头脑冷静、有条不紊地处理故障的能力
适应野外工作能力	在野外线路上工作时，能够适应野外恶劣工作环境，同时保证工作正常进行的能力
适应高电压工作环境能力	在高电压工作环境中，能够不惧怕高危工作环境，同时保证工作正常进行的能力
适应密闭工作环境能力	在相对封闭、狭小的工作环境中可以高水平地承担驾驶任务的能力
适应枯燥工作能力	适应长时间与机器打交道的枯燥工作环境，持续保持工作热情的能力
适应被关注能力	在紧急非正常行车状况下，承受来自社会、领导、同事、乘客等高度关注的同时仍可以准确冷静地处理问题的能力
适应负面情绪能力	产生负面情绪时能够自我调整
适应角色冲突能力	当职工担任不同角色时可以很好地处理不同角色间的冲突的能力，如工作、家庭平衡能力等
适应人际交往能力	妥善处理组织内外部关系的能力，包括与周围环境建立广泛联系和对外界信息的吸收、转化能力，以及正确处理上下左右关系的能力

（3）认知能力（见表1-3-4）

表1-3-4　认知能力表

注意力集中能力	一定时间内注意力始终指向同一活动或对象的能力
逻辑判断能力	运用知识、经验等对事物本质或异常情况进行分析、判断、推理的能力

续表

手眼协同能力	在作业时，保持手到眼到，手眼同步作业的能力
学习能力	以快捷、简便、有效的方式获取准确知识、信息，并将其转化为自身技能的能力
注意力分配与转移能力	在驾驶过程中可以保持注意力集中，同时可以分配注意力关注多个目标的能力
作业平稳能力	长时间重复作业状态下，保证作业正确性、完成量及作业过程的能力
协作配合能力	组内成员相互配合、协调的能力
故障描述能力	通过观察，运用语言准确描述故障状态和特征的能力

（4）工作价值观（见表1-3-5）

表1-3-5　工作价值观表

爱岗敬业	热爱自己的事业，忠于职守，尊重、认真对待自己的岗位，并对自己的岗位职责负责到底
遵章守纪	在作业过程中，自觉遵守各项操作规程和劳动纪律
服从指挥	在作业过程中，服从调度人员指挥，严格按照指挥进行操作
按标作业	在作业过程中，按照高标准作业流程的要求进行操作
奉献精神	不计较个人得失，对自己的岗位事业全身心付出

（5）安全意识（见表1-3-6）

表1-3-6　安全意识表

事故敏感性	对事故和故障的发生高度警惕，可以高度敏感地捕捉到事故发生的先兆并及时采取措施
严谨细致	做事认真负责，一丝不苟，精益求精
尽责性	自觉认真地履行工作职责，并把责任转化到行动中去的一种自觉意识
谨慎性	处于高电压和高空工作环境时，时刻保持小心、谨慎的操作状态
耐心	在遇到长时间等待等情况时，能够保持不急躁、不厌烦的状态

学习笔记

活动训练

穿越电网

①目的：体验轨道交通行业岗位人员所需要的心理素质。

②步骤：

- 学生助理用长麻绳拉出一个距离地面1.4 m高的纵横交错的网格，中间的孔为40 cm×60 cm的电网口，共有三个。电网附近地面铺上地垫，防止摔伤。
- 老师指导语："现在有一个艰巨的任务需要每个小组共同完成。所有组员站到电网的一边，大家想办法穿过电网口到对面，穿越的过程中任何人的所有部位和物件不允许触网，也不能说话。如果有组员违反规定，所有组员必须退回原地，重新开始。"
- 活动正式开始之前，大家有5 min的时间用来讨论穿越电网的方法。
- 活动正式开始，老师担任监督员的工作，发现有违反规定的情况，要求小组必须重新开始活动。

③在活动训练过程中，完成活动训练任务单（见表1-3-7）的填写。

表1-3-7　活动训练任务单

<table>
<tr><td>任务执行人</td><td></td><td>班级名称</td><td></td></tr>
<tr><td>所属小组</td><td></td><td>完成日期</td><td></td></tr>
<tr><td colspan="4">任 务 实 施</td></tr>
<tr><td>理论认知</td><td colspan="3">结合轨道交通行业岗位人员所需要的心理素质，可以做如下描述：
①在情绪复原力方面，我认识到____________。
②在心理适应能力方面，我认识到____________。
③在认知能力方面，我认识到____________。
④在工作价值观方面，我认识到____________。
⑤在安全意识方面，我认识到____________</td></tr>
<tr><td>情感体验</td><td colspan="3">当我站在电网的入口时，感到____________（描述情绪）。
当我走在电网中间时，感到____________（描述情绪）。
当我成功地走到电网的另一边时，感到____________（描述情绪）</td></tr>
<tr><td>意志提升</td><td colspan="3">当我们小组所有成员一起完成活动任务时，我觉得我的信心提升了________分（满分10分）</td></tr>
<tr><td>行为表达</td><td colspan="3">通过这项活动，我发现在行为层面有了这些方面的改变：（比如，原来做事比较马虎，通过活动体验，在工作中更严谨细致）
①____________。
②____________</td></tr>
<tr><td colspan="4">指导老师批阅：

年　　月　　日</td></tr>
</table>

任务评价

对本任务学习目标的达成情况进行评价，见表1-3-8。

表1-3-8　任务评价表

评价内容	评价标准	分数	评分记录		
			学生自评	组间互评	教师评分
知识掌握	了解心理健康对轨道交通行业员工的意义	10			
	明确轨道交通行业人员心理健康现状和影响因素	10			
能力应用	能够从心理健康的角度认识轨道交通行业的特点	30			
	关注职业心理健康常态评估	30			
素质养成	能在日常生活和学习中提升注重职业心理健康的意识	10			
	提升自主就业、主动创业的职业观	10			
总　分		100			

项目二

认识多维世界　丰富职业认知

项目描述

本项目学习一定的认知心理学知识，了解必备的认知心理理论，掌握认知调适方法，调整认知结构，学会理性认知。理解轨道交通行业岗位人员所需的认知要求，将心理学认知常识与日常生活和铁路工作相联系，指导岗位工作，促进大学生心理健康成长，从职业认知视角感受家国情怀。

思维导图

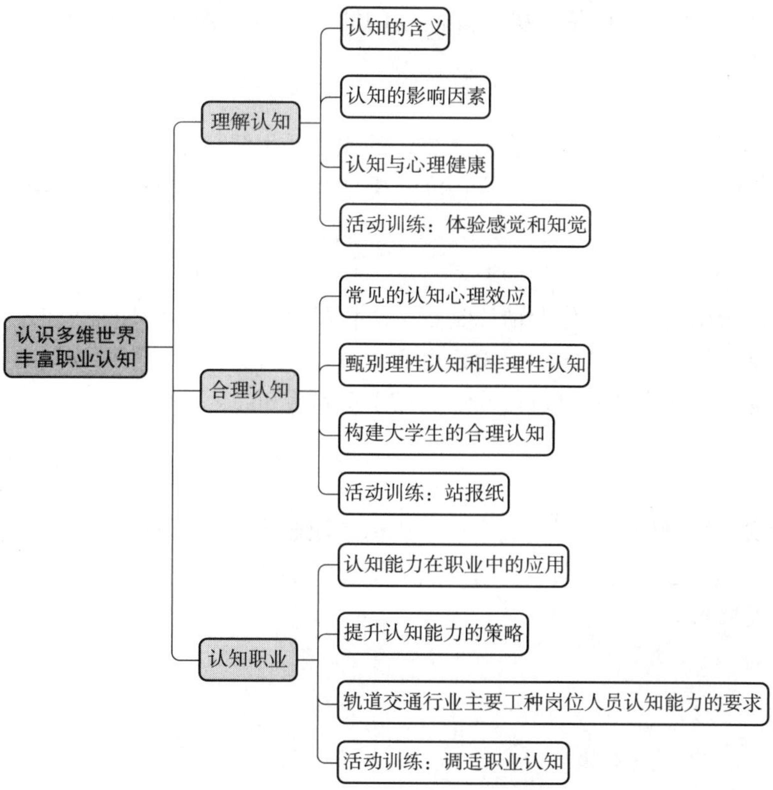

趣味导读

音频
福祸相倚

从塞翁失马这个我国古代经典故事中可以看到，辩证思维是古代劳动人民的智慧体现。凡事都有好与坏、福与祸、利与弊，人都有优势与劣势两面性。我们在认识自己、认识他人、认识外界环境与事物时，需要保持良好的心态，学会运用辩证思维、积极建设性思维，在很多不确定性面前，保持清晰认识；从多个视角来分析判断，着眼于积极、灵活地解决问题，不极端、不片面、不悲观绝望；以更加理性平和的心态，面对生活中的挫折与挑战。

任务一　理解认知

情境导入

梦娜同学是一名高职院校的女生，她总觉得自己各方面很普通，甚至有一些自卑。有一天在商店里试戴一个漂亮的发卡时，店里的顾客都说很好看，于是她买下它，高兴地戴着发卡回到学校。接着奇妙的事发生了，很多平日不太熟悉的同学，纷纷跟她打招呼，一些同学还约她一起玩，原本少言寡语的她，一下子变得开朗、活泼了许多。她想一定是自己戴着漂亮的发卡的缘故，但回到宿舍，她才发现自己头上根本没有什么发卡。原来，她付钱之后将发卡落在了商店里。

学习目标

知识目标：

理解认知的含义、心理过程、影响因素及与心理健康的关系。

能力目标：

逐步理解生活中的认知活动，具备解决认知问题的能力，将认知常识与生活实际和职业活动进行有效连接。

素质目标：

通过认知基础知识的了解，提高认知能力，为将来的职业、生活建立认知基础。引导学生理解认知基础知识，树立社会主义核心价值观，领悟社会主义核心价值观对提升个体心理健康提供的政治保障和社会支持。

任务描述

觉察认知的过程。结合生活和岗位作业情境觉察生活和职业中使用到的不同认知过程。

学习影响认知的因素。结合影响认知的因素，理解面对同样的情境产生不同认知的原因。

确立正确认知的理念。结合生活和岗位作业情境确立正确认知。

任务分析

通过学习认知的含义、影响因素，了解到个体在生活和职业中使用到的认知过程，能结合生活事件和职业情境进行认知分析，从而提升心理健康水平。通过完成学习活动训练，提升对个体认知活动的认识，达到改善认知，适应生活和职业发展目标。

相关知识

一、认知的含义

关于认知的含义，不同的人有不同的理解。简单来讲，认知就是看待事物的方式，包括一个人的思想观点、阐述事物的思维模式、评价是非的标准、对人对事的基本信念等。这是人最基本的心理过程，包括感觉、知觉、记忆、想象、思维和语言等。

感觉是事物直接作用于人的感觉器官的个别属性的反映。例如，抚摸丝绸，可以感觉到它的柔软；闻到花香，可以感觉到它的芬芳，等等。感觉往往是人们对客观事物最突出、鲜明个性的感知。

视 频

感觉和知觉

知觉是对事物整体的把握，是事物直接作用于人的感觉器官的整体属性的反映。世界上的事物之所以构成一个事物，往往不是由某一单独属性构成的，而是由许多个别属性共同构成的。盲人摸象之所以不准确，就在于他只摸到了单一的局部，人对事物的认识包括全局和整体。

记忆是指感知的事物能够以经验的形式在头脑中留下痕迹，在一定的条件下可以回想起它们的特征和形象。

想象是指人们在感知的基础上，在头脑中创造出来的形象。例如，通过对小说中人物的描述，读者的心目中就会出现一个生动、具体的人物形象。

思维是人对客观事物本质特征和内在规律性联系。它是认知过程的高级阶段，是对客观事物间接、概括的反映。例如，虽没有看到小偷入室偷盗，但因为看到一片狼藉和少了贵重物品，就可以断定有人来偷盗过了。

语言是由词汇材料和语法规则构成的音义结合的符号系统，是人类最重要的交际工具和思维工具。

认知理论强调认知过程对行为的重要性，认为行为和情绪之所以产生，是由于个体对情境所做出的评价，而这些评价又受到个人信念、假设、想象、价值观念等主观因素的影响。这种差别来自不同个体对同一刺激的不同认识和评价。不仅如此，对同一个大学生而言，不同情况下，对考试不及格的反应也会有差别，这是因为不同情境下会有不同的认识。

二、认知的影响因素

认知是影响个体心理健康水平和幸福感的重要因素。面对同样的外界刺激，不同的人会由于个体先天的差异，以及后天的生长环境不同等诸多因素，产生不同的心理体验和情绪反应，这在很大程度上是由于他们对该刺激的认知存在差异。可以说，一个人在精神上是苦还是乐，既与他遇到什么事有关，更与他怎样对待这些事有关。心理学家认为，片面、错误的认知方式和非理性观念，往往是个体产生抑郁、自卑、焦虑、恐惧、痛苦等不良情绪的根本原因，是心理健康和心理发展的大敌之一。影响认知的因素有很多，认知者的性格、需要、心理以及环境都可能对认知产生巨大的影响。

1. 认知者的因素

不同的认知者有其自身的特点，由于每个人的文化背景、经历、生活方式以及个人的需要等方面不同，构成了认知者本身已有的心理结构不同，这样，面对同一个社会刺激就会发生不同的认知结果。

（1）性格因素

个体之间存在性格方面的差异，而性格差异会导致认知结果出现差异。例如，自信心强的人相信自己的能力，所以，他们对赞扬自己的声音有很强的选择性。相反，自信心弱的人则往往因服从权威而使认知活动受到暗示，这就是性格对认知的影响之一。一个性格外向开朗的人，对他人动作和言语的认知，往往从最直接的角度加以判断；一个具有内倾性格的人，判断与他交往的对方，总是以自己内倾性格去看待对方。

（2）经验及知识背景

一个人的认知受其过去的经验以及知识背景的影响。认知者的经验不同，看问题的角度就会有差异。当面对同一外界事物的刺激时，便会产生不同的认知内容。例如，对一处景点的认知，艺术家侧重注意其外观、形状等；地理学家则可能侧重于考察它的地理位置；历史学家则侧重于研究这里发生过哪些历史事件。个人经历也影响着人们的认知结果，所谓“一朝被蛇咬，十年怕井绳”就是这个道理。各人的经验不同，其认知结构也不同。年龄小的人具有简单的认知结构，认知他人时往往用两分法，或好人或坏人；成熟的人具有复杂的认知结构，可以看到该认知对象的多样性和复杂性，既能看到他积极品质的一面，又能看到他消极品质的一面。

（3）认知者的需求

根据认知者的不同需求，其考虑的角度和侧重点也会有所不同，从而认知结果也不相同。例如，有些人喜欢过春节，因为可以和亲人朋友相聚团圆，而那些身边没有亲人、朋友的人，却是讨厌过春节的。也就是说，认知者根据其各自的需求对认知对象进行筛选，最后得到想要的认知结果。

2. 认知对象的因素

认知对象的特点是指对象对于认知者的价值及其社会意义的大小。一个人的外表特征、行为反应以及个性中包含的实际意义，都是认知的重要信息。试问，一名满腹学识的学者与一个文盲，你会对谁印象更好呢？一个彬彬有礼的绅士与一名满口粗话的大汉，你又会对谁印象更好呢？因此，认知对象的特点也是产生认知差异的因素。

3. 情境因素

认知离不开一定的社会背景，认知过程必须置身于现场情境，不同情境下的认知会存在差异。通常情况下，人们都是通过分析当时的情境来认知社会中他人行为的善恶与是非。同一行为在不同情境中发生，得到的认知结果会有所不同。认知能力很重要，但脱离具体实践环境的认知没有任何意义。

三、认知与心理健康

认知与心理健康息息相关，不良的认知常常容易导致心理障碍。贝克是认知理论的代表之一。他认为如果认知与现实不符，包含着对现实的歪曲，那么它所导致的情绪反应就是不适当的；如果这种不适当的反应状态反复出现，长时间地持续下去，就会出现焦虑、抑郁、躁狂或偏执等心理障碍。在不良认知影响心理健康的过程中，内部言语起了很大作用，人的思维借助语言而进行。内部言语是非交际性言语，指借助语言进行思维过程中的一种特殊言语现象。认知心理学认为，不断地用内部言语重复某种不合理信念就会导致无法排解的情绪困扰，并可能由此形成心理定式。那些持续不断地对自己所说的话，就会变成自己的思想和情绪。在地震废墟中坚持十多天的幸存者，正是不断地对自己说“我一定能等到人们发现我的那一天”，才不至于丧失生存信心；而总是给自己暗示“我不如别人”“我真无能”的人，通常很容易陷入自卑、悲观的泥潭。

学习笔记

活动训练

体验感觉和知觉

①目的：体验认知过程，树立问题导向。

②步骤：

- 班级小组成员经过讨论，每组选派一位代表分别到前台，戴上眼罩，在白板上画自己的自画像。
- 小组代表在前台画自画像时，小组内成员（信息组）给予他提示（例如，眼睛往上画、鼻子再大一些……）；其他组的成员（噪声组）给他提供一些错误的指示。
- 当所有小组都完成了自画像时，请所有小组代表到前台来分享在画自画像时采取了怎样的策略来完成活动任务，在这个过程中对感觉和知觉有着怎样的体会。
- 教师点评，在这个活动中，哪些过程用到了感觉和知觉，两者之间有着怎样的区别。
- 全体学生共同评比最形象的自画像。

③在活动训练过程中，完成活动训练任务单（见表2-1-1）的填写。

表2-1-1　活动训练任务单

任务执行人		班级名称	
所属小组		完成日期	
任务实施			
理论认知	结合认知基础知识学习，可以做如下描述： 我和小组成员商量的策略为：________。 小组代表在台前画自画像时采取的策略为：________。 过程中，我认为____部分为感觉，____部分为知觉，感觉和知觉的区别为________		
情感体验	当我和小组其他成员商量策略时，我感到________（描述情绪）。 当我在台前绘画时，我感到________（描述情绪）。 当我给本小组成员提示时，我感到________（描述情绪）。 当我给其他小组成员错误提示时，我感到________（描述情绪）。 当我在台上分享时，我感到________（描述情绪）		
意志提升	当我根据同小组成员的提示，完成自画像时，我觉得我的信心提升了______分。（满分10分） 当我给本小组成员提示，看到其自画像完成时，我觉得我的信心提升了______分（满分10分）		
行为表达	通过这项活动，我发现我在行为层面有了这些方面的改变：（比如，原来不敢在台前参与活动，通过活动体验，可顺利完成在台前的绘画任务） ①________ ②________		
指导老师批阅： 年　　月　　日			

任务评价

对本任务学习目标的达成情况进行评价，见表2-1-2。

表2-1-2 任务评价表

评价内容	评价标准	分数	评分记录		
			学生自评	组间互评	教师评分
知识掌握	掌握认知的含义、心理过程及影响因素	10			
	了解认知与心理健康的关系	10			
能力应用	能理解生活中的认知活动，具备解决认知问题的能力	30			
	能将认知常识与生活实际和职业活动进行有效连接	30			
素质养成	理解认知基础知识，为将来的职业、生活建立认知基础	10			
	提高认知能力，树立社会主义核心价值观	10			
总　分		100			

任务二　合理认知

情境导入

伟山和浩青是住在一个宿舍的大学室友。一天，宿舍熄灯后，伟山准备睡觉。浩青突然用家乡话给家里打电话，并且声音越来越大，伟山躺在床上听着电话声怎么也睡不着，心里觉得浩青在大家休息时间大声打电话，就是以自我为中心，不顾及他人感受。于是他越想越生气，就大声斥责浩青，两人发生争吵，心情都很低落。后来，在宿舍长的调停下，伟山知道了浩青打电话是因为家里奶奶生病了，内心非常着急，没有意识到自己的电话声打扰到了舍友。伟山和浩青互相致歉，又成为无话不说的好朋友。

学习目标

知识目标：

了解常见的认知心理效应，学会甄别理性认知和非理性认知，掌握大学生构建合理认知的方法。

能力目标：

识别生活中的认知效应，运用合理认知处理生活中的矛盾和冲突，提高在轨道交通作业过程中的认知能力。

素质目标：

在生活和职业中克服认知心理效应的负面影响，建立合理的认知心理框架，全面提升心理素质。用合理认知看待生活和职业，树立正确的世界观、人生观、价值观，通过提升认知水平践行社会主义核心价值观。

任务描述

准确描述常见的认知心理效应。结合生活事件和职业场景对认知心理效应进行分析描述。

识别非理性认知。结合生活事件识别自身具有的非理性认知。

构建大学生的合理认知。结合构建合理认知的方法，在生活和职业情境中构建合理认知。

任务分析

通过学习常见的认知心理效应和非理性认知的特点，了解个体应学会甄别理性认知和非理性认知，能结合所学专业岗位和情境进行认知分析，制定构建大学生合理认知的目标。通过完成学习活动训练，提升对个体认知活动的认识，达到建立合理认知心理框架，全面提升心理素养的目标。

相关知识

一、常见的认知心理效应

心理效应是公众在人际知觉中形成的一种规律性的反应，心理效应的产生，除了与客观刺激物的特点有关外，主要是由于主观的意识和心理方面的原因造成的。了解这些心理效应的含义及表现形式，有助于大学生在人际交往中树立良好形象，同时最大限度地避免不良形象的产生。

1. 首因效应与近因效应

首因效应就是通常所说的第一印象或最初印象先入为主的效应。它是指通过“第一印象”最先输入的信息对客体以后的认知产生的影响作用。第一印象作用最强，持续的时间也长，比以后得到的信息产生的作用更强。

第一印象一经建立，对于后来获得信息的理解和组织有着强烈的定向作用。由于人的认知平衡和心理平衡的作用，人们必须使后来获得信息的意义与已经建立起来的观念保持一致。例如，一位大学生刚入学，出色的自我介绍在同学的头脑中留下强有力的第一印象，即使以后他的表现不如以前，学生认为不是能力问题，而是不够尽力；相反，有的同学在寻求职业时留下很不称职的第一印象，要转变需要很长的时间。

与首因效应相反，近因效应是指在多种刺激依次出现的时候，印象的形成主要取决于后来出现的刺激，即人际交往过程中，我们对他人最近、最新的认识占了主体地位，掩盖了以往形成的对他人的评价，因此，也称为“新颖效应”。例如，多年不见的朋友，在自己的脑海中印象最深的是临别时的情景；舞台演出中的“压轴戏”是安排在最后的最精彩的节目，整个舞台的演出都会因这最后一刻的精彩而变得辉煌起来，有画龙点睛般的效果，能给人们留下深刻的印象。

在学习和人际交往中，这两种效应都很常见。一般人对于陌生人，首因效应的作用比较大；对于熟悉的人，近因效应的作用比较大。

2. 光环效应

光环效应又称晕轮效应，是指人们对他人的认知判断首先是根据个人的好恶得出的，然后再从这个判断推论出认知对象的其他品质的现象。如果认知对象被标明是“好”的，他就会被“好”的光圈笼罩着，并被赋予一切好的品质；如果认知对象被标明是“坏”的，他就会被“坏”的光圈笼罩着，他所有的品质都会被认为是坏的。这种强烈知觉的品质或特点，就像月亮的光环一样，向周围弥漫、扩散，从而掩盖了其他品质或特点，所以就形象地称之为光环效应。心理学家做过一个这样的实验，他让被试者看一些照片，照片上的人有的很有魅力，有的没有魅力，有的中等，然后让被试者在与魅力无关的特点方面评价这些人。结果表明，被试者对有魅力的人比对无魅力的人赋予更多理想的人格特征，如亲切、沉着、好交际等。

光环效应的最大弊端就在于以偏概全，不但常表现在以貌取人上，而且还表现在以服装定地位、性格，以初次言谈定人的才能与品德等方面。在对不太熟悉的人进行评价时，这种效应体现得尤为明显。

3. 刻板印象

视频

去刻板印象 认知心理学

刻板印象指的是人们对某一类人或事物产生的比较固定、概括而笼统的看法，是人们在认识他人时经常出现的一种相当普遍的现象。

刻板印象的例子在人们日常生活中比比皆是。比如，一提起心理学，大家的普遍印象就是心理学很深奥、很玄妙，都是很呆板的理论，令人费解，但实际上心理学就在生活的分秒中。比如，平日的学习要复习、喜欢的事行动力就会强、体验式学习的效果会更好，面试时要做形象包装，这些生活情境里的心理学如影随形，能够助力智慧生活、学习和工作。但由于对心理学产生了刻板印象，便忽视了心理学的实用价值，甚至是敬而远之，失去了一把可以助力优质生活的金钥匙。

刻板印象的形成，主要是由于人们在人际交往过程中，没有时间和精力去和某个群体中的每一个成员都进行深入交往，而只能与其中的一部分成员交往，因此，只能“由部分推知全部”，由所接触到的部分，去推知这个群体的“全体”。刻板印象的优点是能快速地了解一个陌生或不太熟悉的人或群体的特征，但刻板印象往往不是以直接经验为依据，也不是以事实材料为基础，而是只凭一时偏见或道听途说而形成的，因此，绝大多数刻板印象是错误的，甚至是有害的。

4. 投射效应

心理学研究发现，人们在日常生活中经常不自觉地把自己的心理特征（如个性、好恶、欲望、观念、情绪等）归属到别人身上，认为别人也具有同样的特征。例如，自己喜欢说谎，就认为别人也总是在骗自己；自己自我感觉良好，就认为别人也都认为自己很出色。心理学家们称这种心理现象为“投射效应”。

由于投射效应的存在，人们常常可以从一个人对别人的看法中推测这个人的真正意图或心理特征。由于人有一定的共同性，有相同的欲望和要求，所以，在很多情况下，人们对别人做出的推测都是比较正确的。但是，“人心不同，各如其面”，人与人之间毕竟存在差异，不考虑个体差异，胡乱地投射一番，就会出现认知偏差。

5. 思维定式

思维定式也称“惯性思维”，是由先前的活动而造成的一种对活动的特殊的心理准备状态或活动的倾向性。在环境不变的条件下，思维定式使人能够应用已掌握的方法迅速解决问题。而在情境发生变化时，它则会妨碍人采用新的方法，消极的思维定式是束缚创造性思维的枷锁。

曾有这样一个问题：一位公安局长在路边同一位老人谈话，这时跑过来一个小孩，急促地对公安局长说：“你爸爸和我爸爸吵起来了！”老人问：“这孩子是你什么人？”公安局长说：“是我儿子。”请你回答：这两个吵架的人和公安局长是什么关系？一个三口之家回答这个问题，父母没答对，孩子却很快答了出来：“局长是个女的，吵架的一个是局长的丈夫，就是孩子的爸爸；另一个是局长的爸爸，就是孩子的外公。”为什么成年人对如此简单的问题解答反而不如孩子呢？这就是思维定式效应造成的：按照成人的经验，公安局长应该是男的，从男局长这个思维定式去推想，自然找不到答案；而小孩子没有这方面的经验，也就没有思维定式的限制，因而一下子就找到了正确答案。

思维定式具有两方面的作用：一方面是积极作用，它能使人在客观事物、客观环境相对不变的情况下，对人和事物的知觉更迅速、更有效；使个体在认识新事物时，头脑里并不是一张白纸，而是已经积累了一定的知识和经验。另一方面是消极作用，在客观事物、客观环境相对改变的情况下，个体就会被老眼光束缚，容易使人们产生思想上的惰性，养成一种呆板、机械、千篇一律的思考习惯。当新旧问题形似质异时，思维定式往往会使解题者步入误区。

在日常学习和生活中，应该充分发挥心理效应积极的一面，尽量避免消极的一面，并且要注意防止心理上产生偏差，从而导致认识和决策上的失误。

二、甄别理性认知和非理性认知

1. 非理性认知的特征

人的认知具有理性和非理性两个层面，对客观事物的合理性认知，是尊重事实、主观与客观相一致的表现。非理性认知表现为个人的主观认识与客观实际相脱离，并以一种与客观实际不相符合的观念或信念去认识事物、分析事物以及评价事物。非理性认知反映了人在潜意识或意识层面的共同特征，具有以下几个特点：

（1）极端化

非理性认知往往表现为要符合绝对化要求，它是一种极端的认知方式。有这种认知方式的人往往从自己的意愿出发，无法客观地分析和考虑事物本身，持有必定会发生或不会发生的信念，有非好即坏的极端想法。他们常常使用“必须”“应该”这类词语，如“一定是我对了”“我绝对不能输”等。殊不知，客观事物的发生和发展具有一定的规律性，无法因个人的意志为转移，而一般事物的发生和发展并不具有极端性。当事情的发展与他们的意志相背离时，他们就会感到难以接受和适应，从而陷入情绪困扰之中，最终导致产生心理问题。

（2）片面性

这是一种以偏概全、片面的认知方式。拥有这种非理性认知的人们，通常会因为一次失败而武断地得出自己没用、是失败者的论断，他们往往遇到一点挫折便认为自己前途渺茫，或者因为一次小的成功，就过高评价自己，认为自己无所不能。这种以偏概全、过分概括化的不合理思维方式，缺乏充分的调查和客观而全面的认识，自然会导致片面的认识和评价，从而产生不良的行为反应和心理问题。

（3）糟糕至极

悲观主义者通常会持有这种非理性认知，他们认为某件不如意的事情发生后，必定就会糟糕至极，没有挽回的机会，简直就是“大难临头”，消极地预测事情发展的结果，却不了解坏事可能引出好的结果，好事也可能引出坏的结果。福祸是相互依存，并且可以相互转化的。有这种信念的人通常会长期陷入严重不良的情绪体验（如焦虑、耻辱、自责、悲观、抑郁）之中难以自拔，他们通常处世消极、悲观，遇事后更加重紧张和焦虑的情绪，并且常常会使个体由于失败和挫折而过度恐惧、焦虑，严重时会产生自暴自弃乃至轻生的行为。

大学生要注意识别不合理认知，从而消除不良情绪，保持心理健康发展。

2. 非理性认知与心理健康

（1）非理性认知影响情绪和行为

非理性认知对人的情绪和行为都会产生负面影响。理性认知有助于大学生正确认识客观事物，对过去事件做出准确评价，对当前事件加以解释，或对未来可能发生的事件做出预期。这些评价、解释和预期进一步激活情绪系统和运动系统，从而产生正确的情绪和行为；相反，非理性认知则会扭曲事情真相，使人出现虚假的主观想象，从而陷入不良的情绪体验，最终采取消极或错误的行为。

（2）非理性认知易导致心理障碍

非理性认知常常容易导致情绪障碍和非理性行为。贝克认为，心理问题可以从平常的事件中产生。一个人的情感和行为在很大程度上取决于其认知世界和处世的方式、方法。所以，非理性认知与心理健康息息相关，长期持有非理性认知的人更容易患有心理疾病，产生心理障碍。调查得知，抑郁症患者往往都具有非理性认知，他们将失败感人为地夸大，视为不可逆转的、长久不变的，并认为会扩散到生活的其他方面，他们处世消极、悲观。同时，恐惧症患者因为持有非理性认知，在置身于某种环境时，往往无法进行客观分析，进而做出恐怖性的推测，其他神经症患者亦是如此。因此，任何患有心理疾病的人都发生过非理性认知和思维紊乱的情况。同样，非理性认知会加重心理疾病。

3. 非理性认知的表现

非理性认知在日常生活中随处可见，它直接影响人们的学习和工作，给人们带来极大的情绪困扰。其具体表现主要有以下几点：

（1）理应得到重要的人的赞许

持有这种信念的人，对重要人的赞许的渴望比较强烈，认为理应如此。他们常有一种压力，谨小慎微，总怕稍有不慎而做错任何一件小事，或者说错任何一句话；他们没有安全感，很容易导致自我挫败。这些人往往把大部分时间都花在如何得到别人的喜爱上，没有充裕的时间去从事有益的活动以充实自己，行为上依赖他人导向而非自我导向，以他人的看法作为自己行动的指南，结果不仅得不到对自己重要的人的喜爱与赞许，反而会失去自我。

（2）有价值的人应是全能的

持有这种观点的人认为有价值的人无所不能，他们将一个人的价值完全放在能力与成就的天平上，认为每个人都应该追求成功和胜利，并且要求自己非成功不可。而实际上，术业有专攻，这个世界上有天才，但全才却是少之又少，最多的还是一般人，而且大部分人在一个哪怕很小的方面也无法做到出人头地。持有这种想法的人往往会使自己变得焦虑不安，害怕尝试，止步不前，最后反而丧失成功的机会。

视 频

认识拖延症

（3）任何问题都寻找完美的答案

这些人通常是完美主义者，他们相信每一个问题都有正确、完美的答案。而实际上，人们生活的这个世界并没有完美或绝对的事，从不同的角度观察会得出不同的结论。如果总是坚持完美、绝对的观念，就会使人忽视甚至放弃那些可行而较不完善的解决问题的途径，从而拖延进程，丧失机会，而且会给自己造成很大的压力，这也是非理性认知的表现。

（4）无法控制不愉快的情绪

很多人认为不愉快的情绪是由别人和外在的事物引起的，他们常怨天尤人，把一切错误都归咎在别人身上。他们相信如果外在因素改变，就不会如此不愉快，所以他们希望改变客观环境或外界事物，而不从自己的内在因素找原因。实际上，人的情绪大部分是自己的知觉、想法、评价引起的，因此人们应该对自己的情绪负责，遇到事情，先从自己身上找原因，控制自己的情绪。

（5）危险或可怕的事随时可能发生

这种人总是过分地担忧或焦虑，常常杞人忧天，总担心危险或可怕的事会发生。长期处于这种状态，会使人在事情发生时无法正确判断事情的危险程度，并无法有效地去面对和采取相应措施。况且有些天灾人祸是不易控制或无法加以预防的，担忧只是徒增烦恼，对自己毫无益处。理性的人既有心理准备，又能保持冷静的态度，这样在遇到突发事件时才能顺利解决。

（6）消极处世

这种人往往不敢直面问题并积极解决问题，害怕承担责任，采取逃避的措施，因为这样可能会有片刻的轻松，并避免了更多的困扰。而实际上，主动面对问题并努力加以解决，会使人们在行动过程中更有信心，而逃避则使人变得胆怯，而且永远得不到行动的经验和成功的机会。

（7）过分依赖他人

当代的大学生多数都是独生子女，习惯了衣来伸手、饭来张口的生活，进入学校或社会后，依赖心理便表现得更加明显。如果过于依赖别人，特别是过于依赖比自己能力强的人，久而久之就会失去独立性，失去自我表现的机会，失去安全感；一旦依赖丧失，就很容易产生焦虑、担忧的不良心理。事实上，任何心理成熟的独立的现代人，都既相信自己，也相信别人，他们希望通过自己的努力达到预期的目标。一般情况下，他们总是独立自主，对自己负责；但需要时，也不会拒绝别人的帮助，因为他们知道广泛的社会支持是个体心理健康不可或缺的。

（8）易受过去事情的影响

这是一种以偏概全的思维方式，他们处世常常受过去经验或经历的影响。实际上，过去的经验固然会对现在有影响，甚至成为现在生活的基础，但要改变并非绝对不可能。有的人以过去经历为借口拒绝改变，是逃避责任的表现。将责任归于过去，不愿面对现实，或不敢对现在负责，不愿做任何努力，都是一种被动的生活态度。事实上，每个人都有改变的可能，而且完全在于自己现在如何把握。

（9）过分关注他人

这种人过分关注和担心他人。他们以自己的意愿为基础，希望控制和改变他人的行为。关心别人、帮助别人确实是社会中每个人的责任，但过分关切则不妥。这实际上是低估了他人自行改变行为的能力，既为自己增添了苦恼，也疏忽了自己该做的事情。理性的人会适时、适度地关心和帮助别人，又不至于过分关心而使对方不能接受。

以上这些非理性认知在日常生活中是很普遍的，它们常常会给人带来情绪困扰。了解这些非理性认知有助于人们克服错误想法，培养理性认知，从而使身心得到健康发展。

4. 合理认知的表现

（1）对自我的正确认知

人们通常会陷入这样的怪圈，对别人的优缺点了如指掌，谈论别人的事情时头头是道，却无法正确、客观地认识自己。然而，对自我的正确认知是人生成功的重要前提。只有对自己的性格、能力以及兴趣爱好等多方面有正确的认知，才能进行合理的规划，不被周围人和环境所左右，坚持自己的理想和信念，才能成长成才。对自我的合理认知，主要表现在以下两个方面：

①对自己有全面恰当的分析。能够分析出自己的强项和弱项、自己的价值观，自己最在乎什么、最不在乎什么。如果能够很清楚地回答以上问题，自我概念就会非常明确。你会清楚地看到：我是谁，我跟别人不同的地方在哪里。

②能够接受和悦纳自己。悦纳，包含喜欢和关爱的意思，即喜欢自己的一切，包括自己的身体、外貌、性格等。接受和喜欢，就意味着认为自己是有价值的。尽管你的身材可能矮小、外貌可能不美、性格上可能有不如人之处，可能在学习或工作上有时也不比别人强，但你认为这并没有什么妨碍。每个人都是独特的，只要你努力，不断地完善自己，就会发展成一个具有独特价值的自我。

（2）对他人的正确认知

对自己有正确的认知后，还要正确认识他人。俗语说得好，“金无足赤，人无完人”，每个人都各有短长。正确地认识他人，就是指客观地认识他人的长处和短处。对于他人的优点不嫉妒，而是虚心学习，取人之长，补己之短，从而更好地发展自己；对于别人的短处，不苛求、不歧视，采取宽容的态度。

（3）对环境的正确认知

正确地认知环境是个人发展的基石。每个人都生活在一定的环境当中，而且所处的环境往往都不能由自己选择。环境对一个人的影响是不容忽视的，人处在不利的环境时，如何正确地认知环境，是人能否取得成功的一个重要问题。在现实生活中，我们往往能够认知和接受那些对人的发展比较有利的环境，对于那些不利的，甚至恶劣的环境往往不能客观地认知，因而有的人逃避环境，有的人怨天尤人，有的人随波逐流。其实，成功与否并不主要取决于所处的环境，而取决于对环境所持的认知态度。

人可以变不利为有利，大学生应发挥自己的主观能动性，分析现实环境中有利于自己成长的因素，使自己的特点与环境中的有利因素有机地结合，找到自己发展的最佳结合点。例如，家境贫寒更激励人奋发读书，学校条件差照样可以培养出优秀人才。外因必须通过内因而起作用，能否成才关键不在于环境，而在于人的主观努力。

三、构建大学生的合理认知

构建正确、合理的认知可以培养大学生实事求是的作风，使他们尊重事实和客观规律，从而正确认识事物本质，采取正确解决问题的方法，有助于增强大学生的心理健康，对学习和生活都有很大益处。当代大学生应当努力培养自己的合理认知，做一个有理性、成熟的青年，只有这样才能更好地认识自我、认识社会，从而更好地发展自我，适应社会和时代的要求。合理认知的构建方法包括以下几个方面：

1. 学会辩证思考

事物都具有两面性，学会辩证思考是构建合理认知的主要方法。唯物辩证法是思考和把握整个世界的普遍本质和认识一切事物的根本方法。掌握辩证思考的方法，就能使人们对世界上各种复杂的问题进行理性的思考，使人们从周围纷繁迷乱、变幻不定的各种事物中发现事物的本质，达到对人和事全面、深刻、本质的认识，达到对事物的理性认识，建立起自己对于自我、对于他人、对于事物和环境的正确观念。当感到情绪不好的时候，当对别人和自己抱怨的时候，要问一问自己，是否是用辩证的方法去看待问题的，是否看到了事物的另一面，是否以一种非此即彼、绝对化的方式来看待事物的。需要提醒自己，事情通常以黑白之间的灰色形态而非绝对黑白形态表现出来，生活中要克服非此即彼、非黑即白的绝对化。当只用黑白两种形态认识事物时，你的认识就偏离了客观事物的本来面貌。

2. 注重实践与调查

实践是检验真理的唯一标准。实践出真知，只有调查、取证才是解决问题的根本，也只有调查和实践才是克服错误观念的有效方法。

人们的错误观念往往是来自自己主观的想象、推测。当人们停止自己的想象，借助于实践的调查研究方法来澄清事实真相时，常常会发现事情的本身并不像想象的那样糟糕，会有一种豁然开朗的感觉。例如，有一位同学升入大学后学习成绩不太理想，她认为老师不喜欢她，同学也不愿接受她。为此，她整天闷闷不乐，不与别人多说话，下了课就回家，把自己封闭起来。这样做的结果是把自己与同学疏远了，由此她更认为自己是个大家都不喜欢的人。她感到很孤独，很自卑。心理咨询老师建议她在过生日的时候请几个同学到她家去做客。她起初认为别人肯定不会来，但她还是按照咨询老师的建议去做了尝试。她在下一次咨询时高兴地告诉老师，她请了三位同学，大大出乎自己的意料，她们都非常愉快地赴约了，并且都给她送了生日礼物。这三位同学都很愿意与她一起聊天。当她问及这三位同学是否因她的学习成绩不太好而不喜欢她时，同学们都说从来没想过这个问题，只是觉得她不喜欢与同学接近。这三位同学还表示愿意在学习上与她互相帮助。看来，认为别人因她的学习成绩不好不喜欢她，这只是她自己的主观想象。这个事例说明，调查一下事实真相才能验证和纠正自己的错误观念。

3. 扩展知识

一位诺贝尔奖获得者曾经说过："涉猎多方面的学问，可以开阔思路，对世界或人类社会的事物形象掌握得越多越有助于抽象思维"。人类的知识是极其丰富的，每一种知识都可以启发人们的认识，开阔人们的思维。

客观世界的事物极其复杂，而且万事万物都处于不停的运动变化之中，每个人自身的认识能力相对于复杂的客观世界来说是有限的，而大学生的认识能力不足，再加上对某一方面的事物缺少了解，就无法全面地认识它们、把握它们，自然会产生错误的观念，进入认识的误区。但随着人们年龄和阅历的增长，生理心理方面都发展成熟，同时所掌握的知识越多、越深刻时，人们的认识能力就会越强，就不会仅仅依靠自己的一己之见，狭隘地、片面地去推测、去揣摩、去判断客观事物，拥有的正确观念就会越来越多。特别是现在，人们处在瞬息万变的信息时代，观念变得更为多样化，人们之间的关系更为复杂，要适应现代社会，更需要努力学习，提高自己的认识能力。

4. 增强人际沟通

在人际沟通中，使自己原有的认识更加完善。人生活在社会中，就无法避免人际沟通。心理学家认为，物与物的交换不会使交换的物质增加。例如，你给我一个苹果，我给你一个苹果，交换的结果仍然是两个苹果。但人与人之间的思想交流不是这样，你给我一种思想，我给你一种思想，通过两个人的沟通与交流，在两人原有的思想上，相互启迪与碰撞，可能产生一种新思想。与同龄人交流，可以相互启发；与家长、老师交流，可以增长经验。封闭自己，不与别人沟通，只能固执己见，对问题的认识就比较片面。由于个人生活范围狭小、生活经验有限，常常会在认识问题时"钻牛角尖"，一旦钻进"牛角尖"，就会对问题的认识失真，不但使人际关系受到影响，也使自己精神不愉快。

生活中的很多矛盾和冲突都是由于缺少人际沟通导致的，只要进行沟通，问题就变得好解决。在沟通之中可以消除由主观推测而产生的各种误会；在沟通之中可以学习别人认识问题的方法，完善自己的认识；在沟通之中可使我们对自己、对他人的认识更加客观，使自己更能愉快地适应生活，更有助于创建一个和谐的社会环境。

学习笔记

活动训练

站 报 纸

①目的：突破思维定式，勇于创新，提高思维能力。

②步骤：

- 每组发一张报纸，设立一名计时员。
- 小组内全体组员以尽量少的脚站立在一张展开的报纸上，坚持5 s。过程中，如果有组员的脚站到报纸以外的地方，则宣布此组挑战失败。
- 小组内全体组员以尽量少的脚站在半张报纸上，坚持5 s。过程中，如果有组员的脚站到报纸以外的地方，则宣布此组挑战失败。
- 小组内全体组员以尽量少的脚站在1/4张报纸上，坚持5 s。过程中，如果有组员的脚站到报纸以外的地方，则宣布此组挑战失败。
- 小组内全体组员以尽量少的脚站在1/8张报纸上，坚持5 s。过程中，如果有组员的脚站到报纸以外的地方，则宣布此组挑战失败。
- 看哪一组能够站立在最小的报纸上，即为获胜者。
- 每个小组分享，怎样突破思维定式，采取什么方法完成小组任务。

③注意事项：

- 老师强调，活动中注意安全，防止出现意外摔伤、扭伤。
- 随着难度越来越大，可不硬性要求在报纸上站立5 s，以免发生危险。

④在活动训练过程中，完成活动训练任务单（见表2-2-1）的填写。

表2-2-1　活动训练任务单

任务执行人		班级名称	
所属小组		完成日期	
任 务 实 施			
理论认知	结合认知心理效应中思维定式的学习，可以做如下描述： 站立在一张展开的报纸上时，我们小组采取的方法为__________。 站在半张报纸上时，我们小组采取的方法为__________。 站在1/4张报纸上，我们小组采取的方法为__________。 站在1/8张报纸上，我们小组采取的方法为__________		
情感体验	当接到这项小组任务时，我感到__________（描述情绪）。 当我们小组成员研究任务策略时，我感到__________（描述情绪）。 当我们小组成员共同完成每步任务时，我感到__________（描述情绪）		
意志提升	当我们小组成员克服困难，共同完成站报纸任务时，我觉得我的信心提升了______分（满分10分）		
行为表达	通过这项活动，我发现我在行为层面有了这些方面的改变：（比如，原来不敢信任别人，通过活动体验，可与小组成员建立信任完成任务） ①__________ ②__________		
指导老师批阅： 年　　月　　日			

任务评价

对本任务学习目标的达成情况进行评价，见表2-2-2。

表2-2-2　任务评价表

评价内容	评价标准	分数	评分记录		
			学生自评	组间互评	教师评分
知识掌握	了解常见的认知心理效应，学会甄别理性认知和非理性认知	10			
	掌握大学生构建合理认知的方法	10			
能力应用	能识别生活中的认知效应，运用合理认知处理的矛盾和冲突	30			
	能提高在轨道交通作业过程中的认知能力	30			
素质养成	在生活和职业中克服认知心理效应的负面影响，建立合理认知心理框架，全面提升心理素质	10			
	用合理认知看待生活和职业，树立正确的世界观、人生观、价值观	10			
总　分		100			

任务三　认知职业

情境导入

刚刚上完心理课，明路同学匆匆拦下老师，提了一个问题：老师，您刚才讲到，认知过程是心理过程之一，我们能在日常生活情境中识别出感觉、知觉、记忆、思维、想象、注意，但是结合到我学的专业，还有今后从事的岗位，我很难想象出认知过程与岗位作业有什么具体联系的情境。比如，我背下来技规直接用在作业流程中进行操作即可，这会影响到正常的安全生产过程吗？这也是刚才我们小组讨论时同学们都有疑问的部分。听到同学们对于认知过程在职业应用中的提问，老师提供了一些作业情境与认知过程相关的案例，解答了这些问题，同学们从新的认知角度理解了心理学与岗位职业是如此息息相通。

学习目标

知识目标：

明确职业素质中认知能力的要求，了解认知能力对从业岗位的意义和作用。

能力目标：

增强认知能力的自我觉察能力和调适能力。

素质目标：

培养主动提升认知能力的职业素质。树立调整认知能力的意识，保持积极的工作态度，构建和谐的工作环境和人际关系，从职业认知视角提高社会文明程度。

任务描述

学习轨道交通行业员工认知能力的要求。教师呈现企业相关案例，学生分组讨论、总结对轨道交通行业人员认知能力的要求。

探索个人认知能力。学生参与体验活动，对照轨道交通行业员工的职业认知能力标准，分析自己的职业认知能力现状，明确方向，逐步完善。

任务分析

通过学习轨道交通行业主要工种岗位人员认知能力的要求，结合具体的案例分析，了解认知能力在岗位适应和企业安全生产中的重要作用，通过活动体验，提升在作业情境中对于认知能力的觉察力和调适能力，做到以提升职业认知优化作业行为，实现企业安全文明生产。

相关知识

随着轨道交通行业技术的发展和设备的完善，交通运输的稳定性和可靠性有了显著提高，对轨道交通行业从业人员的认知能力提出更高要求。认知能力在职业和岗位中发挥着重要作用。

一、认知能力在职业中的应用

认知能力在职业中的应用主要体现在以下几个方面：

1. 工作效率和学习效率

认知能力直接影响工作效率和学习效率。记忆力、注意力、思维能力和语言能力等认知能力的提升，可以帮助员工更快地掌握新知识和技能，提高工作效率。

2. 问题解决和决策能力

认知能力在问题解决和决策过程中起着关键作用。具备良好认知能力的人，能够更快地分析问题、制定解决方案，并在复杂情况下做出明智的决策。

3. 创新能力

认知能力强的个体通常具有更强的创新能力和创造力，能够从不同的角度思考问题，提出新的解决方案，推动团队的创新和发展。

4. 适应性和灵活性

在快速变化的工作环境中，认知能力强的员工能够更快地适应新情况，调整自己的工作方法和策略，保持竞争力。

5. 沟通能力和团队协作

良好的认知能力有助于员工更好地理解他人，有效沟通，从而在团队中发挥更大的作用，促进团队协作。

二、提升认知能力的策略

提升认知能力的策略包括以下几个方面：

1. 保持好奇心与求知欲

保持对世界的好奇心和求知欲是提升认知能力的关键。通过持续学习、阅读和探索新领域，不断追求新知识和技能，可以推动人们主动探索并对所学内容保持高度兴趣和专注。

2. 运用多元思维方式

避免陷入单一思维模式，尝试从不同角度思考问题，拥抱多元的观点和解决方案。发展多元思维能力能够打破思维的狭隘，激发创造力和创新思维，进而提升认知能力。

3. 注重思辨和批判性思维

思辨和批判性思维有助于人们分析、评估和挑战各种观点和理论。通过思辨性思维，能够推理出更准确的结论，并从中获取更多的认识。通过培养批判性思维，能够更加敏锐地识别逻辑不严谨的观点和论据，从而提升认知水平。

4. 定期自省和反思

定期进行自省和反思是加深个人认知理解的重要方法。通过反思，可以回顾自己的行动、决策和思维方式，找出不足之处并加以改进。通过自省和反思，能够在不断地修正和提高中提升认知能力。

5. 充实知识储备

知识储备是思维的基础和支撑。通过广泛地阅读、学习和掌握多元的知识，能够拥有更丰富的认知框架和思维模型。不断充实自己的知识储备，有助于人们更全面地认知和理解事物，并能够更灵活地运用知识解决问题。

6. 锻炼注意力和专注力

注意力和专注力是提升认知能力的重要因素。通过锻炼注意力和专注力，能够集中精力、抵制干扰，提高对任务的认知深度和思考质量。通过日常训练如冥想、专注练习和时间管理，可以逐渐提高自己的注意力和专注力水平。

7. 尝试新事物和挑战自我

通过尝试新事物和挑战自我，能够不断突破自己的认知边界。主动扩展自己的舒适区，接受新的经验和挑战，能够刺激大脑的学习和适应能力，从而提升认知能力。

8. 保持积极心态和心理弹性

积极心态和心理弹性对于提升认知能力至关重要。积极的心态能够帮助人们更好地应对挫折和困难，激发潜能。心理弹性使个体能够适应变化和压力，培养自己的认知能力。

9. 与他人合作和交流

与他人合作和交流是扩展认知能力的重要途径。与他人合作能够借鉴他人的智慧和经验，促进思维碰撞和创新。

这些策略可以帮助个人在不同方面提升认知能力，从而在个人成长和职业发展中有更好的表现。

三、轨道交通行业主要工种岗位人员认知能力的要求

目前的工作模式使轨道交通行业各工种岗位人员的工作方式从传统的体力型转向认知、监控型，增加了从业人员的心理负荷，并对其在作业过程中的信息加工、记忆和逻辑思维等认知能力提出更高要求。认知能力如果达不到客观标准，就会增加作业事故的潜在风险。从业人员必须在短时间内完成大量信息加工并做出正确判断和决策，其中任何一种信息出现延误，都会大幅增加决策失误的风险。

对于轨道交通行业主要工种岗位人员认知能力的要求具体包含以下几方面：

1. 注意力集中能力

轨道交通行业主要工种岗位人员注意力集中能力主要来自工作内容方面的要求，具体有以下两点：

①在进行设备维护、检修等工作时，要求非常认真、耐心、细致，需要有较强的注意力集中能力，如通信综合维修工、现场信号设备维修工、电力线路维修工、变配电设备检修工、线路工、桥隧工、地勤司机、地勤机械师、随车机械师、接触网作业车司机、轨道车司机在作业时都需要有长时间集中注意力的能力，以保证正常安全作业。

②在进行数据管理、运用和分析时，不可出丝毫差错。需要有较强的注意力集中能力，如通信网管、控制中心信息设备维修工等。

【案例1】中秋节当晚，几个身影正在某铁路站场紧张忙碌着。三车间陈主任带领着几名高铁线路工在这里进行线路、道岔的检查作业。高铁列车开行增量，他们需要在当晚利用近五个小时的时间，对3 850 m的线路和六组道岔进行设备检查，以确保高铁运行安全。陈主任在不远处手握道尺，每隔3 m左右，就将道尺放在钢轨上测量轨距，并同身边的同事进行测量读数。3 850 m的线路，陈主任要弯腰近300次。工作人员推着轨检仪进行检查，每走十几米，他们都会调出标准数据进行仔细核对。为了防止误差，他们一般都会多检查几次，以确保数据准确。

案例分析：在日常工作中，轨道交通行业的从业人员要对所负责维护的线路进行经常性巡视和定期检查，这是线路维护相关岗位的重要工作内容，是保证安全运输的关键。在对线路巡视检查的过程中，岗位员工要高度集中注意力，仔细检查线路的道岔、钢轨、轨枕等设备，以保证能够及时发现可能存在的一切隐患，并制订维修和养护方案。

2. 逻辑判断能力

轨道交通行业主要工种岗位人员的逻辑判断能力主要来自工作内容方面的要求。在发生故障时准确判断故障原因，因此需要较强的逻辑判断能力，涉及的人员有通信综合维修工、现场信号设备维修工、电力线路维修工、变配电设备检修工、随车机械师等。

【案例2】中午，某列车进站后，控制台已有光带显示，但信号复示器不亮绿灯，信号灯非正常显示会影响车辆的正常运行。发现故障后，现场信号设备维修工立即跑向工作台进行检查。他们先是在分线盘上挂一只15 W/220 V的灯泡，发现灯泡点亮，此时控制台上的信号复示器也点亮了，说明室内的联锁条件都已满足，联锁电源已送到分线盘。维修工人通过该现象便确认了故障是在室外，并快速采取解决措施，信号复示器恢复正常工作。这些工作表示平时培训、应急知识考试、事故案例学习以及经验总结，已经在岗位员工心中形成了一种深刻的印象，有任何问题出现，都能快速反应。

案例分析： 轨道交通行业现场信号设备维修工面临的问题多种多样，不同故障发生的原因各不相同，出现问题时，需要做出冷静分析和判断，才能找到问题的根源，因此对他们的逻辑判断能力要求较高。

3. 手眼协同能力

【案例3】凌晨，陈师傅开动了动车组，他要将刚刚通过检查的列车从检车线上开出，挪到旁边的存车场等待天亮后开行。“车门关闭，关门灯亮，计划正确，准备好了”，话音刚落，陈师傅开启了他新一轮的停车任务。

陈师傅是一名高铁地勤司机，他只在夜间工作，上半夜要把动车组接入库内给相关人员检修整备，下半夜要把动车组一趟趟状态良好地送出去。陈师傅所在的动车基地，每晚会有80组动车停靠，这些车辆之间最近的距离不过20 m。为了安全，地勤司机开车速度不能超过15 km/h。停车路线中还会有很多弯道和道岔，对地勤司机的瞭望空间影响很大，对地勤司机的停车技术要求更高。陈师傅需要将视线集中在前方，观察地形，并在视觉的配合下，灵活调配手脚部位进行相关车辆操作，才能顺利完成手动停车任务。因此，对地勤司机的手眼协调能力要求很高。

案例分析： 轨道交通行业工种岗位人员手眼协同能力主要来自工作内容方面的要求，比如，在道上作业、高处作业、紧急情况时搬异物、登车顶、钻车底以及工作需要手动驾驶动车时，需要主要行车工种岗位人员具有良好的手眼协同能力，从容应对特殊工作情境。

4. 学习能力

【案例4】孙师傅担任工务段综合维修车间的轨道车司机已经22个年头，始终对自己有着较高的要求，特别是在专业学习上，坚持钻研，积极参加各项培训，亲身经历了轨道车的走行部、动力系统、传动系统、控制及仪表盘显示系统、制动系统、电气元件的多次更新换代，对各种型号轨道车的各个细节都非常了解，节假日期间也总是对照着轨道车上容易发生故障的部位分析原因，做好记录。同时，他还大胆创新，发明的多项新技术被单位应用推广，为企业的安全生产、经营创效做出了自己的贡献，多次在技术比武和技能大赛中获奖。

案例分析： 轨道交通行业主要工种岗位人员学习能力要求主要来自工作内容方面。轨道交通设备升级较快、型号较多，因此需要有较强的快速掌握新技术、新知识的学习能力，以适应技术科技化的速度。

5. 注意力分配与转移能力

注意力分配与转移能力是指在驾驶过程中可以保持注意力集中，同时可以分配注意力关注多个目标的能力。

【案例5】在司机室内，司机要将注意力集中在其面前的180° 全景前挡玻璃、宽大的电子仪表操作台、无数个指标参数，以及各种按钮和开关。整列车所有的设备都在司机的界面上显示，一旦出现故障，司机必须快速发觉并采取措施。司机要一边专注地看着前方，一边做手势、说口令，操作面前仪表盘的各种按钮，同时还要监控前方轨道，根据信号调整速度；兼顾各种设备数据的观察，不容一丝差错。对动车组司机注意力分配与转移能力的要求较高。

案例分析： 轨道交通行业主要岗位人员注意力分配与转移能力主要来自工作内容方面的要求。在驾驶过程中既需要保持注意力集中，持续观看仪表等，又需要分配注意力，同时关注瞭望多个前方目标等，因此需要较强的注意力分配与转移能力。

6. 作业平稳能力

【案例6】司机在长时间的行车作业过程中，面对复杂多变的环境以及与行车调度人员的长时间沟通，记录、执行调度命令等，使其复杂反应能力、瞬时记忆力、学习能力、速度预测能力都有所下降，需要努力克服。司机在长时间行驶中始终要做到起车快、调速稳、停车稳准。其中，还要控制车组贴线运行，即在车组允许运行的速度下，保持列车限速值匀速运行，因此对司机的作业平稳能力要求较高。

案例分析：轨道交通行业主要工种岗位人员作业平稳力主要来自工作内容方面的要求。协作配合能力是指组内成员相互配合、协调的能力。

【案例7】轨道交通行业的不同工种、不同岗位在作业过程中需要传达信息、协调工作，不同站段之间也要协同作业。比如，在工务段职工在某区段进行天窗作业时，有可能需要电务部门在作业现场进行用电安全方面的调控工作；在联合作业时，则需要跨单位的信息交流与调度；在地铁司机出乘执行作业时，在司机室内要接收调度信号，在非语言沟通的工作情境，与调度相关部门的工作人员进行远程合作。

案例分析：轨道交通行业主要行车工种岗位人员协作配合能力主要来自工作内容方面的要求，小组一起作业的工种成员相互配合、协调的能力尤为重要。

7. 故障描述能力

【案例8】“李机械师，三车辅变丢失！”随车机械师小李的传呼机传来紧急通知，接到动车组司机呼叫，小李边回应边跑向司机室，与检查监控器确认是6595故障后，小李立即到达故障车厢。此时，三车厢只剩应急照明，车上乘客还未察觉到异常，小李合上跳闸的开关又复查了一遍后，发现故障信息并未消除。小李立刻进行紧急汇报。“现在我们的动车组，运行到某区间，三车报出辅变故障，已经对车的辅变的空开进行复位，现在故障无法消除，请指示！”汇报简洁明了。应急指挥中心人员了解故障情况后，迅速做出指示——空开复位无效，去拿笔记本计算机进行软件复位。接到指示后，小李始终未挂断手机，边操作边不断地与应急指挥工作人员进行汇报和交流。“开启维护模式”“维护模式已开启”“显示正确连接”“进行软件复位操作”“复位成功”“辅助电源供电正常”。话音刚落，车上广播“列车前方到站，本次列车终点站……”响起，动车故障恢复完毕，完美解决了一次紧急故障。

案例分析：轨道交通行业主要行车工种岗位人员故障描述能力主要源于其工作内容方面的要求。无论事故发生在哪里，一旦发生非正常行车等紧急情况，就需要对故障情况及时准确地进行上报，因此通过观察，运用语言准确描述故障状态及特征的能力非常重要。

学习笔记

活动训练

调适职业认知

①目的：通过模拟铁路和地铁驾驶舱环境，树立成员职业中认知的勇气和自信。

②步骤：

- 昏暗灯光下，所有小组成员间隔两米面对面站两排，邀请一位成员扮演求助者角色，找到一个随机放置的瓶盖。
- 求助者在两排中间分别向每一位成员面带微笑猜地点。
- 如果猜错，站在两排的成员则一脸严肃通过手势拒绝她，并不停地缓慢移动向扮演者靠拢，缩小空间，给予空间压抑感。猜对后，两排的成员则全部散开，面带微笑对其赞美："你真行！"。
- 活动后，成员分享在这种情境下如何利用资源进行认知调适，遇到类似逆境时，自身有哪些优势。

③在活动训练过程中，完成活动训练任务单（见表2-3-1）的填写。

表2-3-1 活动训练任务单

任务执行人		班级名称	
所属小组		完成日期	
任 务 实 施			
理论认知	结合铁路员工认知能力要求的学习，可以做如下描述： 在这样的职业情境下，需要的认知能力包括______________。 遇到类似逆境时，拥有的优势为______________		
情感体验	当猜错位置时，站在两排的成员一脸严肃通过手势拒绝，并不停地缓慢移动向我靠拢缩小空间时，我感到______________（描述情绪）。 当我猜对后，两排的成员全部散开，面带微笑对我赞美："你真行！"时，我感到______________（描述情绪）		
意志提升	当找到那个随机放置的瓶盖时，我觉得我的自信提升了______分（满分10分）		
行为表达	通过这项活动，我发现在行为层面有了以下这些方面的改变：（比如，原来不愿面对狭小的空间，通过活动体验，可调适认知适应狭小的空间） ①______________。 ②______________		
指导老师批阅： 年　月　日			

任务评价

对本任务学习目标的达成情况进行评价，见表2-3-2。

表2-3-2　任务评价表

评价内容	评价标准	分数	评分记录		
			学生自评	组间互评	教师评分
知识掌握	明确职业素质中认知能力的要求	10			
	了解认知能力对从业岗位的意义和作用	10			
能力应用	能对个体职业认知有觉察能力	30			
	能对个体职业认知有调适能力	30			
素质养成	具备主动提升职业认知的职业素质	10			
	保持积极的工作态度，从职业认知视角提高社会文明程度	10			
总分		100			

项目三

探秘自我密码　明确职业角色

项目描述

通过本项目学习，了解自我意识的含义、主要发展阶段、结构和作用；大学生自我意识发展的特点、健康积极自我意识的标准；通过觉察自我，学会健康积极自我意识的塑造，成就更好的自己。了解轨道交通行业主要工种岗位人员的职业角色特征，通过完善自我意识结构，增强对法律和安全的敬畏感，提升维护国家安全的意识和能力。能够将自我的价值追求与社会发展、祖国建设相融合，让青春在奋斗中实现自身价值。

思维导图

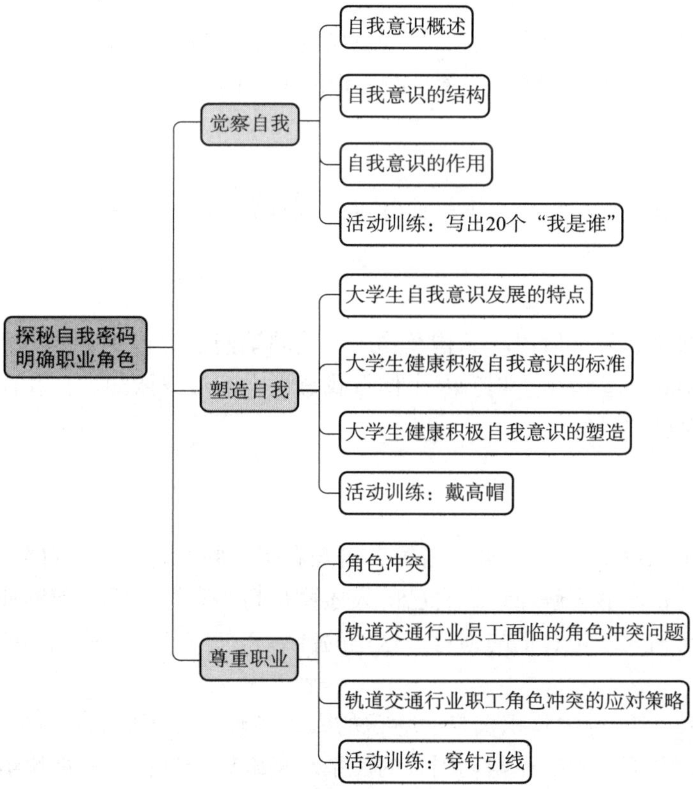

趣味导读

音频

超越自我

从我国著名短跑运动员苏炳添的故事中可以看到，对自我的觉察和塑造在一个人成长成才的道路上发挥着巨大作用。他坚守自己对奔跑的热爱，专注目标，刻苦训练，乐此不疲，坚持不懈。从他的身上，我们看到的是自我认识、自我完善和自我超越的典范。通过了解自我意识的基础知识，同学们能够更好地认识自己、完善自己、超越自己，在追逐与实现梦想的过程中，体味奋斗青春的魅力与幸福。

任务一　觉察自我

情境导入

志高今年19岁，是一名在校大学生。他学习努力，成绩也很好，但他总觉得自己身材瘦弱、性格内向、不擅交际。从初中开始，他就喜欢思考自己是一个怎样的人。上了大学以后，进入了一个更加多姿多彩的世界，他发现身边的同学都很优秀，时常觉得自己很渺小，一无是处，陷入了自卑的状态。他觉得需要对自己进行重新认识和评价，毕竟只有正确地认识自我，才更有利于自己的成长和发展。

学习目标

知识目标：

了解自我意识的含义、主要发展阶段及结构，体会自我意识的作用，为心理健康构建基础。

能力目标：

正确理解并掌握自我意识的内涵、结构及作用，具备认识自我、接纳自我、完善自我的自觉意识，保持对自我的良好心态。

素质目标：

正视自我同一性的意义，积极地探索自我，发现真实的自我，成就更好的自己，将自我意识的发展与社会主义现代化建设发展相结合，在社会生活中发挥自我意识的重要作用。

任务描述

根据自我意识的结构，客观地分析和认识生理自我、心理自我和社会自我。

任务分析

通过学习自我意识的含义、发展阶段、结构及作用，使同学们了解自我意识对个体心理健康发展的重要影响，通过完成“我是谁”学习活动训练，提升对个体自我意识中的自我认知、自我评价等特征的理解，达到更好地认识自己、合理评价自己的目的。

相关知识

老子《道德经》第三十三章中有言：“知人者智，自知者明。胜人者有力，自胜者强。”其意是说，能够了解、认识别人的人是聪明的；能够了解、认识自己的人才算是高明有智慧的。能够战胜别人的人是有力的；能够克服自身弱点、战胜自己的人才是真正的强者。这里的“自知”“自胜”，从现实的角度理解，就是指人对自我的觉察，即自我意识。

“人贵有自知之明”，一个拥有健康积极自我意识的人，能够充分了解自己，认识自己的优缺点、兴趣爱好、个人能力和脾气秉性，并能正确处理与周围人的关系。正确评价自我，积极悦纳自我，有效调整自我，做到不自卑、不自傲、不刻意攀比，保持内心的平和与自洽。以平和的心态对待一切，从而积极、愉快地生活和工作。因此，健康积极的自我意识是心理健康的首要条件。

一、自我意识概述

1. 自我意识的含义

意识是人的一种觉察，自我意识是个体对自己的一种觉察。自我意识是意识的一种形式，是个体对自身的认识和态度，也是主体的“我”对客体的“我”的意识。

自我意识是作为主体的“我”对于客体的“我”系统的认识，以及由此产生的体验与调控，是个体关于自我的全部思想、情感和态度的总和。它是一个人心理健康、成熟的基础，是各种心理活动的内部原因和根本动力，人的认知、情感、意志等心理活动过程受到自我意识的影响。

自我意识是主体自我对客体自我以及与周围环境关系的多方面、多层次的系统认识，它包含了对自己所拥有的一切的全面认识和评价，具体包括以下三个方面：对自己生理状况的认识和评价，如身高、容貌、体重、身材等；对自身心理状态的认识和评价，如自己的知识、兴趣、爱好、能力、气质、性格等；对自己与他人关系的认识和评价，如自己在团体（社会）中的角色、地位、权利、义务等。

基于主体的“我”对于客体的“我”系统的认识和评价，产生了对自我的体验与调控，因此，自我意识包含了自我认知、自我体验、自我调控三个方面。自我意识是建立在个体的生活经验之上的，是个体对客体的“我”长期观察、分析、思考的结果。

2. 自我意识的主要发展阶段

自我意识作为人类所特有的一种复杂的心理现象，并不是与生俱来的。个体的自我意识从无到有，是在与外部环境不断交互作用的过程中建立，逐步发展，最终达到成熟。以下是人的自我意识发展过程中经历的三个重要阶段：

（1）婴儿期

3岁之前婴儿处于自我中心时期，是自我意识发展的萌芽阶段。在这个阶段，自我意识的典型标志是婴儿能够将主体与客体区分开来，开始意识到自己是一个独立的个体。婴儿最先获得的对自己的意识是对身体的自我认识。在一个经典的自我认知实验中，婴儿观看电视上他们自己的影像，大多数婴儿在18个月后才能认出自己。这表明，人的自我意识直到18个月左右才发展起来。与此同时，一岁之后，婴儿学会走路，开始感受并意识到自己有能力去控制自己和环境，这就是一种自主感。

这个时期自我意识的特点是以自我为中心，以自己的身体为中心，以自己的情感、意志为中心，并将这种中心意识投射到他人和周围环境中。婴儿开始用“我”来指代自己而不是“宝宝”，他们能够更完整地表达自己的意愿和需求。初始的自我意识依赖于神经系统的发育成熟。

（2）青少年期

青少年期指的是儿童期和成年期之间的过渡期，是自我意识迅速发展的时期。从生理发育上来看，青少年处于青春期阶段，这是一个不安定的时期，面临一些独特的问题。随着心理和生理的逐渐成熟以及认知能力的发展，青少年开始探索并形成自我角色认同感，他们需要回答“我是谁？”这个问题。寻找自我并非易事，这个阶段青少年开始整合自己眼中的“我”和他人眼中的“我”，形成自我身份、个人价值观、目标和道德意识，并以此有意识地指导和调节自己的态度和行为，逐步形成一个完整的自我同一性。

埃里克森认为，这是青少年这个年龄段需要完成的心理社会发展任务。埃里克森的心理社会性发展理论提出，在青春期阶段（12~18岁）存在着自我同一性与角色混乱的冲突。青少年需要发展出一致的自我概念和自己在社会中的角色身份的认同，否则他们将面对身份和角色的混乱。同一性危机要求青少年进行认真的自我反省和质疑。而个体的自我同一性正是从这种严肃的质疑和强烈深刻的反省中发展起来的。因此，这个时期的青少年由于处于内在矛盾动荡期，会表现出一定的叛逆行为。

（3）成年早期

成年早期通常包括大学时期，这是一个充满变化、探索、活力和追求的时期，也是自我意识发展的关键阶段。由于心智发展已进入全盛时期，具有了一定的社会阅历，青年将大部分注意力转向自己的内部世界和内心体验，致力于发现自我、关注自我、塑造自我。例如，“我是什么样的人？”“我能做什么？”，热衷于内心的探索。他们开始反思自我和生活的意义，逐渐探索确立职业发展目标，并建立亲密关系，而这些任务的完成，首先需要对自我同一性的确认。现代社会中越来越多的年轻人由于教育经历而推迟进入成年早期，向成年人的过渡被推迟到20岁左右。20岁以后，他们仍在进行有关自我的探索，试图继续寻求自我认同感。

自我意识的发展是一个持续的过程，每个阶段都反映了个体在认知、情感和社会层面的成长与变化。它受到遗传、环境、教育和个人经历等多种因素的影响。自我意识具有目的性、社会性和能动性等特点，对个性的形成与发展起着调节和监督的作用。

马克斯韦尔·马尔兹曾指出："不管我们是否意识到，我们每个人都有一幅自我的'蓝图'或一幅自画像。我们的意识里对此可能不够具体清晰，也可能不了解，但它却是存在的，而且完整详细地摆在那里。"

正是因为自我意识的存在，个体才能意识到自己的能力和资源，并能有效地利用这些能力和资源。良好的自我同一性、自我控制力与责任感是个体积极心理要素之一。健康积极的自我意识是个体拥有心理健康和心理幸福感的重要基础，也是大学生成人成才所必需的。

二、自我意识的结构

自我意识是一个多维度、多层次的复杂的心理系统或心理结构，按照不同的标准，从形式、内容及自我观念等方面可以构成不同结构。

1. 从形式上分类——自我认知、自我体验、自我调控

从形式上看，自我意识表现为认知的、情感的、意志的三种形式，分别称为自我认知、自我体验和自我调控，这三种形式分别体现在人的心理活动过程中的知、情、意三种心理成分。

（1）自我认知

自我认知是自我意识中的认知成分，是个体对自己的认识、看法及评价，由此形成的对自我的概念或标签。它包括自我感觉、自我观察、自我观念、自我分析和自我评价等层次。自我观念和自我评价是自我认知中最主要的方面，也是自我体验和自我调控的前提。自我认识主要解决"我是谁？"我是一个什么样的人"这些问题，并在此基础上进行自我评价。

（2）自我体验

自我体验是自我意识中的情感成分，是在自我认知的基础上产生，反映个体对自己所持的态度。它包括自我感受、自爱、自尊、自信、自卑、内疚、自豪感、成就感、自我效能感等层次。其中，自尊是自我体验中最重要的方面。它主要解决的问题是"我喜欢这样的我吗？""我能接纳我自己吗？"

（3）自我调控

自我调控是自我意识中的意志成分，指个体对自己心理活动和行为的调节与控制。它包括自我理想、自我监控、自我塑造、自我克制、自我教育等层次。其中，自我控制和自我教育是自我调控中最重要的方面。自我调控主要解决的问题是"我想要成为一个怎样的人？""我怎样才能成为那样的人？"

总之，自我认知、自我体验和自我调控之间相互联系、相互制约，统一于个体的自我意识之中。自我认知是其中最基础的部分，它决定着自我体验的主导心境以及自我控制的主要内容；自我体验又强化着自我认知，影响着自我调控的行动力度；自我调控则是自我完善的实现途径，对自我认知、自我体验起到调节作用。当自我认知、自我体验、自我调控三方面整合一致时，便构成了个体完整的自我意识。

2. 从内容上分类——生理自我、心理自我和社会自我

（1）生理自我

生理自我是个体对自己生理属性的意识，是自我意识最原始的形态，包括个体对自己的身高、体重、外貌、身材等身体方面的意识。

（2）心理自我

心理自我是个体对自己心理属性的意识，包括对自己的需要、动机、价值观、兴趣爱好、能力、气质、性

格等个体心理特征方面的意识。人只有在对自我心理特征充分认识把握的基础上，才能结合现实社会需要，实现自我价值，成人成才。

（3）社会自我

社会自我是个体对自己的社会属性的意识，包括对自己在各种社会关系中的角色、地位、权利、人际距离等方面的意识，是对自己在群体中的地位、作用以及自己和他人相互关系的认识、评价和体验。如果一个人认为自己不善于交流或沟通，周围的人不喜欢自己，不接纳自己，没有知心朋友等，就会感到很孤独、很寂寞。

3. 从自我观念上分类——现实自我、投射自我和理想自我

（1）现实自我

现实自我是个体从自己的立场出发对现实状况的基本看法，也是对现实中自我的认识。

（2）投射自我

投射自我是指个体想象中的他人对自己的看法，例如想象自己在他人心目中的形象，想象他人对自己的评价，以及由此而产生的自我感。投射自我和现实自我之间往往有差距，差距越大，个体便越会感到自己不被他人所理解。

（3）理想自我

理想自我是个体从自己的立场出发对未来的期望，即对想象中自我的认识。理想自我是个体想要的完善形象，是个人追求的目标，与现实自我不一定是一致的。

总之，自我意识是一个多维度、多层次的心理活动系统，这个心理活动系统表现为一个人对自己的思想认识、情感行为、个性特征以及人际关系各个方面的认识、情感和意志的统一。自我意识在人的个性发展中占有重要的地位，人的兴趣、能力、性格、情感、意志和道德行为都受它的影响。

三、自我意识的作用

自我意识作为个性心理结构的核心成分，是一个综合性的高级心理系统，它对人的整体心理发展和行为起着调控作用。它将人的愿望、爱好、习惯、利益结合成统一的体系，在日常生活中构成了个人的内心世界。因此，可以用自我意识的发展程度来衡量一个人的心理成熟水平。自我意识的作用具体表现在以下几方面：

1. 目标导向作用

目标是个体发展的导航机制。一个人要想成就一番事业，就必须从自身的实际出发，制定明确的目标，调动自身的潜能，激发强大的动力。人通过正确的自我认识，确立较为合理的“理想自我”的内容，就为个人将来的发展确定了目标，对个人的认知、情感、意志、行动会产生很大影响，它是个体活动的动力。自我意识健全的个体，在从事一项活动之前，活动的目的和结果就以观念的形式存在于头脑之中，并以此做出计划，指导自己的活动，从而达到预期的目标。

2. 自我控制作用

个体要获得发展、取得成就，还要具备自制的意识，在对自我做出正确认识、合理规划的基础上，能够对自己的注意力、情感、行为等加以控制，以实现自己的目标。在成功的路上，很多人并不缺乏机会和才华，而是缺乏自控的意识和能力，从而与成功失之交臂。自我控制是自我意识发挥能动作用的重要方面，它是目标的守护神，是成功的卫士。缺乏自我控制意识的人，往往容易情绪化；缺乏毅力的人，最终可能一事无成。

3. 内省和归因作用

自我意识健全的个体能够确立理想自我的内容，为未来发展做出规划，能够通过自我控制来实现预期目标。但由于主客观条件的制约，理想自我的实现常会遇到各种障碍，使个体产生不同程度的挫败感。在这种情况下，自我意识能够对自己的认识、情感、意志和行为进行反省，找到受挫的主客观原因，并重新调整形成新的理想自我的内容，使其与现实自我趋于统一。内省是个体成长中所进行的自我监督和自我教育的过程。要想使自己的天赋才能得到充分发展、实现自我价值，个体需要具备健康积极的自我意识，对自己的认识、情感、意志和行为进行反省和审察。

4. 激励作用

正确的自我意识可以帮助个体形成准确的自我认知与评价，并在此基础上，建立自立、自主、自信等良好心理品质，这些品质激励个体去大胆尝试，最大限度地调动个体的潜能，激发思维活动功能。同时，个体能够不断克服消极的自我认知（如自我否定、过度批判），强化积极的自我认同（如自信、自我接纳），从而促进个体的内在激励，形成自我意识的良性循环。因此，自我意识越健康、越积极的人，就越能获得成就；而不断取得的成就，会进一步促进健康积极的自我意识的形成与发展。反之亦然。

学习笔记

活动训练

写出20个“我是谁”

①目的：通过对自我的探索，理解每个人都是独特的个体，自信自强。

②步骤：

- 给每名学生分发相应的白纸和笔。
- 用20句话描述我是怎样的人，格式为“我是一个________的我”，时间为10分钟。每名学生独立完成，可以多于20句话，不可少于20句话。
- 对自己所写的描述进行归类：身体特征类（身高、体型、年龄等）、心理特征类（外向、敏感、热情等）、才智特征类（能力、兴趣、特长等）、社会功能类（社交、角色、价值等）。
- 评估自己的描述是否客观、全面。组内讨论、分享，以支持、鼓励的表达予以反馈，同时，组员可相互借鉴，从自己未写到的方面进一步认识自己。

③在活动训练过程中，完成活动训练任务单（见表3-1-1）的填写。

表3-1-1　活动训练任务单

任务执行人		班级名称	
所属小组		完成日期	
任务实施			
理论认知	结合自我意识的基础知识学习，可以做如下描述： 我是一个____________________的我，这为身体特征类（身高、体型、年龄等）。 我是一个____________________的我，这为心理特征类（外向、敏感、热情等）。 我是一个____________________的我，这为才智特征类（能力、兴趣、特长等）。 我是一个____________________的我，这为社会功能类（社交、角色、价值等）		
情感体验	当写到20个我是谁时，我感到____________________（描述情绪）。 当组内讨论、分享时，我感到____________________（描述情绪）。 当收到来自组员支持、鼓励的表达反馈时，我感到____________________（描述情绪）		
意志提升	当进行自我探索更了解自己、并表达给同伴时，我觉得我的自觉性提升了________分，自制力提升了________分（满分10分）		
行为表达	通过这项活动，我发现在行为层面有了这些方面的改变：（比如，原来不敢与他人讨论自我，通过活动体验，可与他人讨论自我特点） ①____________________。 ②____________________		
指导老师批阅： 年　月　日			

任务评价

对本任务学习目标的达成情况进行评价，见表3-1-2。

表3-1-2 任务评价表

评价内容	评 价 标 准	分数	评 分 记 录		
			学生自评	组间互评	教师评分
知识掌握	掌握自我意识的含义、主要发展阶段	10			
	了解自我意识的结构和作用	10			
能力应用	能够明晰个体自我意识发展的阶段任务	30			
	能够准确把握自我意识在个人成长中的重要影响意义	30			
素质养成	正视自我同一性的作用，积极探索自我，成就更好的自己	10			
	发挥自我意识的作用，能够将自我意识塑造与社会主义核心价值观深度融合	10			
总 分		100			

任务二　塑造自我

情境导入

向明来自农村，性格比较内向，学习认真刻苦，唯一的爱好是听歌。考入大学后，看到身边同学多才多艺，他想加入一个唱歌的社团，但又认为自己只会学习，没有接受过唱歌的专门训练，担心被同学们嘲笑。他也想过要突破自己，尝试发展自己音乐方面的潜力，可又总否定自己，认为自己没把握、怕丢丑，这给他带来情绪困扰、焦虑。向明该如何实现自我突破？

学习目标

知识目标：

学习了解大学生自我意识发展的特点以及健康积极自我意识的标准，理解并掌握塑造大学生健康积极自我意识的途径和方法。

能力目标：

学会如何主动塑造健康积极的自我意识，能够全面客观地认识自我、接纳自我、完善自我，超越自我，构建个性发展中的积极动能。

素质目标：

提高大学生自我意识水平，提升自信，塑造自尊、自信、自立、自强等积极品质，不断发现、发挥自我潜能及优势，勇敢超越自我，将自我价值实现融入社会主义现代化建设中。

任务分析

通过分析自己的优势和劣势，提出科学地发展完善自我的计划和打算。

任务描述

通过学习大学生自我意识发展特点、健康积极自我意识的标准及塑造，了解如何构建科学的自我意识，并使其促进个体心理健康、幸福感的获得。通过完成“戴高帽”学习活动训练，提升对自我认知、自我体验等特征的觉知，更好地认识自己，建立高自尊。

相关知识

大学时期，大学生将注意力更多地从对外部世界的认识转变为对自己内心世界的认识，这也是自我意识得到进一步发展的表现。大学生可以通过自我观察和分析、更好地进行自我认识、自我调节、自我控制、自我完善与自我超越；进行有效的人际交往，营造和谐的环境；探索并完成自我同一性。构建健康积极的自我意识是大学生心理健康和获得心理幸福感的重要基础。

一、大学生自我意识发展的特点

大学生处在成年早期心理发展阶段，正处于向成年过渡的时期，这也是个体自我意识发展的关键期。其自我意识发展的特点主要体现在：过多地关注自己、矛盾性比较突出、自我认识趋于客观但认识上仍有偏差、自我控制和自我教育能力有较大提升但仍有明显不足。

1. 自我意识明显增强

随着年龄的增长，生理、心智发育的成熟，大学生表现出较强的自主意识，他们渴望独立、自主，强烈希望摆脱父母和老师的监护，有着成为一个独立、完整的成年人的心理需求。心理学家斯普兰格指出，青年期是开始“自我发现”的新时期。大学生对自身的关注较为集中，这体现在他们非常关注自己的外貌、在异性面前的表现，以及自己的内心世界。他们对自己的能力、性格，对自我价值、生命的意义等与自我有关的内容都产生更多、更强烈的探索意愿。

2. 内心矛盾冲突加剧

大学生会体验到更多的内心矛盾冲突，渴望独立自主同时依赖心理还比较重，很多时候表现出对自我选择方面的疑惑和迷茫，怀疑自己独立的勇气和能力。内心中交织着对自我的种种怀疑、矛盾、冲突，这给一些大学生带来情绪困扰，如焦虑、不安、迷茫、低落、手足无措等。同时，他们特别渴望被他人理解，但又对别人的行为和态度极为敏感，担心不被理解认同，常把自己的情感体验闭锁于内心，呈现出闭锁与开放性的矛盾、理想与现实的冲突。这是大学生自我意识发展过程中常见的心理现象，也是他们逐渐走向成熟的标志之一。

3. 自我评价更趋理性积极

随着年龄的增长、阅历的丰富、教育学习的深入以及人际交往的增加，大学生对自我的看法和评价逐渐变得更加客观、理性和积极。他们会反思自己，能全面地分析、克服一些对自我的非理性观念，对自己的优势、弱点正确看待评判，勇于正视自己，多数大学生对自我的评价逐渐趋于全面、客观、积极，但仍有偏差。具体来说，大学生的自我评价存在两极性：一是“高估自我”，表现为很强的优越感、自尊心和自信心；二是“低估自我”，表现为自卑心理，使自己想逃避躲藏，不敢向前进取。

4. 更加追求自尊自信

多数大学生都有自己的兴趣爱好，他们了解自己的特长并积极表现，整体上显示出当代大学生独有的自尊自信。大多数学生接纳自己、喜欢自己、满意自己、独立好胜，愿意表达自己，强烈渴望彰显个性。大学阶段是“最善感”的年龄阶段，大学生的自我体验复杂多变，取得成绩时容易产生积极肯定的自我体验，甚至骄傲自满、忘乎所以；遇到挫折时容易产生消极否定的情感体验，甚至自暴自弃、悲观失望，自我体验出现明显的两极化。

5. 自我控制的自觉性和独立性显著增强

自我控制和自我教育能力有较大提升。对于未来，他们有强烈的自我设计和自我规划的愿望，表现出明显的自主性与自律。大部分同学奋发向上，根据自我设计的目标自觉调节行为。但部分学生自我控制能力不强，一些学生缺乏内在的自我激励和动力。由于过往的学习经历，导致自主意识不足，表现为被动盲从，缺乏自制，易受到环境和他人影响；对自己的行为和决策缺乏责任感，习惯依赖父母家人；即使内心有自己的目标，也难以通过自我调控去努力实现。

二、大学生健康积极自我意识的标准

具有客观、全面、健康、积极的自我意识是大学生心理成熟的标志之一。当自我意识出现偏差时，个体的心理状态就会发生相应的变化；当意识中的自我与实际上的经验产生分歧时，个体就会经历不协调状态。健康积极的自我意识需要具有以下几个标准：

1. 积极的自我认识与评价

积极的自我认识与评价是对自我全面、客观的认识与评价，形成一个积极的自我概念。既认识到自我的优势，也认识到不足，不否认、回避自己的消极认识；正面积极的自我认识多于消极负面的；能够包容、正视自己的不足方面。目前大学生自我认知的不良反应主要有：

（1）过分追求完美

表现为对自我的苛求，只接受自己理想中“完美”的自我，不肯接受现实中平凡的、有缺点的自我，总是对自己不满意、不认可；对自我的消极评价多于积极评价。

（2）过度自卑

表现为对自己价值的低估甚至否定，进而带来对自我的不满、否定的情感体验。这类大学生往往只看到自我的缺点而忽略了长处和优势，看不到自己存在的价值。

（3）自我中心

表现为凡事从自我出发，不能设身处地地进行客观思考，只关心自己，不顾他人的感受和需要。自我中心的大学生人际关系多不和谐，行为做事很难得到他人的帮助，易遭受挫折。

进入大学存在诸多不适应，对大学生的自我认知是一个挑战，需要从积极正面来认识分析与评价自我，主动发现自己的优势，激发自我潜能，积极地化解矛盾，尽快适应新环境。

2. 积极的自我体验

积极的自我体验是个体在积极的自我认识与评价的基础上产生的关于自我认识性积极的感受体验。表现为自尊、自信、自足等积极正面的情绪体验，其中重要的是自尊。自尊是个体对自己的价值、能力、地位和成就等方面的积极感受，体验到自己是值得被尊重和被爱的。

积极的自我体验也体现在对自我悦纳。自我悦纳是指个体在多大程度上可以接受自己的所有特点，无论对自己的优点还是不足、积极的还是消极的都能无条件地接受自己。每个人都有现实自我和期待中的理想自我，它们之间存在差距。自我悦纳就是对理想自我和现实自我差距选择的一种态度，允许消极的自我存在，但更能强烈地感受体验到积极自我的存在，从而产生成就感和满足感；如果不接纳二者的差距，则会产生自我挫败感和自卑感。

积极的自我认知与评价可以提升积极的自我体验；消极的自我评价会产生消极的自我体验，进而引发如自我封闭、消极厌世、以偏概全、偏激主观等问题，导致不同程度的心理障碍。

3. 自主性与责任感

自主性是独立个体需要具备的一个重要人格特征。自主性是指个体在行为、思想、情感和决策上的独立性和自我管理能力。自主性是个体发展和成熟的重要标志，与更好的精神状态、学业和工作表现呈正相关。当代大学生自主意识都比较强，表现为善于独立处理自己或周围的问题，有主见。

在发展自主性时需要把握一个度的问题。如果大学生一味追求完全的自我决定和绝对自主，反而可能起到相反的作用。独立并不意味着与父母的决裂，而是在父母的陪伴和支持下进行。父母会鼓励他们发展自我意识，树立自己的价值观，自己做出重大决定。自主并非为所欲为，追求绝对自由；自主意味着可以为自己做决定，可以掌控自己的生活，但也意味着更多责任，需要对自己的行为和决策的结果承担责任，包括成功和失败。

4. 有良好的自我同一性

埃里克森认为，健康自我的最主要功能就是要维持一种同一性。在人生道路上，我们可能经常对自己未来的方向感到不确定，不知道该何去何从，甚至对自我感到迷茫。我们会扪心自问：“我是什么样的一个人？”“我的人生有哪些意义？”自我同一性就像是一种“熟悉自己的感觉”，一种“知道将会怎样生活的感觉”。

良好的同一性获得是知道自己要做什么，做的事是根据自己的能力、条件自己选择的，根据自己实际情况确定抱负水平，制定目标，而且坚定地去做。这是比较成熟的心理状态，对于心理健康、幸福感、自尊等都起到积极作用。大学生面临来自学业、就业、人际等多方面的压力，自我内在的矛盾与冲突，需要尽快地完成自我同一性的建立，拥有一个稳定、和谐、强大的心理内核，以应对生活中的诸多挑战。

5. 能有效地自我控制

孔子强调修己和克己。古希腊的柏拉图提出：“节制是一种秩序，一种对于快乐和欲望的控制。”亚里士多德说：“人与动物的区别，正在于行为与理智。”他强调人的行为应自觉地受意识和理智的控制，这反映了人类社会生活的客观要求和人类历史发展的归宿。

自我控制是自我心理结构中最重要的调节机制，是心理成熟的最高标志。大学生常常“心动而不行动”，真正行动则需要更多的自我控制。因此，自我控制的培养需要从小事入手，当自律成为一种习惯时，行为习惯转变为“自动化”的“程序”，就形成了良好的自我控制力。

三、大学生健康积极自我意识的塑造

健康积极的自我意识对于大学生的适应、成长及发展具有基础性作用。因此，大学生学会塑造一个较为完善且积极的自我意识至关重要。自我意识是一个多维度的集合体，所以围绕其组成结构，以下主要从认知、情感、意志及如何完善和超越自我几个方面来加以塑造。

1. 探寻真实的自我

“人贵有自知之明”，全面、客观且积极的自我认知与自我评价是探索真实的自我、塑造健全自我意识的基础。找到真实的自我，实现自我的同一性并非易事，可通过以下方法实现：

（1）通过科学理论——乔韩窗口理论

美国心理学家约翰（Jone）和哈里（Hary）提出了关于人自我认知的窗口理论，称为乔韩窗口理论。他们认为，人对自己的认识是一个不断探索的过程，因为每个人的自我由四部分构成：公开的自我、盲目的自我、秘密的自我和未知的自我。我们要试着不断减小盲目的自我、分享秘密的自我、探寻未知的自我，从而对自己的了解就会更全面、更客观。

（2）通过实践——扩展自己的生活经验

“一个人怎样才能认识自己呢？绝不是通过思考，而是通过实践”——歌德。在不断的学习和生活中，在实践经历中，在困难挫折中，更好地认清自我；通过做一些事情发现自己的优点、不足和潜能。大学生要勇于尝试，不怕失败，在实践中更多发现一个未知的、有潜力的自我。

（3）通过比较——以他人为镜

在比较中认识和评价自己，包括以人为镜，通过和他人的比较来认识和评价自己（横向比较）；以已为镜，经常与过去的自己比较（纵向比较）；关注他人对自己的态度和评价，正确分析认真对待，从更多新的视角和思路全方位地帮助我们更好地认识理解自己。

2. 接纳与认可自我

人本主义心理学认为，人们内心有着对于被认可和接纳的深层心理需求。这是一种个体能够感受到自我价值的心理需求，需要对自我无条件地接纳与认可，这是健康积极自我意识中关键的一部分。实现方法如下：

（1）通过建立高自尊——根据自己实际情况确定抱负水平

“天生我材必有用”说的就是我们的自尊——自我价值感，这是人的高级心理需要。罗杰斯认为，为了最大限度地发挥我们的潜能，我们应当尽可能诚实地接受现实中的自己。为了让我们自我感觉良好，有自尊感，对于理想自我的设定，需要根据经验，调整对自己的期望目标，确立合适的抱负水平。理想自我与现实自我的相符程度高，社会适应性就越好，个体也越自信，朋友也较多；而如果人的现实自我形象与理想自我相距如果较大，个体则会缺乏安全感，感到压抑和焦虑。

（2）通过提升自我效能感——积极自我肯定

学会多发现自己的优势，欣赏与肯定自我，认为自己是好的、可爱的人、有价值的人，多给自己积极正面的心理暗示。多做自己喜欢并擅长的事，一点点地积累，从中找到自我效能感，提升自信。摆脱对自我的非理性认知，不给自己贴上如“我笨”“我无能”等自我贬低的消极标签，不自我否定、自我挫败，通过积极的自我肯定，提升对自我的积极体验。

3. 提升自我掌控力

自我控制是人主动地改变自己的心理品质、特征及行为的心理活动过程，是大学生健全自我意识、完善自我的根本途径。大学生有效地控制自我，应该做到以下几点：

（1）通过关注目标——主动选择你想要的

提升自控力，重要的是要提升自我认知，对自己了解，明确并选择自己最想要的是什么。我们往往将自己的自控力用在改变坏习惯，控制自己的“我不要”，例如，“我不要晚睡”“我不要贪吃零食”；然而，将“我不要”转变为“我想要”和“我要保证充足的睡眠”“我要每天坚持锻炼身体”，可以将对自我的控制从压抑和克制转变为一种自主的选择，并对自己做出承诺。你的关注选择会重塑你的大脑，从而改变行为，获取自我掌控感。

（2）通过养成好习惯——习惯的力量

保证高效运转重要的其实是习惯，而不是自控力。在高考冲刺的紧张学习氛围中，学生被动地养成了很多习惯——每天规律地上课、自习、吃饭和睡觉，目标明确，并且习以为常。而进入大学后，课程和时间安排变得自由了，缺少了那些被动习惯，需要自己规划学习和生活。因此，大学生真正需要更多的自控力，学会主动养成学习、锻炼等方面的好习惯。

（3）通过提升意志力——培养锻炼

制订合理的目标和计划后，需要具备坚强的意志才能有效执行。没有父母的督促和管制，有的大学生开始变得懒散，空有远大的理想，缺少脚踏实地的努力，遇到挫折就容易怀疑自己。有些大学生经常说：“我想早起，可就是没有恒心”“我想学习，可就是学不进去。”所以，大学生应该在实践中培养自己的意志力，学会自律，体验自律的生活带来的美好体验。

4. 追求完善自我

对于大学生来说，自我完善是一个持续的过程，涉及个人成长和发展的多个方面。以下一些建议，可以帮助大学生提升自我意识并进行自我完善：

（1）通过自我反思——保持精进

大学阶段，青年还处在大脑可塑的时期，拥有更多发展潜能。学会识别与思考如何利用自己的优势，如才能、品德等方面的；学会反思并给自己提问题：“我在哪些方面还可以做得更好？”“做哪些事让我感到更开心？”通过自省全面审视自己的价值观、兴趣和目标，完善自我，找到适合自己的轨道，做出正确的定位与规划。通过自省做到自洽，通过持续精确的努力，撬动更大的可能。从当下出发，努力补短板、强长项，实现做一事有一事的收获，度一日有一日的长进。

（2）通过培养好奇心——热爱驱动

好奇心是我们生来就有的对外部和内心世界探索的渴望。追求个体的自我完善，需要重新找回好奇心；找到自己的兴趣所在，学习的内驱力源于真正的热爱，热爱源于纯粹的兴趣。大学生在大学会接触到许多新鲜事物，保持好奇和求知欲，点燃对学习的热情，构建由热爱驱动的学习行为。通过深度学习改变学习态度，不断学习新知识和新技能，自觉塑造自我价值观，丰富扩展完善自己。学生会从真正热爱的学习中体验到乐趣、心智的满足与成长。

5. 勇敢地超越自我

超越自我即在科学的发展、完善自我的基础上，超越自身的弱点和缺陷的限制，最大限度地发挥自己的潜能，实现自我的价值。超越自我是人生的最高境界，也是每个大学生终生努力的目标。古人说要“齐家治国平天下”须从“修身、养性”开始，即从点滴小事开始，从积极行动开始，行知并重。在行动时，无论对人对事，均全力以赴，使自己的能力得到最大限度的锻炼和提高，行动之后再反省得失原因，再度投入行动吸取经验教训。如此往复进行，自我的境界逐步得到开拓与提升，最终达到超越自我的境界。可以从以下两方面做到超越自我：

视频

勇于超越自我

（1）通过提升精神追求——成就动机

对于成就梦想的追求是激发个体发挥潜能的内在动能，是每个人都有的对自我价值和自我实现的更高渴望的心理需求。为什么有些运动员退役后重返赛场继续拼搏？因为他们内心有着强烈的成就动机。普通人也需要激发自己不断获取成就的内在动机，学会自我激励。比如，设定奖励机制，庆祝自己的成就，即使是小的进步，也要找到能够激励自己行动的动力。大学生要勇敢追求自我实现的更高心理满足，体验青春激情与活力的飞扬，活出蓬勃人生的模样。

（2）通过终身学习——不给自己设限

身处数字化发展的新时代，大学生最重要的是要保持终身学习的理念，认识到学习是一个终身过程，学会学习，面对快速变化的世界，保持灵活性和开放性至关重要。大学生需要转变传统的学习方式，学会在知识积累的基础上，注重价值选择与能力构建；要乐于接受变化和挑战，勇于尝试新事物，不给自己设限，走出舒适区，即使面临失败也要从中学习。通过明确目标，坚持自律，持续学习，大学生可以打造自身竞争优势，实现个人成长与发展，实现自我超越。

学习笔记

活动训练

戴高帽

①目的：从他人眼中更全面地了解自己，发现自己的优点，悦纳自我。

②步骤：

- 每组学生分配两张报纸，共同制作一个高帽。
- 组员围坐一圈，一位组员戴着高帽坐在圆圈中央，其他人轮流说出他的优点及令人欣赏之处，例如相貌、才能、性格等。
- 每名组员都到中央戴一次高帽，接受其他组员的赞美。
- 所有组员都体验过高帽之后，小组讨论，哪些优点是自己以前知道的，哪些是不知道的，接受赞美时感受怎样。

③注意事项：

- 老师需要强调组员赞美对方时，目光要专注，态度要诚恳，不能毫无意义地吹捧，切忌玩笑嬉戏。
- 被赞美者安心接受赞美，不要“谦虚”，更不能自我否定。

④在活动训练过程中，完成活动训练任务单（见表3-2-1）的填写。

表3-2-1　活动训练任务单

任务执行人		班级名称	
所属小组		完成日期	
任务实施			
理论认知	结合培养大学生健康积极自我意识的途径和方法学习，可以做如下描述： 通过组员对我的赞美，了解到我的优点及令人欣赏之处，例如相貌、才能、性格等，包括____。 我以前知道的优点为____________________， 以前不知道的优点为____________________		
情感体验	当我注视着对方，诚恳地赞美时，我感到____________________（描述情绪）。 当我接受他人诚恳的赞美时，我感到____________________（描述情绪）		
意志提升	当通过他人的赞美发现自己以前不知道的优点时，我觉得我的信心提升了__________分（满分10分）		
行为表达	通过这项活动，发现我在行为层面有了这些方面的改变：（比如，以前不会主动去赞美他人，通过活动体验，可以诚恳地发现他人的优点并赞美他人） ①____________________。 ②____________________		
指导老师批阅： 年　月　日			

任务评价

对本任务学习目标的达成情况进行评价，见表3-2-2。

表3-2-2　任务评价表

评价内容	评价标准	分数	评分记录		
			学生自评	组间互评	教师评分
知识掌握	了解大学生自我意识的特点及健康积极自我意识的标准	10			
	了解大学生健康积极自我意识构建的途径与方法	10			
能力应用	能够准确把握大学生健康积极自我意识的标准	30			
	能够学会主动构建健康积极自我意识。通过完成活动训练，能够发掘自己的潜能，提升自己的自尊水平	30			
素质养成	理解理想自我的确立需要与社会发展、祖国现代化建设发展相融合，青春要在奋斗中实现自我价值	10			
	提升自主性，能够将个人的价值实现融入社会主义现代建设中	10			
总　分		100			

任务三　尊重职业

情境导入

尚思同学现在高职三年级，正在进行顶岗实习。他所学的工种和所在的岗位需要倒班，而且越是恶劣天气越需要到现场作业。他在与妈妈通电话时说：“以前只想到自己毕业工作后，可以靠自己的劳动挣来经济收入，可是没想到现在仅实习就这么辛苦。上班有很多的工作任务要处理，下班后还有学业内的功课要完成，有时还想跟同学叙旧。前两天奶奶病了，还特别想回家看看奶奶，可是真是力不从心，有时感到很累，甚至情绪也很低落，打不起精神……”尚思同学的体验代表了很多高职学生的心声，生活与工作中要面对不断切换于不同角色而带来的困扰。要如何理解和怎样做，才能在现实生活中收获愉快的角色体验?

学习目标

知识目标：

理解角色冲突的内涵，掌握处理角色冲突的技巧和方法。

能力目标：

能在多重角色中处理关系，不断总结并实践适合自己的方法，适应生活。

素质目标：

能艺术性地处理角色冲突，并在过程中适时调整情绪；能适应各种社会角色，热爱岗位，热爱生活，学会尊重和珍爱生命。

任务描述

发现角色冲突。学生搜集相关案例，分组讨论总结轨道交通行业人员面临的角色冲突。

体验角色冲突。学生分小组扮演不同角色，分享角色体验感受；再互换角色，分享角色体验感受。发现角色体验的情绪变化，总结不同角色的特点，结合生活经验列出适应角色的方法。

任务分析

通过角色冲突相关的理论知识，预知角色冲突在职业发展中可能带来的困境；通过情境体验与讨论分享总结解决角色冲突的办法，形成适合自己的策略。在完成训练活动的过程中，明确角色冲突的普遍性，能在多重角色中处理关系时有预知性，提升在角色中体验情绪寻找应对方法的能力，以适应岗位和职业角色，享受生活，热爱岗位，实现自我价值。

相关知识

在社会的发展进程中，轨道交通行业员工扮演着不同的角色，要同时作为社会人、职业人、家庭人，因不同角色有着非常不同的行为模式和角色期待，使得从业员工在几个相互排斥、相互冲突的角色之间奔波往返。如何认识、适应、选择所担当的角色，成为每位员工都要面对的人生问题，关乎个人的价值观、职业发展和家庭幸福。关注轨道交通行业员工的角色特征、解决职业角色带来的角色冲突并适时调整，成为人们共同关注的话题。

一、角色冲突

1. 角色冲突的含义与类型

角色冲突是指在两个或者多个相互矛盾的需要或者期望之间做出选择的内心冲突，是因不相容的期望导致的心理矛盾和行为冲突。

角色冲突包括两种类型：角色内冲突和角色间冲突。

（1）角色内冲突

角色内冲突指对于同一角色，由于社会对个体的期望与要求不一致，或者角色承担者对这个角色的理解不一致，使角色承担者内心产生矛盾与冲突。

①个体对理想角色的认识与其实际角色行为认识发生矛盾。

②个体变换角色时产生新旧角色冲突。

（2）角色间冲突

角色间冲突指个人所担任的不同角色之间发生的冲突。角色间的冲突表现为沟通层面、利益资源层面、组织结构设置不合理层面，主要表现在空间时间上的冲突和行为模式内容上的冲突。其具体表现形式如下：

①不同角色地位的占有者对特定角色缺乏共同认识产生的冲突。

②个体同时扮演几个角色时产生的多重角色冲突。

2. 角色冲突的影响

角色冲突会带来角色失调，角色失调是指个体在角色扮演中产生矛盾、障碍，甚至遭遇失败。角色失调带来的严重后果主要有两种：

（1）角色紧张

当个体同时进行多重角色扮演时，面对各种不同的角色要求，个体在时间精力的分配上发生矛盾，就会产生角色紧张。例如，如果个体没有一定的专业技术能力，却在技术岗位上工作，不知道该做什么、能做什么、怎么做，会惶惶不可终日，充斥着紧张；再如，由低职位走向高职位的竞聘者上任，短期内不适应新的岗位，会对自己的能力及不适应岗位将产生的后果产生焦虑。如果当事人有完整的心理功能，能够进行自我整合，角色紧张能在短期内得到缓解；如果紧张长期得不到调整，可能会产生心理健康方面的问题，影响工作和生活。

（2）角色错位

角色错位是指角色扮演者的实际表现与社会、群体、组织、他人的期待和要求不相符合的行为。要扮演好自己担当的角色，就必须严守职责。个体角色扮演者在其位不谋其政，或者不在其位而谋其政，都是角色错位的表现。角色错位是一种扭曲了的角色行为，“张冠李戴”就是对角色错位的形象描述。按照角色定位，应该

"各就各位""各负其责"，而避免"越俎代庖""多管闲事"等角色错位事件的发生。

（3）角色不清

角色不清是指角色承担者乃至社会对于某一角色行为规范不清楚、不了解，不知道该角色的责任范围和能力范畴。角色不清常与社会的急剧变迁相关。社会变迁会使许多社会角色相应发生改变，同时还会产生许多新的社会角色。由于新出现的角色并没有明确的角色规范与之相匹配，使角色承担者本人不清楚这一角色应有的权利与义务，而其他人对此看法也存在分歧。对于这些角色的定义要随着这类角色承担者的行动逐渐加以明确，当社会为其规定了一致的规范时，这种角色不清才能消除。

（4）角色失败

角色失败也称角色崩溃，是一种最严重的角色失调现象，是指角色承担者被证明已不可能再继续承担或履行该角色的权利义务，不得不中途退出，放弃原有角色的现象。角色失败会给角色扮演者沉重打击，也可能会给社会带来不良影响。

二、轨道交通行业员工面临的角色冲突问题

轨道交通行业的员工在职场上会碰到以下四种角色冲突：角色赋予者本身的冲突、角色赋予者之间的冲突、角色接受者之间的冲突、个人角色冲突。但是因为个体生存和社会需要，每个人都有自己的职业角色和家庭角色。当两者产生冲突时，会影响个体的心理状态。铁路职工在进入工作单位前，对工作都有自己的心理预期。比如，希望自己的工作环境好、工作内容轻松、工作收入丰厚、个人成长空间大等，到了工作岗位后，发现实际情况与预想有差距，尤其是产生职业角色的冲突时，会难以处理，产生失落感。表现为情绪急剧低落，对什么都看不惯，爱发牢骚，精神状态低迷，很难有持续的工作热情、职业荣耀感和职业归属感。

由于轨道交通行业的特殊性导致的心理压力，与角色冲突又紧密相关，寄希望于通过个人主观努力仍无法解决时，会引起浮躁和逃避心理。以下列举较具代表性的冲突案例：

【案例1】小王目前在某北方铁路局的某铁路单位，为车间普通工作人员，一干就是七年，家在南方，他和妻子的双方父母均年迈体弱，卧病在床。夫妻二人都是独子，妻子因为生孩子辞掉了工作，生产后身体虚弱，无法承担家务，不能照顾父母孩子，家庭生活十分困难。因小王工作单位离家太远实在无法照顾家庭，心中极度焦虑，向单位人事部门提出对调工作的申请。

许多铁路职工因为铁路的工作性质，常年不能与家人团聚，不能和妻子或丈夫共同陪伴孩子、赡养父母，他们为了铁路建设，为大家舍小家。然而他们也会遇到家庭关系、子女教育、老人赡养等一系列的现实层面的困难和问题。可以看出，铁路职工在工作和生活方面的冲突有其固有的特点和背景。

【案例2】小刘是客运服务岗位员工，性格开朗，擅长交际，办事缜密周全，工作期间对乘客热情服务，是单位的笑容形象大使，也成为她所在班组的一张靓丽名片。然而，谁也不曾想到，她在家的行事习惯却大相径庭。一回到家，小刘就窝在沙发里动都不动，经常心情烦躁，对家中各类事情不闻不问。有时无论丈夫问她工作上的还是生活上的事情，她都会无缘无故地发火，经常不欢而散。丈夫不止一次质问她："你能不能像对你的同事或者旅客那样，对我温柔一些，也给我一些笑容？"每当这时候，小刘总是愧疚不已，但坏脾气就像不可驯服的野马，拦也拦不住，她很难过，时常想"我实在笑不出来，因为微笑已经成为我的负担"。

我们常听到这样的倾诉："我真的太累了，在单位由于工作的需要，笑得面部肌肉都僵硬了、麻木了，回到家里哪还笑得出来？每天跟乘客说得口干舌燥，好容易熬到回家，多说一句话都觉得累，很烦，而且很多时候很难有足够的耐心面对自己的家人。""工作时，既要严格按照操作流程办事，又要满足旅客提出的要求，还要面临被投诉的风险，有时满肚子的怨气没处发，回到家干什么都无趣，每次冲家人乱发脾气之后又觉得后悔，可是我真的控制不住自己。"这些话高频率地出现在客运员工这个群体中，他们在单位是"微笑天使"，真诚服务，能建立和谐的工作关系，对顾客热情周到；下班回家，却变成了"冷面暴君"，态度恶劣，脾气狂躁，动辄对家人大发雷霆，俨然职场"双重人"。这使我们看到，在工作和生活中角色的迅速切换与适应，是职工现实存在亟待解决的重要的心理困惑。

【案例3】小李是一名铁路客运乘务员，一次出乘要四天，身为妻子和母亲，无论家里发生什么事，只要到出乘集合时间，必须即刻与家庭分离。小李经常带着一颗愧疚和思念的心离开家，离开自己的孩子，工作中经常会想起未料里的家事。即使这样，她仍然尽量投入到出乘的具体任务中，高质量地完成工作任务。但是回到家，感到家里的温暖和舒适，会对再次出乘产生焦虑和担忧，自己经常会委屈得默默流泪。

角色冲突给轨道交通运输行业女员工带来实际生活和工作中的诸多困惑。在传统观念里，女性应是贤妻良母，要相夫教子、热心家务、孝敬老人，为男性“闯天下”提供坚实的后盾。然而，在现实状态中，尤其轨道交通行业的相关岗位，有许多是以女性为主导的，要求女性职工能独当一面，并全身心投入工作，不能因家事而影响工作。

当今社会巨大的变迁，赋予了女性更多的使命、责任和期待，女性的经济独立及社会角色、社会责任使得女性为了生存，为了避免在激烈的职场竞争中不被裁员或下岗，要付出比男职工更多的艰辛。她们不断淡化性别意识，在工作中与男性平分秋色，她们在职场做好“主外”的同时，还要兼顾做好“主内”，这种双重角色的高频互换，使职业女性肩负着双重高压。女性的事业心越强，家庭责任感越重，角色冲突就越明显。

家庭角色和社会角色对职业女性来说是很难取舍的，这与相伴终生的角色相互影响，相互制约。个体时间精力的有限性，会致使扮演的角色在时间精力上此消彼长，用于社会的时间和精力多了，用于家庭的时间和精力必然减少，反之亦然。如果铁路职业女性不能扮演好“贤妻良母”的角色，并得不到男性的理解和支持，共同分担家务和教育子女责任，必然引起家庭成员间的夫妻关系、亲子关系、婆媳关系等之间的矛盾，这些矛盾的产生都会对构建和谐家庭形成负面影响。

在以上过程中，角色期待与角色能力的冲突会加重女性的心理压力。通常情况下，职业女性既想事业成功又想家庭幸福，她们对自身多重角色的期望值会很高，但在实际生活中兼顾好事业与家庭并非易事。因为轨道交通行业职业女性两种角色的服务对象不同，社会和家庭的价值实现方式不同，有酬劳动与无偿劳动的评价标准不同，这两种角色内在的矛盾性集中表现为角色期待与角色能力的冲突，使她们产生负面情绪。例如，在职业发展遇到坎坷时，她们会因此对自己的能力产生怀疑和否定；会抱怨自己怀才不遇，没有施展才华的机会；会更多地看到事物的消极影响。自信心的不足会消耗女性自身的能量，减弱她们追求自我价值的动力。

三、轨道交通行业职工角色冲突的应对策略

轨道交通行业是一个需要付出和奉献的服务行业，部分轨道交通行业员工需要长期在远离市区的站点工作，奔波流动，节假日难与家人团聚，总会遇到工作和家庭中难以处理的矛盾。当工作和家庭发生冲突时，可以从以下几方面平衡和处理：

1. 平衡个人角色

面对角色冲突所造成的困惑，有69%的人已经开始有意识地在各种角色之间寻找平衡。每个角色都有其潜在的规则，当面临冲突时，必须慎重选择，认同自己的选择权和主动权，同时也不能忽视了平衡的理念，把自己的多重角色扮演成功。

角色选择与个性特征、价值体系等因素相关，因个体差异而不同，特别是在铁路这个需要具备奉献精神的行业，当个体对职业、生活中的各部分进行优先排序时，职业价值观往往会主导个体的选择。一旦确定了自己的选择，就要努力坚定自己的目标方向，坚持走下去，接受理想与现实的差距，抱着欣赏的姿态去欣赏前行路上的风景，保持快乐的心情和乐观的心态。

每个人在生活中扮演着不同角色，并且在这些迥然不同的角色之间相互转变。能够在这些角色中自由地转换，会使生活更加轻松自如。角色的转换需要掌握一定的技巧，要认清角色要求，正确处理角色矛盾，发现自己接纳角色的能力，不断提升自己从角色中抽离的能力，逐渐增强对生活的掌控感和愉快感。

2. 平衡工作和家庭的角色

家庭是生活的强大后盾和爱的港湾。家庭中的爱源远流长，家事虽然琐碎，但滋润心田，其非功利的品质

使其能与我们风雨同舟，相伴相随。家庭的稳定和幸福会激发我们的工作热情和职业发展的激情，在生活中的挫折比工作的挫折对职业发展更具有破坏力，生活同事业一样非常重要。因此，要将生活、爱情、家庭进行同步建设和提升。可以从以下几方面入手：

（1）重视家庭关系

根据工作岗位不同，大部分职工不能每天回家与家人团聚，经常一年到头风里来、雨里去，在自己渴望得到家庭关爱的同时，疏于对家人的照顾。家庭出了问题，不仅对自己产生心理压力，还会产生对家人的愧疚感和自责感。轨道交通行业员工更珍惜和重视家庭，因与家人聚少离多的特殊性，家人间精神上的互动更为重要。在观念上重视家庭，可以让家庭成员更容易在与家人的互动关系中感受到彼此的关爱、尊重、连接感、自主感及胜任感，形成更紧密稳定的家庭互动关系，家庭成员体验到温暖，家庭幸福感提升。

（2）注重沟通交流

用心发现家庭成员之间沟通和交流的模式，注重沟通和交流在促进家庭关系方面的作用。适时地用不同的方法加强家庭成员间的适度交流。能够有意识地维护尊严、保持界限，给一个家庭成员应有的空间，增加信任感和安全感。遇到工作和生活中的难处，家人共同协商解决办法；遇到高兴快乐的事全家人共同分享。在日常的家庭沟通与互动中，彼此分忧，放松心情，彼此互相理解、互相尊重。

（3）做高质量陪伴

珍惜与家人在一起的时间。休假时在家里可以通过安排丰富的生活内容，增进家人间的和谐相处，主动协助家人完成家务，多陪家人和孩子，让家人感觉到自己给家里带来的温馨和快乐，在履行家庭责任的过程中肯定自己的角色能力，发挥自己的优势和特长，增强自我肯定，提高价值感和存在感。

（4）有效管理时间

由于工作不能时常陪伴家人，因工作关系不能自主安排自己的活动，个体难免会有埋怨。

面对有限的宝贵的时间，可以有意识地培养自己管理时间的能力，有效安排时间，把工作时间计划好，在计划时间里保质保量地完成任务，不延误、不拖拉；在家陪伴家人时，全心投入，让家人有存在感和满足感。

（5）改善生活方式

因工作需要，难免需要应酬，会偶尔喝酒、抽烟和熬夜。若长此以往，形成瘾性行为，甚至沾染上不良习气则会引起家人反感，进而影响家庭关系。在应酬中应把握好两点原则：一是要适合工作需要，二是要考虑家人感受。牢记做人原则，善于把自己的感受与家人分享，并体恤家人的感受和需要，不破坏家庭和谐的原则，寻求家人的理解和支持，有助于塑造良好的家风和良好的家庭氛围。

（6）适时自我疏导

在应对角色冲突的过程中，要关注自己的感受和需要，善用自己的主动权和选择权，视自己的时间、精力、体力和经济状况提高自己角色体验的质量，适当进行角色排位和取舍。尝试学会转移，以减少角色冲突所带来的心理紧张；学会顺应，正确对待所面临的角色外冲突；学会排解，找知心朋友谈心，或通过适当途径宣泄，缓解内心的压力和紧张情绪。

综上所述，人生活要有谋生的手段，工作是最为有效直接的主要方式之一。工作能使生活充实，使个体有价值感，为个体生存和家庭生活提供基础和保障。时刻牢记工作不仅是家庭生活必需的，同时还会为个体的职业发展和价值提升提供广阔的资源。个体需要正确对待工作和家庭的矛盾，相信自己有能力利用有效的办法处理家庭和工作中的角色冲突，保持勤奋、真诚的人生态度，将两者完美结合，做到工作、家庭两不误，事业、生活双美满。作为轨道运输行业的从业人员，面对自己的多重角色，坚定自己的主动选择权和积极争取的能力，扮好人生的各类角色，实现角色协调，使自己角色职责的认知与社会、他人的角色期望相一致，帮助角色行为与角色地位和身份相匹配，以客观、积极的态度面对角色冲突，在工作、家庭和生活中依据需要转换角色，实现自己的角色价值。

活动训练

穿针引线

①目的：促进大学生积极主动践行职业角色，遵守轨道交通规章制度，树立敬业精神。

②步骤：

- 班级学生分成2组，每组约20人。
- 每组由两位同学站在线网两端，拉开并稳定住线网。
- 每个小组同学一起将导线穿过线网，导线和同学身体的任何部分都不能触碰到线网。如果接触到线网，就会出现安全事故。
- 教师负责计时，看最后哪个小组能够安全、快速地完成任务。
- 每个小组讨论分享，活动中如何践行职业角色，采用哪种策略完成小组任务。

③在活动训练过程中，完成活动训练任务单（见表3-3-1）的填写。

表3-3-1　活动训练任务单

任务执行人		班级名称	
所属小组		完成日期	
任务实施			
理论认知	结合轨道交通行业职工角色冲突的应对学习，可以做如下描述： 在活动中，我践行职业角色的方法为______________。 我完成小组任务使用的策略为______________。		
情感体验	当我思考如何穿过线网时，感到______________（描述情绪）。 当我安全地将导线穿过线网时，感到______________（描述情绪）。 当我接触到线网，出现安全事故时，感到______________（描述情绪）		
意志提升	当我成功安全地将导线穿过线网时，觉得我的信心提升了________分（满分10分）		
行为表达	通过这项活动，我发现在行为层面有了这些方面的改变：（比如，原来认为职业中的电线很危险、很抵触，通过活动体验，可正视电线工作） ①______________。 ②______________		
指导老师批阅： 年　月　日			

任务评价

对本任务学习目标的达成情况进行评价，见表3-3-2。

表3-3-2　任务评价表

评价内容	评 价 标 准	分数	评 分 记 录		
			学生自评	组间互评	教师评分
知识掌握	理解角色冲突的内涵	10			
	掌握处理角色冲突的技巧和方法	10			
能力应用	能在多重角色中处理关系，不断总结并实践适合自己的方法	30			
	能适应多重角色，适应生活	30			
素质养成	具备艺术性地处理角色冲突并在过程中适时调整情绪的素质	10			
	适应各种社会角色，热爱岗位，热爱生活，尊重和珍爱生命	10			
总　分		100			

项目四

理解人格含义　探索职业人格

项目描述

本项目主要掌握人格的含义、特征和结构，了解影响人格的因素；了解健康人格的意义，掌握塑造完善人格的方法；能够运用完善人格的方法培养健全人格，提升塑造健全人格的能力；了解轨道交通行业人员各岗位所应具备的人格特征，从而更好地指导职业选择，将社会主义核心价值观作为完善人格的思想引领。

思维导图

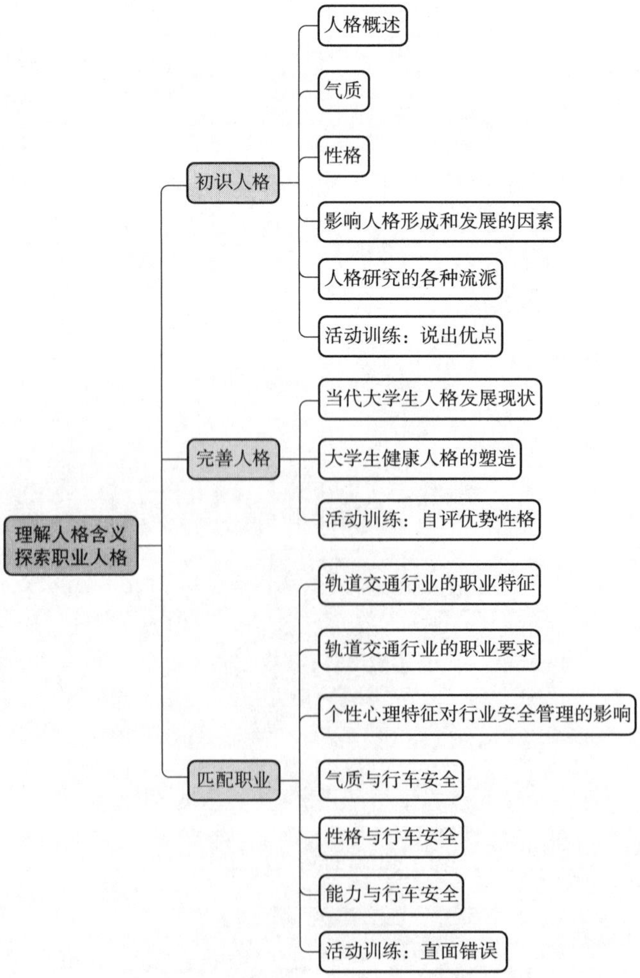

趣味导读

音 频

人格的力量

从中国历史名人的故事中可以看到，人格在人的成长与发展中起着砥柱和支持的作用。如今的现实生活中，人要与不同人格特征的个体进行交往，要使用不同的模式建立人际关系，以满足日常生活、学习和工作的需要。通过了解人格的基础知识加深对自己和他人的认知，会帮助个人提升在人际交往中的幸福体验，能在择业和职业发展中充分发挥个体人格优势，实现个人与岗位的高度适配，提升职业幸福感。

任务一　初识人格

情境导入

敏悦同学是高铁乘务专业高职一年级新生。入学后，她发现自己同班同学都特别活跃，积极参加活动，上课发言踊跃，舍友也都善谈。自己感觉与同学总有距离，认为自己性格内向、少言，觉得自己学的专业也要求有良好的沟通能力。在高考前，对自己所学专业并不是很了解，不清楚将来要从事的岗位有哪些要求，逐渐地缺乏自信。

学习目标

知识目标：

掌握人格的含义、特征和结构，了解影响人格的因素。

能力目标：

能够准确把握健康人格的特点，主动完善人格，指导职业选择。

素质目标：

提升认识个体人格特征、认识自己和他人人格的能力，并运用到专业知识学习中。正视人格的多样性，学会以包容的心态与人相处，能将人格塑造与社会主义核心价值观深度融合。

任务描述

准确描述自己的人格特征。结合生活事件对自己的人格特点进行分析和描述。

识别职业人气质类型。结合岗位作业情境和作业人员的不同表现识别气质类型。

学习影响人格的因素。结合影响人格的因素，探索自我人格特征的产生原因。

任务分析

通过学习人格的概念、气质的分类，了解到个体在人格特征方面的共性与差异，能结合所学专业岗位和情境进行职业人格应用分析，制定可实现的人格提升目标。通过完成学习活动训练，提升对个体人格特征的认识，达到完善个体人格结构、适应生活、幸福工作的职业发展目标。

相关知识

一、人格概述

1. 人格的含义

人们对人格的解释主要有三个层面：一是指人品，侧重于品格的意思，这是一般的解释；二是指人的个性，这是心理学的解释；三是指权利义务主体资格，是法律上的一般解释。通常所说的人格指的是第一层面和第二层面的意思。

人格一词源于拉丁文的persona，原指舞台上扮演角色所戴的特殊脸谱，它表示剧中人物的身份、性格和角色特点。用“面具”来指人格，一方面是指人在生活舞台上表现出的种种行为；另一方面是指一个人真实的自我。在西方，现代人格意义大致有三种类型：最为通行的是把人格定义为个人内在的、全部生理、物理结构和心理意识外在化的状态；第二种类型是强调人的个体差异性，从个人心理、行为特点的一致性中显示人格内容；第三种类型是从人的生活过程去定义人格，强调环境、社会影响和后天学习的相关因素。

《简明不列颠百科全书》中“人格”一词的解释是：“每个人所特有的心理——心理形状（或特征）的有机结合，包括遗传的和后天获得的成分，人格使一个人区别于他人，并在与环境和他人的关系中表现出来。”

2. 人格的特征

人格的形成和发展受到多种因素的影响，是先天遗传和后天环境交叉作用的结果，具体表现主要有以下几点：

（1）独特性

每个人都是独一无二、互不相同的个体，他们受遗传、环境、教育等先天和后天的因素影响，最终形成独特的人格。人的心理差异就像人的面孔，千姿百态、千差万别。例如，有的人处事很讲究公正、无私，这是一种高尚的人格，但公正无私的人很多，而每个人的处事风格又是各不相同的；有的人冷漠孤僻，有的人热情奔放；有的人顽强果断，有的人优柔寡断；有的人聪明敏捷，有的人反应迟缓。这些都是人格独特性的具体表现。

（2）稳定性

人格是在长期社会实践经历中逐渐形成的，并且在一段时间内有其自身的稳定性。一个人的某种人格品质一旦形成，便在不同生活情境中都表现出大体的一致性，要改变是比较困难的事情；但是人格的稳定是相对的，在一定的主、客观环境条件下或者一定的实践经历中，由于成熟和经验的积累会使人格发生相应的变化。可见，人格又是可塑的。

（3）统合性

人格是由多种成分构成的一个有机整体，具有内在的一致性，受自我意识的调控。人格的统合性是心理健康的重要指标。当一个人的人格结构在各方面彼此和谐一致时，他的人格就是健康的；否则，会出现适应的困难，甚至出现“分裂人格”。

（4）功能性

外界环境刺激是通过人格的中介才起作用的，也就是说，人格对个人的行为具有调节的功能。因而，一个人的行为总会打上其人格的烙印。同样面对挫折，性格坚强的人不会灰心，怯懦的人则会一蹶不振。一事当前，有的人先从大局出发，首先顾及社会和集体的利益；有的人则首先考虑自己的得失，甚至为了自己的利益，不惜损害社会和集体的利益。所以，人格能决定一个人的生活方式，甚至能决定一个人的成败。

（5）自然性和社会性的统一

人的认知具有社会性。人是一切社会关系的总和，离开人类的社会生活和实践活动，人格是无法形成和发展的。人格是社会的人所特有的，在人格的形成和发展过程中，人格不仅受生物因素的制约，而且更多地受社会因素的制约。从这个意义上讲，人格是个体的自然性和社会性的综合。

3. 人格的结构

人格的心理结构包括人格倾向性和人格心理特征。

（1）人格倾向性

人格倾向性是人格进行活动的基本动力，是人格结构中最活跃的因素。它决定人对现实的态度，决定人对认识活动对象的趋向和选择。人格倾向性主要包括需要、动机、兴趣、理想、信念和世界观。它们较少受生理因素的影响，主要是在后天的社会化过程中形成的。人格倾向性的各个成分并不是彼此孤立的，而是相互联系、相互影响和相互制约的。其中，“需要”又是人格倾向性乃至整个人格积极性的源泉，在“需要”的推动下，人格才能形成和发展。动机、兴趣和信念等都是“需要”的表现形式。世界观居于最高层次，它制约着一个人的整个心理行为，是人们言论和行动的总动力和总动机。人格倾向性被认为是以人的需要为基础的动机系统。

（2）人格心理特征

人格心理特征是指一个人身上经常地、稳定地表现出来的心理特点。它们较早地在个体身上形成，且在不同程度上受生理因素影响。它在人格结构中比较稳定，主要包括能力、气质和性格。人格倾向性和人格心理特征之间相互影响、相互渗透，错综复杂地交织在一起。人格心理特征受人格倾向性调节，人格心理特征的变化也在一定程度上影响人格倾向性。

二、气质

1. 气质的含义

俗语说江山易改，本性难移。气质是指在人的认识、情感、言语、行动中，心理活动发生时力量的强弱、变化的快慢和均衡程度等稳定的动力特征。气质是一个人与生俱来的、人的心理活动典型而稳定的动力特征，是通过生活实践，在后天条件影响下形成的，并受到人的世界观和性格等的控制。它一般是通过人与人之间的交往表现出来的，并表现出个人典型的、稳定的心理特点。

2. 气质类型学说

（1）体液说

希波克拉底提出，人体内有四种液体，即黄胆汁、血液、黏液和黑胆汁，每一种液体都和一种体质类型相对应。黄胆汁对应于胆汁质，血液对应于多血质，黏液对应于黏液质，黑胆汁对应于抑郁质。一个人身上哪种液体占的比例比较大，他就具有和这种液体相对应的那种体质类型。希波克拉底所划分的这四种体质类型比较切合实际，所以至今对气质的分类仍沿用他提出来的名称。但是，“体液说”是一种朴素的唯物主义学说，在科学知识贫乏的古代，希波克拉底的贡献已是难能可贵的。

（2）体形说

20世纪20年代，德国精神病医生克雷奇米尔（Kretschmer）根据自己的临床观察发现，病人所犯精神病的种类和他的体形有关，如躁狂抑郁症的患者多是矮胖型的；精神分裂症的患者多是瘦弱型或强壮型、发育异常型的。据此，他认为正常人和精神病人之间只有量的区别，没有质的区别，所以，可以根据一个人的体型特征来预见他的气质特点。美国医生谢尔（Sheldon）和心理学家斯蒂文斯（Stevens）于20世纪40年代提出：“人的形是由胚叶决定的。”因此，胎儿的胚叶发育就已经决定了他的气质类型。体形说或胚叶说想从生理因素来说明气质的根源，但是，这两种学说都没有提出生理因素和气质类型之间因果联系的根据。

（3）血型说

血型说在日本比较有影响，这种学说是古川竹二提出的。古川竹二认为，A型血的人温和老实、消极保守、焦虑多疑、冷静、缺乏果断、富于情感；B型血的人积极进取、灵活好动、善于交际、爱说寡信、多管闲事；O型血的人胆大好胜、自信、意志坚强、爱支配人；AB型血的人表像B，内在却像A。

其实，人的血型不止这几种，而且在实际生活中血型相同而气质类型不同，或者气质类型相同而血型不同的现象并不少见。所以，血型说尚缺乏足够的科学根据。

（4）激素说

美国心理学家伯曼（Berman）把人分为四种内分泌腺的类型，即甲状腺型、垂体腺型、肾上腺型和性腺型，并认为内分泌腺类型不同的人，其气质也不相同。例如，甲状腺型的人中，甲状腺分泌过多者精神饱满、意志坚强、感知灵敏；甲状腺分泌不足者迟缓、冷淡、痴呆、被动；垂体腺型的人智慧、聪颖；肾上腺型的人情绪容易激动；性腺型的人性别角色突出。

虽然内分泌腺的活动影响了人的行为和心理，但是内分泌腺的活动也受神经系统的支配。

影响气质类型形成的因素很多，因此不能把气质看作只是由内分泌腺决定的。

（5）巴甫洛夫高级活动类型学说

巴甫洛夫指出，高级神经活动的基本过程是兴奋和抑制，它们又有强度、平衡性和灵活性三个基本特性。神经过程的强度是指神经细胞能接受刺激的强弱程度，以及神经细胞持久工作的能力，有强弱之分；神经过程的平衡性是指兴奋和抑制两种过程的力量是否均衡，有平衡和不平衡之分，且不平衡又有兴奋占优势或抑制占优势两种情况；神经过程的灵活性是指兴奋和抑制两种过程相互转化的难易程度，有灵活和不灵活之分。

巴甫洛夫根据大量的实验确定，只存在着四种最基本的高级神经活动类型，即强、不平衡的兴奋型，强、平衡、灵活的活泼型，强、平衡、不灵活的安静型以及神经过程弱的抑制型。表4-1-1所示为神经过程的特性、高级神经活动类型与气质类型的关系。

表4-1-1　神经过程的特性、高级神经活动类型与气质类型的关系

神经过程的基本特征			高级神经活动类型	气质类型
强度	平衡性	灵活性		
强	不平衡		兴奋型	胆汁质
强	平衡	灵活	活泼型	多血质
强	平衡	不灵活	安静型	黏液质
弱			抑制型	抑郁质

3. 气质类型的外在表现

气质类型有多种划分，通常情况下，人们将气质分为四种类型，即胆汁质、多血质、黏液质和抑郁质。

（1）胆汁质

主动、乐观、冲动、好斗、易怒。他们性情直率、精力旺盛、待人热情、能以很大的热情投入工作，并克服困难，但缺乏耐心。当困难较大时，容易心灰意冷。但认准目标，就希望尽快实现，遇到困难不折不挠。学习和工作带有明显的周期性特点，能以极大的热情和旺盛的精力投入学习和工作，一旦精力消耗殆尽，便会失去信心，情绪顿时转为沮丧而心灰意冷。

（2）多血质

善交际、健谈、开朗、平易近人、善于领导别人。他们热情、有能力，适应性强，但注意力不易集中；富于幻想、敏感、好动，言语具有表达力和感染力，主动性强，精力充沛。这类大学生易于适应环境的变化，性情活泼、热情，善于交际，常能机智地摆脱困境；他们在学习和工作上肯动脑，不安于机械、刻板、循规蹈矩，常表现出较强的工作能力和办事效率；对外界事物兴趣广泛，但容易浮躁，见异思迁。

（3）黏液质

温和、可靠、谨慎、安宁、镇定、富于思考。他们情感不易表露，做事踏实认真，对自己的行为有较大的自制力，能够有条理地、持久地工作。但心理反应缓慢，遇事不慌不忙，不够灵活，缺乏创新精神。

这类大学生反应较迟缓，但无论环境如何变化，都能基本保持心理平衡；凡事深思熟虑，力求稳妥，一般不做无把握的事情，在各种情况都表现出较强的自我克制能力；他们外柔内刚，沉静多思，不愿流露内心的真情实感；与人交往时，态度适度，不卑不亢，不爱抛头露面和做空泛的清谈；学习、工作有板有眼，踏实肯干，严格恪守既定的生活秩序和制度。但他们过于拘谨，不善于随机应变，固定性有余而灵活性不足，有墨守成规、因循守旧的表现。

（4）抑郁质

严肃、文静、保守、不善交际、情绪易波动、富于想象。他们说话和动作都较慢，多愁善感，情绪容易发生变化。不善与人交往，处世优柔寡断，受挫折后，不能迅速转向新的目标。富于想象，较聪明，但主动性较差。

这类大学生在生理上难以忍受或大或小的神经紧张，厌恶那些强烈的刺激；他们的感情细腻而脆弱，常为区区小事引起情绪波动；自己心里有话，宁愿自己品味，不愿向别人倾诉；喜欢独处，与人交往时显得腼腆、忸怩，善于领会别人的意图，在团结友爱的集体中，是一个容易相处的人；遇事三思而行，求稳不求快，对力

所能及的工作能认真负责地完成。在学习、工作一段时间后，常比别人更感疲倦；在困难面前常怯懦、自卑和优柔寡断。

三、性格

1. 性格的含义

我国心理学家把性格定义为：表现在人对稳定的态度以及与之相适应的、习惯化的行为方式方面的个性心理特征。

2. 性格的类型及特征

可以从不同的角度将性格分为多种类型，常见的类型主要有以下几种：

（1）外向型和内向型

外向型的人活泼开朗、对外部事物表示关心，活动能力强、善交际，感情易外露，独立性强，能适应环境，有时表现得粗心、不谨慎、情感动荡多变等。

内向型的人处世谨慎，深思熟虑，感情含蓄，自制力强，善于忍耐克制；但不善交际，应变能力较差，表现得有些孤僻、胆怯。

（2）情绪型和理智型

情绪型的人通常用情绪来评估一切，举止言行容易受情绪左右。这种人待人热情、处事大胆，情绪反应敏感强烈，有时无法冷静思考，过于冲动，注意力和兴趣易转移。理智型的人善于用理智支配和控制自己的情绪和行动，处世冷静，自制力强，但容易畏首畏尾，缺少应有的冲动。有时会表现出虚伪、自私、冷漠等。

（3）独立型和顺从型

独立型的人意志坚强，善于独立发现问题、解决问题，而且敢于坚持自己正确的观点，不易受外界干扰，自主自立；但独立性过强的人，喜欢把自己的思想和意志强加于人，独来独往，不易合群。

顺从型的人较温顺，服从性好，易与人合作，易受环境的干扰，随和、谦恭；但独立性不强，依赖性较强，易受暗示，缺少主见。

四、影响人格形成和发展的因素

视频

影响人格形成和发展的因素

对于人格发展的问题，历史上有两种极端的观点：一种是遗传决定论；另一种是环境决定论。遗传因素是人格形成和发展的生物学基础，为人格发展提供了可能性和方向性；而环境（社会文化、家庭）因素则把这种可能性转化成为现实。但是现在，人们把这两种观点结合起来，认为人格是遗传因素和环境因素共同作用的结果。大学生的人格发展也不例外，它是在实践活动中，在人和环境的相互作用过程中逐渐形成和发展起来的。

1. 遗传因素

遗传因素影响人格的形成和发展，是人格形成和发展的生物基础。一方面，遗传基因影响个性；另一方面，由于神经系统的特性不同，高级神经活动的类型也有所不同，从而使人们形成不同的个性，显示出不同的特点。对于有些高级神经活动类型属于抑郁型的人，就很难形成开朗、善于交际的人格。所以，遗传因素可以在多方面对气质和性格产生一定的影响。

2. 儿童早期经验

“早期的亲子关系定出了行为模式，塑成一切日后的行为。”这是有关早期童年经验对人格影响力的一个总结。中国有句俗话：“三岁看大，七岁看老。”人生早期所发生的事情对人格的影响，历来为人格心理学家所重视。

3. 家庭教育因素

人所处的环境对人格的形成和发展也具有重要和深远的影响。家庭是儿童最初的、长期生活生长的环境。精神分析学家认为，从出生到5~6岁是人格形成的最主要阶段，这时一个人的人格类型已基本形成。在这个阶段，绝大多数儿童在家庭中生活，在父母抚育中长大。社会和时代的要求，往往是通过家庭在儿童心灵上打下烙印的。父母的教育方式、父母关系等都会对子女个性的形成产生影响。例如，民主的教育方式有助于孩子形成独立、直爽、亲切，具有社会性和创造性的个性；专制的教育方式会使孩子形成依赖、反抗、以自我为中心等个性特征。父母之间信任，家庭关系和谐会使孩子生活得安全、幸福和温暖等。因此，父母的教育态度对子女人格的形成与发展起着重要的作用。

4. 学校教育因素

学校对人格形成与发展的影响是不可忽视的。学校是同龄群体会聚的场所，同伴群体对学生人格发展具有“弃恶扬善”的作用。教师既是学校宗旨的执行者又是学生评价言行的标准，教师的言传身教和公正性对学生有着至关重要的影响。课堂教学内容、班集体的气氛、师生关系、同学之间的关系、学校的管教方式以及个人在集体学习生活中的地位和角色等，都会影响个性的形成和发展。

5. 社会文化因素

人格的形成和发展受社会文化因素的影响，是人们在长期认识世界和改造世界的过程中，将社会关系和文化特质内化到主体文化心理结构中所形成的相对稳定的价值观念、心理特质和行为方式。实践是人格形成和发展规律中不可逾越的阶段，个人无法离开实践活动。

同样，大学生人格的表现方式、成熟的程度，不仅由生物性的因素决定，也受特定社会的规范、价值以及对青年期人格成熟的期待等各种影响。大学生作为社会中知识层次较高的人群，接受和同化新文化的速度较快。因此，不同的社会和文化背景，对大学生人格发展具有深刻的影响。

五、人格研究的各种流派

了解人格研究的各种流派，有助于大学生对人格概念的发展和演变进行更清晰的认识，对自己的人格及人格的形成有更加明确的理解，从而发现自己的潜能，为塑造健全的人格提供宝贵的启示。古今中外很多人都提过“人格”这个概念，其中最具代表性的有以下几种：

视频

弗洛伊德人格结构理论

1. 人格结构的动力理论——弗洛伊德的人格结构理论

弗洛伊德是生长在19世纪中叶到20世纪初的一位医生和心理学家，是精神分析学派的创始人。他不满足于早期运用心理地形学的观点去描述心理活动的不同层次和不同水平之间的联系，而是逐步修正和发展自己的学说，侧重于心理活动的动力系统并建立一种新的人格结构模式。

弗洛伊德认为人格的结构由三大系统组成，即“本我”、“自我”和“超我”。这三者是在意识、无意识的机制下，在心理发展的关系中形成的。对一个心理健康、心智健全的人而言，这三者是和谐统一的整体，它们的密切配合使人能够卓有成效地展开与外界环境的各种交往，以满足人的基本需要和欲望，实现人的崇高理想与目的。相反，如果这三者无法协调，而是处于冲突、失常的状态，则会威胁人的心理健康和成长、成才。在弗洛伊德看来，“本我”是遗传下来的动物本能，是一种动力机制，其目标是毫不掩饰地满足生物要求，内部充满了非理性、反社会和无意识的冲动。“自我”是“本我”的调节者，“自我”有部分意识参加，其任务是使“自我”与外界社会更好地协调，采取某种方式转移不能被社会所接受的本能冲动。“超我”是对自我的进一步超越，担当着道德和教化的职责，它是来自内心的道德理念。它在很大程度上依赖于父母的影响，在儿童成长过程中逐步形成。一旦“超我”建立，“自我”就可以按照“超我”提供的价值观和“本我”的要求进行调节，以采取合适的方式行事。

2. 阿尔波特的人格论

美国心理学家阿尔波特有句名言：“同样的火候，使黄油融化，使鸡蛋变硬。”他认为：“人格是个体内部那些决定个人对其环境独特顺应方式的身心系统的动力结构。”他强调了人格的个别特点，创立了人格特质论。这种人格特质理论认为，人格以特质迎接外部世界，用特质来组成经验，构成一个人完整的系统，由此而引发人的思想和行为。阿尔波特把特质分为两种：一种为个人特质，是在某个具体人身上的特质；另一种为共同特质，是群体都具有的特质。阿尔波特反对精神分析学派的观点，认为人格从不是已经形成的东西，而是正在形成的东西，它是一个不断变化的动力组织。

3. 马斯洛的人格论

美国心理学家马斯洛，创立了研究人类积极的本性和因素的健康人格的心理学。马斯洛对人格内部的分析重心是动机理论，他同样主张人类有一些本能化的需要，同时也有一些高层次的需要，即生理的需要、安全的需要、归属和爱的需要、尊重的需要及自我实现的需要。他认为在人类的进化和作为一个主体的人的生长过程中，一种低级的需要满足后就会被更高的一种需要所代替，一直走向“自我实现”的需要。“自我实现”的人是马斯洛推崇的具有理想人格的人，他详细描述了“自我实现”者的特征。他认为自我实现的人是“成功地利用和开发天资、能力、潜能等，这样的人似乎竭尽所能，使自己趋于完美”。

学习笔记

活动训练

说出优点

①目的：通过自我激励来了解自己的优点和长处，树立自信。

②步骤：

- 班级学生两人一组，挺直胸膛，相对而站。互相注视对方眼睛50 s，眼光不可躲闪，表示自信与诚恳。
- 大方、肯定地做1 min自我介绍，可介绍自己的姓名、班级、家乡、兴趣爱好等信息。
- 大声肯定地说出自己三个以上优点：我对 ×××（学习、唱歌、绘画等）很有信心，我对 ×××（才能、品格、外貌）很满意，我看到生活的 ×××（彩虹、鲜花、小鸟）感到快乐。
- 互换角色，重复上述自我介绍和自我激励。

③在活动训练过程中，完成活动训练任务单（见表4-1-2）的填写。

表4-1-2　活动训练任务单

<table>
<tr><td>任务执行人</td><td></td><td>班级名称</td><td></td></tr>
<tr><td>所属小组</td><td></td><td>完成日期</td><td></td></tr>
<tr><td colspan="4">任 务 实 施</td></tr>
<tr><td>理论认知</td><td colspan="3">结合人格结构的基础知识学习，可以做如下描述：
①自我介绍：
我是来自________（家乡）________（班级）________（自己的姓名）。
我喜欢________（兴趣爱好）。
我擅长________（特长）。
②我的优点：
我对________（学习、唱歌、绘画等）很有信心。
我对________（才能、品格、外貌）很满意。
我看到生活的________
（彩虹、鲜花、小鸟）感到快乐</td></tr>
<tr><td>情感体验</td><td colspan="3">当我注视同伴的眼睛时，感到________（描述情绪）。
当我发现喜欢和擅长的事时，感到________（描述情绪）。
当我向同伴说出我的优点时，感到________（描述情绪）</td></tr>
<tr><td>意志提升</td><td colspan="3">当我发现自己的特点和优点、并表达给同伴时，觉得我的信心提升了________分（满分10分）</td></tr>
<tr><td>行为表达</td><td colspan="3">通过这项活动，我发现在行为层面有了这些方面的改变：（比如，原来从来不敢与他人对视，通过活动体验，可与他人对视几秒钟）
①________。
②________</td></tr>
<tr><td colspan="4">指导老师批阅：

年　月　日</td></tr>
</table>

任务评价

对本任务学习目标的达成情况进行评价，见表4-1-3。

表4-1-3　任务评价表

评价内容	评 价 标 准	分数	评 分 记 录		
			学生自评	组间互评	教师评分
知识掌握	掌握人格的含义、特征和结构	10			
	了解影响人格的因素	10			
能力应用	能阐述四种气质类型对岗位作业的影响	30			
	能准确把握健康人格的特点，主动完善人格。通过完成活动训练，能够认清自己的优点和长处	30			
素质养成	正视人格的多样性，以包容的心态与人相处	10			
	发扬工匠精神，能将人格塑造与社会主义核心价值观深度融合	10			
总　　分		100			

任务二　完善人格

情境导入

高职学生未来从事的岗位需要有强健的体魄，学校为提升全体学生的身体素质开设了“每日环跑”App，帮助学生形成主动锻炼、自我管理的健康意识。尚善同学非常赞同学校的这个安排，可是每次该去跑步的时候，心里总有两个冲突的声音：一边说到点了，该去跑步了；另一边却说再休息一会儿吧，这不是还有时间吗？每次都是在矛盾中开始跑步，甚至有时就拖延或不跑了。尚善特别想坚持把跑步这件事做好，可总是克服不了自己的“小懒惰”，怎么能与自己和解呢？

学习目标

知识目标：

了解健康人格的意义，掌握塑造完善人格的方法。

能力目标：

能够运用完善人格的方法培养健全人格，提升塑造健全人格的能力。

素质目标：

优化个体行为、构建和谐人际关系的素质，吃苦耐劳。塑造大学生健康人格，坚定信念，明确人格对社会主义核心价值观中“敬业”的支持作用，坚信“四个自信”对完善大学生人格结构的保障作用。

任务描述

分析性格差异。能至少找出自己的三个性格优势并阐释理由，提升健全人格的能力。

分析人格特征。结合生活、学习和专业实习中特殊境遇，观察自己能否勇于承担责任、支持同伴，根据自己的观察总结塑造完善人格的方法。

任务分析

通过了解当代大学生人格发展现状，明确大学生人格的特点，学习并掌握健康人格的含义，以及塑造大学生健康人格的重要意义，通过朋辈互动探索和总结塑造健康人格的途径和方法，能对完善自己的人格建立充分的自信，为提升和完善职业人格做好准备。

相关知识

一、当代大学生人格发展现状

当代大学生都有积极向上的人格品质、希望自己成才的愿望，但他们身上或显性或隐性地存在着不良人格因素，正是这些不良人格因素导致了大学生的不成熟、不理智。

1. 独立意识与依附性并存

独立意识表现在具有一定的独立思考能力，其现实人格表现为不盲从、不迷信和积极的探索精神。大学生生活在文化信息最丰富的环境中，他们的心理异常活跃，明显地表现出独立自主的倾向。大学生希望通过自己的力量来处理生活与学习中的所有问题。由于大学生的社会阅历浅、经济不独立，还有很多还大学生一直为父母所宠爱，没有能力处理自己应该独立面对和解决的问题。大学生依附性主要表现在心理承受力差、对事物缺乏透彻、独立判断的能力，若没有老师和家长的及时引导和帮助，容易走上歧途，因而他们还没有真正独立。其实，大学生的独立意向与依附他人是并存的。大学生存在着对父母、家庭、师长根深蒂固的依附心理，同时又希望父母、老师不要过多地干涉自己，渴望尽早独立。

2. 自我意识与唯我性对立

当代大学生有着较强的自我意识，表现在自主性、独立性和支配性的需要增强。与此同时，又表现为过多地注重“自我”，以“我”为核心，缺乏服务他人的观念。很多学生在小学、中学时期只是面对学业，多和家人生活在一起，处于一个相对封闭的状态，导致自我意识过强，很少考虑他人的感受。一旦到了大学，他们独自面对生活中的事务，与他人交往很难适应，表现出心理上不成熟，容易冲动，出现过激行为。大学生唯我性人格主要表现：以自我为中心的极端个人主义，责任感淡薄、团结协作观念较差，自卑、自暴自弃行为的极端化，解决问题手段的简单化和暴力化，个人行为的放纵化等各种不正常的社会现象。

3. 认知意识与行动脱节

大学生对外界事物的认知表现在有认识自我和他人的意识，有支持社会正义和公德的意识，有一定求知意识。但由于大学生认知意识有不稳定性和不彻底性，行为缺乏坚定和持久性，所以在大学生中普遍存在言行脱节的现象。在道德方面，学生虽然具有一定的道德观念，但在行为上存在大量与观念不相符的情况。荣辱感淡化，知耻心下降，缺少基本的道德品质。说脏话、随地吐痰、乱扔果皮纸屑等不文明行为时常发生；不尊敬师长、不遵守社会公德、不讲诚信的事件很多。中国是一个文明古国、礼仪之邦，大学生是文明的中坚力量。文明是对合格大学生的最起码要求，若没有较高的道德素养，将很难立足于社会。在意志力方面，大学生有个人成功意识，但由于不能正确定位，在日益激烈的竞争压力下，无法保持健康的心理状态，越来越多的大学生存在严重的紧迫感和压力感。

二、大学生健康人格的塑造

1. 健康人格的含义

塑造大学生的健康人格是一项系统工程，有助于大学生的身心健康，是大学生成才的基石，是适应社会的需要。大学生处于人生的青年期，人格发展具有其自身的特点：希望了解自己、把握自己和发展自己，产生程度不一的“自我角色认同”心理。进入青年期，他们已能够进行较稳定的独立思考，对自己未来的社会角色进行设想。他们往往会向自己提出这类问题：我究竟是什么人，过去是怎么样的，将来要成为什么样的人？他们都喜欢从伟人传记和书刊报纸中摘取警语、格言来鞭策自己、勉励自己。小说、戏剧等文艺作品中主人公的喜怒哀乐和胜利、挫折，也最能在青年当中引起反响。影星、球星、歌星等由于社会宣传媒介树立起来的各类“明星”人物，也最容易在青年、少年当中形成崇拜热。这些常见的社会现象都表明，青年人不但迫切地希望了解身外之物，也迫切地希望了解自己，企图借助外物来对照自己、认识自己、表现自己和设计自己，拥有强烈的自我人格塑造的愿望。

健康人格是个人在其生活经历中以其生活方式和行为处世风格逐步建立起来的一种自我意识，是人的世界观、心理素质、道德修养等方面的综合体现和重要标志，也是人能够准确把握自己、寻找适合自己发展的社会位置，以及获得他人尊重和好感的基础。

所谓健康人格就是人格的生理、心理、社会、道德和审美各要素完美地统一、平衡与协调，人的才能得以充分发挥。马克思所描述的“全面发展的、自由的人”就是健康人格的理想标准。

2. 塑造健康人格的意义

塑造健康的人格对大学生具有深远的意义。它体现了对学生自身的认知和开发，对大学生的成长、成才起着至关重要的作用。

当代大学生由于学习压力、经济压力、就业压力等多方面因素，造成了心态消极和心理不适应，以至有相当比例的大学生感到迷茫、困惑、苦闷、焦虑和压抑，明显存在着不健康人格的心理现象。这种现象引起了家长、学校乃至全社会的广泛关注，因此在当今的新形势下，加强和塑造大学生的健康人格已成为一项刻不容缓的重要工作。

首先，人格是大学生综合素质的重要组成部分，健康的人格塑造有助于大学生的身心健康和成长、成才。其次，健全人格是人生成功的要素。最后，健全人格是幸福生活的保证。人类的健康和幸福越来越取决于人格的健康状况，人格的健康状况决定了人的一生。中国是一个历史悠久的文明古国，具有五千年的历史和文化传统，在向现代化转变的过程中，很可能会出现传统文化与现代化文化的冲突。当代大学生就是处在这样一个新旧交替，社会改革、开放的时期，这样的背景一方面使大学生感到迷茫、困惑、不适应，并由此给大学生人格的成长和塑造带来价值认同和行为导向上的困难；另一方面，也为大学生人格的发展与塑造提供了一个广阔的天地，为他们提供了选择和吸取更多经验的可能性。所以，当代大学生应自觉地在比较和选择中吸取中西文化、古今人格的长处，从而形成一种适合中国现代化发展，有利于身心健康和个人全面发展的新型人格模式。

另一方面，健康人格的塑造不仅关系到大学生本身的健康和成才，也关系到社会的进步和发展，关系到我国社会主义现代化建设的进程和质量。美国社会学家英格尔斯指出：“一个国家只有当它的人民是现代人，它的国民从心理和行为转变为现代的人格，它的现代政治、经济和文化管理机构中的工作人员都获得了某种与现代化发展相适应的现代性，这样的国家才可真正称为现代化国家”。塑造大学生的健康人格，是一项基础性工程和思想道德建设的伟大任务，也是高校推进素质教育义不容辞的责任。

3. 塑造健康人格的途径和方法

健康人格的塑造，既是大学生健康成长的要求，也是社会发展的需要。因此，每一个大学生都应该积极关注自己的人格健康，通过正确的实践途径，完善自身的人格修养。当然，塑造大学生健康人格并不是无规律可循。

（1）加强文化修养

加强和提高文化修养是健康人格形成的催化剂。通过提高文化修养，可以将人类优秀的文化成果转化为人格、气质、修养，成为人相对稳定的内在品质。文化素质主要是指大学生应具备的基本品质和基本态度，包括按照社会要求正确处理自己与他人、个人与集体、个人与社会、个人与国家，乃至个人与自然的关系。大学生在社会实践与生活锻炼中，自觉地把握和主动地提升文化修养，这在大学生人格培养过程中起着举足轻重的作用。

（2）正确认识自我，善于调控自我

自我意识的觉醒是健康人格塑造的前提，自我意识中的“自我”是人格的核心。因此，对现实自我的接纳，对恰当目标的选择，对良好办法的寻找，做力所能及的事情，才能创造出理想的自我。当今社会充满着竞争与压力、机遇与挑战，大学生处于这个时代，应该学会客观地、全面地认识和评价自己，既不要自我膨胀也不要自我贬低，要善于发现自己的长处，还要敢于面对自己的短处，用理性的思维和智慧的头脑来评价和辨别外界事物。在正确自我认知的基础上，大学生还须谨慎地、深刻地反省和精微地、细致地体验，以求进入人格的深层而更好地认识自己。理想人格的塑造不单单是内在的自我认识和自我反省，同时也是一个积极能动的自我建构过程。这种自我建构要求有很好的自我调控能力，需要主动控制非理性的、本能的冲动和欲望，从身边的小事做起，克服人格弱点。

（3）保持开朗的心境，学会控制自己的情绪

情绪会直接影响到情感，要学会调控自己的情绪，建立积极、健康的情绪状态。因此，控制和调节情绪状态对于人格健全和心理健康影响很大。如果一个人情绪不稳，患得患失、喜怒无常，处于不良的情绪状态之中，而自己又不会调节和控制，就会导致心理失衡和心理危机，久而久之会产生心理问题，导致人格变态。

（4）加强意志力的磨炼，树立坚定的信念

大学生应自觉主动控制自己的行为，培养挫折耐受力。当代大学生的意志力较薄弱，遇到难以解决的问题时，容易产生挫败感，消极逃避。所以，在平时的学习和实践中，应注意加强意志力的磨炼，不消极、不盲目，保持积极、乐观的生活态度，并形成一种习惯。善于看到事物光明的一面，对生活和前途充满希望和信心。运用幽默的心态来丰富生活，缓解焦虑，愉悦身心。

（5）建立良好的人际关系，培养集体意识

集体是个性塑造的土壤，也是个性表现的舞台。通过与他人交流，可以看到别人的长处，发现自己的不足，从他人那里获得理解、肯定，及时调整个性发展的方向。具有健康人格的大学生在与别人交往时，都能真诚相待，谦虚谨慎，热情包容，对别人没有猜疑，很容易结交到很多的朋友；如果大学生在与他人交往时，常常猜疑别人，自私自利，处处以自我为中心，不考虑别人的感受，不会换位思考，就不会交到知心的朋友。因此，在与人相处时应做到：谦虚真诚、热情包容、公平公正、耐心倾听，具有良好的情绪自控和调节能力，懂得换位思考，理解关心他人，肯定别人的优点。

（6）养成良好的思维品质，培养独立分析和解决问题的能力

大学生应养成独立思考的能力，有自己的独到见解，不应随波逐流、人云亦云。一个人思考问题的方式非常重要，它可以左右人的思维是正常还是异常。独立思维的人，自主性较强，解决问题的能力也更强。

最后是提高自身的综合素质。培养良好的情操，加强思想品德修养，树立科学的人生观、世界观，注重社会实践对塑造健康人格也至关重要。人的行为举止，无不受思想的支配。而在所有的思想因素中，道德修养则集中体现了人们的思想品质，从而决定了其人格本质。因此，人格的塑造与道德水平也息息相关。扬善抑恶，以巨大的社会责任感去维护某种道德理想和道德原则，这原本就是健康道德人格的鲜明标志。

（7）善于运用性格优势

性格优势是积极心理学家提出的重要概念。性格优势是通过个体的思想感情和行为表现出来的一组积极的人格特质。积极心理学家Seligman认为，每个人如果能在每天的生活中运用与生俱来的一系列性格优势，将会最大限度地促进个体的参与感与意义感，提升幸福感。以下展示了23种性格优势：①创造力或独创性；②好奇心；③批判性的思考，开放的思想或良好的判断力；④爱学习新的事物；⑤洞察力或智慧；⑥勇敢或勇气；⑦毅力、坚持、用功或勤奋；⑧诚实或真挚；⑨对生活有热情；⑩爱或依附；⑪仁慈和宽宏；⑫社交智慧或社交技巧；⑬团队合作精神；⑭公正性；⑮领导才能；⑯宽恕或慈悲；⑰谦逊或谦恭；⑱审慎、慎重的态度；⑲自我控制或自我规范；⑳欣赏美丽和卓越；㉑感恩和感谢；㉒希望或乐观感；㉓幽默感。

总之，青年学生追求卓越的人生、健康成长和顺利成才，都必须具备健康的人格。因此，了解人格形成与发展的特点和规律，掌握塑造健康人格的途径和方法，就能使自己的人格素质不断趋于完美，创造出更加辉煌的人生。

学习笔记

活动训练

自评优势性格

①目的：通过优势性格的发挥，锚定自己想要发展的好的性格方面，进一步完善和发展自身人格。

②步骤：

- 根据书中对优势人格的描述，按照顺序列出自己拥有的五种优势性格。
- 思考并列出拥有的优势性格集中的领域。
- 学生讨论分享：分享自己排在前三位的优势性格，每一个优势性格都要用一个具体的事例来说明；分享在生活中如何做才能充分发挥自己优势性格的作用，助力发展和完善自身人格。

③在活动训练过程中，完成活动训练任务单（见表4-2-1）的填写。

表4-2-1　活动训练任务单

任务执行人		班级名称	
所属小组		完成日期	
任务实施			
理论认知	结合塑造健康人格的途径和方法的学习，可以做如下描述： ①我拥有的5种优势性格为＿＿＿＿＿＿＿＿＿＿。 ②我拥有的优势性格集中的领域为＿＿＿＿＿＿＿＿＿＿。 ③我拥有的优势性格的具体事例为＿＿＿＿＿＿＿＿＿＿。 ④在生活中充分发挥自己优势性格的做法为＿＿＿＿＿＿＿＿＿＿		
情感体验	当我找到自己拥有的5种优势性格时，感到＿＿＿＿＿＿＿＿＿＿（描述情绪）。 当我探索出生活中充分发挥自己优势性格的做法时，感到＿＿＿＿＿＿＿＿＿＿（描述情绪）		
意志提升	当我找到自身拥有的优势性格和生活中发挥自身优势性格的做法时，觉得我的自信提升了＿＿＿＿分（满分10分）		
行为表达	通过这项活动，发现我在行为层面有了这些方面的改变：（比如，原来不善于找到自身拥有的优势，通过活动体验，可充分发掘自身拥有的优势） ①＿＿＿＿＿＿＿＿＿＿。 ②＿＿＿＿＿＿＿＿＿＿		
指导老师批阅： 年　月　日			

任务评价

对本任务学习目标的达成情况进行评价，见表4-2-2。

表4-2-2　任务评价表

评价内容	评价标准	分数	评分记录		
			学生自评	组间互评	教师评分
知识掌握	了解健康人格的意义	10			
	掌握塑造完善人格的方法	10			
能力应用	能够在生活情境中应用提升塑造健全人格的方法	30			
	能够应用健康人格的理论理解生活事件	30			
素质养成	优化个体行为、构建和谐人际关系	10			
	吃苦耐劳，具备“敬业”素养，坚持“四个自信”	10			
总　分		100			

任务三　匹配职业

情境导入

在团体心理辅导活动中，心理老师带领学生做了“我的职业人格画像”体验活动。彦崇同学在做练习时，认真画出了自己在性格、气质等方面的心理特征，对照岗位要求的标准人格画像，发现了自己与岗位标准之间有很大差异。自己的性格特点偏内向，平时少语，但是自己学习的专业是高铁乘务，要与旅客经常打交道。通过自己目前人格特点与岗位匹配度的探索，他发现了自己在人格特征方面需要完善的方面，对未来从事的岗位有了新的理解和认识，对未来能愉悦从业更有信心。

学习目标

知识目标：

理解轨道交通行业职业特征和职业要求，掌握人格结构对行车安全的影响。

能力目标：

能将个性特征与轨道交通行业员工的职业特征进行对比，提升个体职业自我觉察能力。

素质目标：

在日常学习生活中主动培养符合轨道交通行业员工职业特征和职业要求的人格。熟悉职业特点，培养敬业爱岗的职业品质，将社会主义核心价值观内化为精神追求、外化为自觉的职业行动。

任务描述

学习轨道交通行业的职业要求。教师呈现企业相关案例，学生分组讨论总结轨道交通行业的职业要求。

分析人格对职业和岗位的影响。学生通过参加自我探索活动，结合未来可能从事的岗位，分析人格对岗位的影响，分析适合自己个性特点的岗位。

任务分析

通过学习轨道交通行业的职业特征，了解轨道交通行业的职业要求，明确个性心理特征对行业安全管理的影响，能将个性特征与轨道交通行业员工的职业特征进行对比，提升个体职业自我觉察能力，通过完成学习活动训练，提升对个体人格特征与职业岗位匹配及适配度的认识，内化职业精神，外化职业行为。

相关知识

轨道交通是国家的重要基础设施和较为普及的交通工具，是国民经济的大动脉，在经济社会发展中有着至关重要的地位和作用。了解轨道交通行业职业特点和工作职责对适应铁路工作环境、尽快适应职业角色、有效调整职业方向和发展健全的心理有着重要意义。从业人员具有完善的人格，是保障运输安全的重要因素。

一、轨道交通行业的职业特征

1. 安全要求高

轨道交通运输分布范围广，载重量大，运行速度快，事关人身和财产安全。

2. 作业时间、地点变动大

轨道交通行业全年无休息，倒班、加班是常态，不管什么时间，哪个站、段、线出现问题都要及时作业。

3. 时间性强

轨道交通作业是按照行车运行图要求的时间进行，行车各工种必须做到分秒不差，准确无误，否则会影响正常行车甚至发生事故。

4. 作业标准化

轨道运输各工种必须按照标准化的要求工作，严格做到“一丝不苟，一点不差”。

5. 工作量和工作强度大

轨道交通运输涉及各类行车设备使用、车辆运行安全、治安管理、饮食卫生等与吃、住、行相关的旅行运输，服务范围广，工作量和工作强度非常大。

6. 受各种影响因素干扰多

影响因素包括季节气候变化、行车作业环境、作业区间范围、作业难度风险等。

二、轨道交通行业的职业要求

轨道交通行业员工为了确保铁路运输畅通无阻，确保乘客安全回家，一直在默默奉献。在工作过程中，要遵循如下职业要求：

1. 责任心

轨道交通遍布全国，许多生产车间、班组和个人需要远离运营管理总部在沿线或区间内作业，其安全生产作业行为，主要依据各项规章制度、劳动纪律及作业标准化的要求，靠自觉执行和标准化考核来完成工作任务。轨道交通行业员工必须具有高度的责任意识，做到令行禁止，才能保证安全运输。

2. 安全意识

轨道交通运输关乎人民群众生命和国家财产安全，安全意识尤为重要。安全生产与人的心理活动密切相关，导致安全事故发生的主要因素是人和物本身的缺陷或不协调。安全事故外表在行为，根源则复合了人的精神状态、责任感、技术能力以及心理、生理因素。

3. 适应性

因轨道交通行业流动作业较为普遍，作业时间、地点变动频繁，经常要倒班、加班，对职工心理和生理适应性的职业要求较高。

4. 奉献精神

轨道交通行业就是在平凡的岗位上满足人民的需要，为人民大众服务。为此，相关从业人员就要牺牲自己的时间及与家人团聚的时间，在国家和人民最需要的时候保障各类运输畅通无阻。

三、个性心理特征对行业安全管理的影响

个性是影响人的行为的重要心理因素。不同个性的人对同一事情会有不同的态度、处事方式和工作方法，因此行车人员的个性心理特征对指导行车安全生产管理有着非常重要的意义。

不良的个性心理特征常常是酿成生产事故与人身伤亡的重要原因。例如，对待本职工作，有些人认认真真、踏踏实实，有些人则马马虎虎、敷衍了事；对待工作制度和操作规程，有些人牢记在心、严格执行，有些人则置若罔闻、不以为然；对待上级违反安全规定的指挥，有些人不予盲从，据理力争，有些人则唯命是从，不管结果。凡有上述不良心理特征的人就容易出现不安全的工作行为，并造成生产事故。

当事故发生后，在紧急情况或困难条件下，有些人沉着应对、果敢顽强、积极采取一切可行的方法进行自救或将事故损失控制在最小范围内；而有些人则惊慌失措，胆怯懦弱、盲目逃避，加重事故伤害甚至在绝望中促进死亡。因此，具有良好个性心理特征的人在处理危难事件时也能化险为夷或减小损失。

由于人的个性心理特征是可以被认识并逐渐改变的，因此在行车安全管理工作中，要根据每个人所处的生活环境、所受的教育、以往的经历以及生理素质等的不同认识每个职工的个性，针对员工不同的个性心理特征，采取相应的安全教育管理方法，充分调动每个员工的安全生产责任感，做好安全生产工作。同时，针对员工的一些不良心理特征，通过安全心理教育手段，改变其不良个性，提高应对、处理紧急事件的能力。

四、气质与行车安全

气质对人的行为有很大的影响，了解人的气质对行车安全管理工作有着重要的指导意义。

1. 要正确认识和评价人的气质

气质类型本身虽在心理特征和表现形式上有区别，但其本身无好坏之分，无论哪种气质类型都有积极的一面，也有消极的一面，属于哪一种气质类型的人都有可能在工作中取得成绩，因此，不能用好坏来评价气质类型。

2. 要合理配备组织成员

一个组织最好由不同气质类型的人构成，形成气质互补，这样才能相互克服气质的消极影响，发挥气质的积极作用，使组织具有凝聚力和战斗力。例如，一个集体中，既要有号召力、有威信、决策果断的人，也要有细心谨慎、稳重踏实的人；这样才能使组织成员各尽所能，各尽其才，有效地完成集体的各种工作。

3. 要根据职工的气质合理安排工作岗位

气质是人的心理活动的动力，不同气质的人有不同的心理活动特征，对人的行为影响较大。因此，企业在选派行车人员时要尽可能地考虑到员工的不同气质，使职工的气质与行车工作的特点相符合，以保证行车安全。气质与工作的对应关系并不是绝对的，只是相对合适而已，见表4-3-1。

表4-3-1　气质与工作的对应关系

气　质	心理特征	工作安排
多血质	活泼好动，富于生机，灵活性强，情绪发生快而多变，思维、言语、动作敏捷，乐观亲切，善交际，稳定性差，浮躁轻率	适合做社交、公关、谈判工作，如销售员、主持人、管理员等
黏液质	沉着冷静，情绪发生慢而弱，思维、言语、动作迟缓，内心少外露、坚毅、执拗、淡漠	适合做持久、严谨、细致、原则性强的工作，如检测、巡道等
胆汁质	情绪发生快而强，言语、动作反应迅速且难于抑制，精力旺盛、直率、热情、果敢、爱冲动、脾气倔、易粗心大意	适合做突击性、开拓性工作，如司机、调度员、管理员等
抑郁质	情绪发生慢而强，善于观察细节，内心体验深刻而外表现不强烈，行动反应迟缓，敏感多疑，胆小、孤僻	适合做研究性工作，如计划、设计、检修等

4. 针对职工不同气质进行行车安全教育和管理

为了保证行车安全，在行车安全管理工作中就职工不同气质类型特点进行有针对性的教育和管理是非常必要的。不同气质类型的人有各自的性情特点，在行车安全管理中，应采取因人施教的原则进行教育和管理工作。

对胆汁质的员工，由于他们工作有热情、精力充沛、动作麻利、完成任务快，应多给予鼓励；但他们暴躁易怒，忍耐性差，在这方面应多提醒和教育。同时，在教育方式上，应注意到他们有思想难以转弯的特点。因此，最好采取既对其严肃教育，又“冷处理”的办法；给他们一定的考虑时间再进行教育，这样有利于毛病的改正。

对抑郁质的员工，由于他们易受挫折，在批评教育上要格外注意方式方法。对他们在工作中取得的成绩，哪怕是微小的成绩也要多给予表扬和鼓励；对他们的缺点和毛病，批评不能粗暴，态度不能强硬，应尽可能做到热情、平等、自然，要耐心细致地开导，批评要避开公开场合，以免挫伤其自尊心。另外，平时应激励和引导他们多参加集体活动，使他们感受到集体这个大家庭的温暖，帮助其克服忧郁、猜疑、孤僻、寡欢等消极心理。

对多血质的员工，他们在工作中常表现出如下优点：热情、有朝气、脑子灵、动作迅速，善于处理人际关系，对这些要给予表扬和鼓励；但他们的注意力和兴趣容易转移，对取得的成绩容易沾沾自喜，待人处事不够稳重，对这些要经常提醒和教育帮助。

对黏液质的员工，他们在工作中常表现出考虑问题周到，做事认真细致的优点，应给予表扬和鼓励；由于他们缺乏灵活性，反应缓慢、内向，平时应多关心他们，多与他们交谈，以取得他们的信任，掌握他们的思想状态。在批评和提出要求时，要给他们充足的考虑问题的时间，不能急于要求他们表态。

表 4-3-2 所示为气质类型特征与对待方法。

表4-3-2　气质类型特征与对待方法

气　质	行 为 特 点	对 待 方 法
多血质	豁达大度、接受能力强、反应灵活	直截了当地建议、批评
黏液质	沉着、冷静、反应慢	耐心说服、开导
胆汁质	积极主动、容忍力强	有说服力地批评、建议
抑郁质	敏感内向、脆弱、冷淡、孤僻	不能直接公开地建议、批评、训斥，应因势利导，在感情上关心、在工作中予以帮助

五、性格与行车安全

人的性格与行车安全有极为密切的关系。有资料表明，对公共汽车司机而言，事故发生率最低的并不是技术最好的司机。由于交通环境复杂，司机操作紧张，除了要求司机有高超娴熟的驾驶技术外，还要求他们有良好的性格，尤其是良好性格的情绪特征（情绪稳定性、持久性、主导心境等方面的特征）。后者在司机身上比其他职业更为重要。

1. 容易引发事故的性格类型

一些研究成果表明，事故的发生率和员工的性格有非常密切的关系，无论技术怎样好的操作人员，如果没有良好的性格特征，也常会发生事故。具有以下性格特征的人，一般容易发生事故。

（1）攻击型人格

具有这类性格的员工，常妄自尊大、骄傲自满，在工作中喜欢冒险，喜欢挑衅，争强好胜，不接纳别人的意见。这类人虽然技术都比较好，但也很容易出大事故。

（2）孤僻型性格

这类员工性情孤僻、固执、心胸狭窄，对人冷漠，其性格多属内向型，与同事关系不好。

（3）冲动型性格

这类员工性情不稳定，情绪起伏波动很大，易受情绪感染支配，易于冲动，因而在工作中易受情绪影响，忽视安全规程。

（4）抑郁型性格

这类员工常常心境抑郁、浮躁不安，由于长期闷闷不乐，精神萎靡不振，导致大脑皮层不能建立起良好的兴奋灶，干什么事情都提不起精神。因此，很容易出现工作失误，进而造成事故。

（5）马虎型性格

这类员工常常工作态度马虎，做事敷衍了事、粗心大意，这往往是造成事故的直接原因。

（6）轻率型性格

这类员工在紧急、困难的情况下或发生异常情况时常表现为惊慌失措、优柔寡断或轻率决定、鲁莽行事，坐失排除故障、消除事故的良机，使一些本可以避免的事故变得不可避免。

（7）迟钝型性格

这类员工思维和反应迟钝、行动缓慢、做事懒惰、不爱操心，这往往也是导致事故发生的原因。

（8）胆怯型性格

这类员工遇事懦弱、胆怯、缺乏主见，不敢坚持原则，人云亦云，不辨是非，不负责任，因此，在某些特定情况下，很容易造成事故。

上述不良性格特征，对行车人员的工作会发生消极的影响，对行车安全生产极为不利。因此，平时对具有不良性格特征的行车人员，要加强安全教育和安全生产督查，尽可能安排他们在发生事故可能性较小的工作岗位工作。对那些较易引发重大事故的工作岗位（如行车调度、信号员、司机等），在聘用人员时必须考核其性格特征。

2. 性格与工作的匹配

在管理中，了解员工的性格特征有利于较好地安排工作，以充分利用职工的性格特征，更好地实现组织目标。心理学家霍兰德（J.Holland）在性格与工作匹配方面做了深入研究。他将性格划分为六种类型，对其特征进行描述，提出了与每一种性格类型相匹配的工作，见表4-3-3。

表4-3-3　霍兰德的性格类型与相匹配的工作

性格类型	性 格 特 征	相匹配的工作
现实型	真诚、持久、稳定、实际、顺从	适合做有规律的劳动工作，如机械师、钻井操作工、农民、装配工、建筑工人等
传统型	顺从、高效、缺乏想象力和灵活性	适合做有序性强、清楚明确的工作，如会计、出纳、档案管理员、秘书、统计员、业务经理等
企业型	自信、外向、有冒险精神、善言辞、精力充沛	适合做能影响他人的工作，如企业管理者、公关人员、推销员、经纪人、律师等
社会型	友好、合作、理解、好交际、关心外界人和事	适合做能够帮助和提高他人的工作，如教师、护士、临床心理学家等
艺术型	想象力丰富、情绪化、不切实际、杂乱无序	适合做创造性强而无章可循的工作，如画家、音乐家、作家、雕刻等
研究型	好奇、独立、有创造性、善于抽象思维	适合做需要思考、理解和组织等智力活动，如数学家、物理学家、生物学家、经济学家、新闻记者等

3. 根据性格差异进行有效的安全管理和教育

在行车安全管理中，不仅要强调行车安全规章制度的建立与实施、员工操作技能的培养和安全意识的加强，而且还要注重员工良好的性格培养。员工具有自信、自尊、自律、坚强、乐观、进取等良好性格，对提高行车安全是非常有益的。

在进行安全教育时对不同性格的员工要采取不同的教育方法，必须认识员工性格的差异性，尤其应重视具有易引发事故的性格类型的职工，针对其性格特点进行帮助和教育。同时，要创造出一个安全运输的工作环境，引导职工以不同方式进行自我修养，如自我分析、自我努力、自我控制等，使员工在行车工作中逐渐形成认真负责、重视安全的优良性格特征。

六、能力与行车安全生产

能力是行车安全生产的保证，在行车安全管理中，应根据员工能力大小、表现早晚，合理地分配其工作，取长补短，充分发挥职工的潜能。具体来说，能力在行车安全管理中的运用体现在如下几方面：

1. 安全管理人员应具备的能力

企业的安全管理工作可以分为组织管理和技术管理两部分。

安全组织管理是针对企业中人的不安全行为所进行的管理，一般包括安全方针目标的确定，规章制度（包括安全生产责任制）的制定与落实，安全生产的监督与检查，安全总结、评比、奖励与惩罚，安全教育与培训等工作。这些工作需要企业行车安全管理人员具有较缜密的思维能力、良好的人际沟通能力、流畅的口头表达能力和明晰的写作能力。

安全技术管理是针对企业中物的不安全状态所进行的管理，一般包括危险源（危险的物质、设备、设施等）的辨识、分析与评价、检测与检验、控制措施等工作。安全技术管理需要安全管理人员既具有相应的技术专业知识和解决实际问题的能力，还要有一定的观察能力和分析能力才能胜任。

2. 了解不同工种或岗位对人员能力的要求

不同的工作岗位或工种，如列车驾驶、列车检修、信号、工务、调度、管理等，其工作内容、特性和要求必然不同，因此它们对能力的要求也不同。在行车安全管理中，要考察、了解各个工种或岗位的工作性质，确定该岗位人员实现安全生产的能力，制定不同的选人和用人标准。

3. 开展职工能力测评，以能选人、以能定岗

在选择或考核职工时，安全知识和技能不是唯一的指标，有可能还会根据工种或工作岗位的要求，采用相应的方式进行能力测评。特别是那些对人的能力有特殊要求的作业或工作岗位，会进行一定的特殊能力测定。通过心理学及能力测试的方法选拔工作人员，既可以招收到适宜的人员，也有利于节省培训经费，提高功效、保证生产和安全。

4. 工作必须与人的能力相匹配

人与人之间的能力差异体现在能力水平和能力类型方面的不同，因此在安排和分配职工工作时，要尽量根据其能力发展水平和能力类型安排适当的工作。能力水平需要与工作要求相适应，存在以下三种情况：

①职工的能力水平超过工作的能力范围要求，会使职工感受到压抑，不满足于现状，工作效果不佳。

②职工的能力水平低于工作能力范围要求，使职工感到无法胜任而过度紧张，从而厌恶工作，影响效果。

③职工的能力水平与工作的能力范围要求相匹配，不但使其得到心理上的满足，把工作做好，而且还有利于处理“非常事件”，以保证生产的安全进行。

5. 进行技术培训和安全教育，提高职工的能力

无论是否被安排了适合自己的岗位，员工均应通过培训提高工作能力。尤其是安全生产知识以及在紧急状态下的应变知识，通过培训让员工掌握，从而增强职工的安全意识和应对突发事件的能力，以保证安全生产。在安全教育中，还会认识到每个人都蕴藏着内部的潜在潜力，即潜能。通过激励和教育手段，充分调动职工潜能，最大限度地保证安全生产。员工人格结构的逐步完善，如自尊、自重、自爱、自强、自律等既可以调动职工的积极性和创造性，同时也可以为轨道运输安全行车保驾护航。

学习笔记

活动训练

直面错误

①目的：练习在职场中面对错误，诚信不推诿，采取直面的态度，承担应有的责任。

②步骤：

- 所有学生围站一圈，人与人之间的距离能够伸开双臂，老师站在圆圈中间。
- 老师发出指令，例如“向右转”“蹲下”“成员报数，说到7的倍数时，改说大家好”等，学生按照老师的指令来做相关的动作（为了加大游戏难度，也可以要求学生做与指令相反的动作）。游戏正式开始之前，可做几次练习。
- 如果有学生出错，出错的学生要主动举手，走到圆圈中间，注视着其他同学，大声地说“对不起，我做错了。”
- 出错的学生道歉之后，退出游戏，在旁观看。

③在活动训练过程中，完成活动训练任务单（见表4-3-4）的填写。

表4-3-4　活动训练任务单

<table>
<tr><td>任务执行人</td><td></td><td>班级名称</td><td></td></tr>
<tr><td>所属小组</td><td></td><td>完成日期</td><td></td></tr>
<tr><td colspan="4">任 务 实 施</td></tr>
<tr><td>理论认知</td><td colspan="3">结合轨道交通行业的职业特征和职业要求学习，可以做如下描述：
从本活动中，我认知到在轨道交通行业中面对出现错误时，我的做法为________________，原因为________________（描述职业特征和职业要求）</td></tr>
<tr><td>情感体验</td><td colspan="3">当我正确完成工作时，感到________________（描述情绪）。
当我出现错误时，感到________________（描述情绪）。
当我在同学面前道歉时，感到________________（描述情绪）</td></tr>
<tr><td>意志提升</td><td colspan="3">当我出错时，在同学面前表达歉意时，觉得我的勇气提升了________________分（满分10分）</td></tr>
<tr><td>行为表达</td><td colspan="3">通过这项活动，发现我在行为层面有了这些方面的改变：
（比如，原来不敢当众承认错误，通过活动体验，可在出错后勇于承担责任）
①________________。
②________________</td></tr>
<tr><td colspan="4">指导老师批阅：

年　月　日</td></tr>
</table>

任务评价

对本任务学习目标的达成情况进行评价，见表4-3-5。

表4-3-5　任务评价表

评价内容	评价标准	分数	评分记录		
			学生自评	组间互评	教师评分
知识掌握	理解轨道交通行业职业特征和职业要求	10			
	掌握人格结构对行车安全的影响	10			
能力应用	能将个性特征与轨道交通行业员工的职业特征进行对比	30			
	提升个体职业自我觉察能力	30			
素质养成	在日常学习生活中主动培养符合轨道交通行业员工职业特征和职业要求的人格	10			
	熟悉职业特点，培养敬业爱岗的职业品质，将社会主义核心价值观内化为精神追求、外化为自觉的职业行动	10			
总　分		100			

项目五

学习情绪管理　优化职业情商

项目描述

本项目对情绪的定义及其组成成分、分类、功能、影响因素等理论知识进行了系统介绍，明确了良好情绪的标准及大学生情绪常见问题。同时，也提供了一系列良好情绪的培养方法，旨在帮助大学生认识情绪、了解情绪、把握情绪，提升自身情绪管理能力，学会做情绪的主人，为未来的职业胜任打好坚实基础。

思维导图

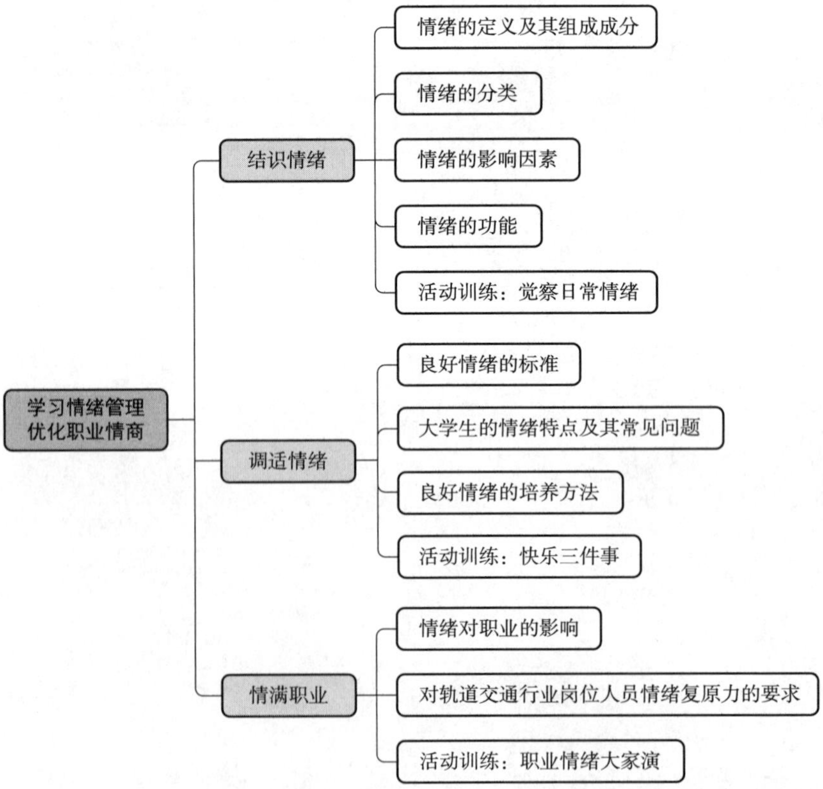

音频

学会管控情绪

趣味导读

从古至今，情绪管理能力始终是个体在人生道路上稳步前行的重要保障。在日常生活中，我们总是会面对各种情境，迎接不同挑战，而在此过程中，我们的情绪总会不自觉地产生起伏波动。此时，学会做情绪的主人，才能保持冷静，在面对压力和挑战时充分发挥自身的优势。通过了解情绪的相关知识让自身接纳多样情绪、学会管理情绪，实现个人心态的良好调适，进而提升个人情商，开启美好生活。

任务一　结识情绪

情境导入

在一个阳光明媚的早晨，小明背着书包欢快地走在去学校的路上。微风轻拂着脸庞，小明的心情就像这美好的天气一样舒畅。来到教室，同学们正在热烈地讨论着昨天的足球比赛，小明也兴奋地加入其中。这时，小刚走了过来，不小心撞掉了小明桌上的书。小明瞬间感到有些生气，眉头微微皱起。在短暂的时光中，小明体验到了各种各样的情绪，这些情绪就像一个个神秘的小伙伴伴随在小明的身旁。你们在生活中是否也有过类似的经历？

学习目标

知识目标：

了解情绪的定义及其组成成分、分类与功能。

能力目标：

具备良好调节情绪的能力。

素质目标：

以乐观态度迎接学习与生活，树立正确人生观和价值观，以积极态度敬业爱岗，调节自身情绪，不断提升社会化文明水平。

任务描述

能够准确识别生活中的常见情绪。结合生活体验认识不同情绪所对应的表情特征。

合理认识情绪。意识到积极情绪与消极情绪均有其存在意义。

学习影响情绪的因素。结合主、客观两方面因素对不同情绪的出现进行分析。

任务分析

通过学习情绪的概念、分类、功能等，了解到情绪的多样性及各种情绪存在的合理性，能够对不同情绪树立正确认识，结合影响因素分析各种情绪的成因，为培养良好调控情绪能力打下基础。通过完成认识情绪的学习活动训练，提升个体对自身情绪种类、产生等方面的认识，达到帮助个体认识情绪、了解情绪进而调控情绪的知识、能力、素质目标。

相关知识

一、情绪的定义及其组成成分

1. 情绪的含义

情绪是我们内心世界的多彩画卷，时刻体现着我们对外在世界的反映。情绪就像是一阵风，无形却能真切地被我们感受到。它可能是喜悦，如春日里绽放的花朵，灿烂而温暖；也可能是悲伤，似秋日里飘落的树叶，带着淡淡的哀愁。情绪是我们内心复杂而微妙的体验，它涵盖了喜悦、悲伤、愤怒、恐惧等多种状态。了解情绪的含义，有助于更好地认识自己，管理情绪，以更为健康积极的心态面对生活中的挑战。

在现代汉语词典中，情绪被定义为“人从事某种活动时产生的兴奋心理状态，或指不愉快的情感”。心理学家彭聃龄认为情绪和情感是人对客观事物的态度体验及相应的行为反应，它的产生离不开客观事物，也离不开个体的主观认知。情绪的产生以个体的愿望和需要为中介，当客观刺激满足个体需要时，便会引发个体产生积极情绪，反之个体则会出现消极情绪。比如，当我们取得成功时，喜悦之情便会涌上心头；而当我们遭遇不公时，愤怒则会瞬间爆发；当面对未知事物、危险情境或巨大压力时，恐惧则会悄然降临，警示我们远离风险、谨慎行事。情绪是十分复杂的，它是一种躯体和精神上的复杂应变模式，包括生理唤醒、行为反应等诸多组成成分。

2. 情绪的组成成分

心理学家认为，情绪由以下三部分组成：生理唤醒、外部表现和主观体验。

（1）生理唤醒

生理唤醒是指情绪产生的生理反应，它涉及广泛的神经结构。在情绪外周理论的观点中，情绪产生的起点便是生理唤醒。刺激情境会引起个体内脏器官的生理唤醒水平发生变化，进而引发情绪的产生。这一理论的代表人物詹姆士（James）和兰格（Lange）认为情绪只是一种身体状态的感受，先有机体的生理变化，而后才有情绪。比如，当在路上见到一只正在吠叫的狗时，我们的肾上腺激素会飙升，而激素的飙升则会引发我们体验到“恐惧”这一情绪。不同的情绪有着不同的生理变化，其生理机制就是大脑皮层的不同神经元产生兴奋，皮下中枢，包括海马、丘脑和脑干网状结构不断传递和反馈信息，协调和支持脑的激活水平和情绪状态。当人们处于愤怒情绪中时，血压会急剧上升，心跳明显加快，呼吸也变得急促起来。而当人们沉浸在悲伤情绪里时，身体的各项机能似乎都变得迟缓。心跳可能会变慢，呼吸也变得沉重而缓慢。喜悦情绪则带来完全不同的生理变化，身体会感到轻松、充满活力。心跳可能会稍微加快，但与愤怒和恐惧时的剧烈不同，这种加快是兴奋的表现。

（2）外部表现

外部表现又称“表情”，是在情绪状态发生时身体各部分动作的量化形式，包括面部表情、姿态表情和语调表情。面部表情是指通过眼部肌肉、口部肌肉等面部肌肉的变化来表现各种情绪状态。姿态表情可以分为身体表情和手势表情，在个体情绪异常激动时，往往会无法抑制地手舞足蹈，这便是姿态表情的直接展现。语音语调也是表达情绪的重要形式，是个体间情绪传递的重要工具，语调的高低、快慢、强弱等都可以表达不同的情绪。当我们感到疑惑时，语调往往会不自觉地上扬，而当我们感到愤怒时，音量往往会提升。

（3）主观体验

主观体验是个体对不同情绪状态的自我感受，是个体的主观意识经验，带有浓厚的主观色彩。情绪体验是一种主观感受，不同个体对同一刺激也可能产生不同的情绪。比如，面对下雨天，喜欢下雨氛围的人会觉得雨滴落下的声音很美妙，空气也格外清新，心情变得格外舒畅，甚至会特意出门去感受雨中的惬意；但对于那些不喜欢下雨天出门不便、到处湿漉漉感觉的人来说，就会心生烦闷、情绪低落，只想待在室内躲雨。因此，围绕情绪体验的研究一般采用自我报告的方法。

二、情绪的分类

不同学者从不同角度出发对情绪进行了划分，这里将介绍两种情绪的分类。

1. 基本情绪和复合情绪

从生物进化的角度看，人的情绪可以分为基本情绪和复合情绪。

（1）基本情绪

美国心理学家克雷奇（Krech,1980）将快乐、悲哀、愤怒和恐惧看作四种基本情绪（basic emotion）。基本情绪是人与动物所共有的，在产生方面具有共同的原型或模式。此类情绪属于先天性质，无须学习便可自然呈现。每种基本情绪都具备独特的神经生理机制、内在体验以及外在表现形式，同时还拥有各不相同的适应功能。现代情绪理论认为，基本情绪包含快乐、愤怒、恐惧、悲伤这四种基本形式。它们具有先天性，在不同文化背景下都能被识别。

①快乐。快乐是一种盼望的目的达到后，紧张被解除时的情绪体验。从生理层面来看，当人感到快乐时，

大脑会分泌一些神经递质，如多巴胺、内啡肽等。这些递质的分泌能够为我们带来愉悦感和满足感，让我们体会到一种“奖励性”的快乐；从心理角度讲，快乐往往与个体的需求得到满足有关。这可能是物质需求，比如拥有了心仪已久的物品；也可能是心理需求，例如获得他人的认可、尊重和关爱。同时，快乐也与个人的价值观紧密相连。对于热衷于知识探索的人来说，解开一道难题或者读完一本有深度的书籍所带来的精神上的满足，就是快乐。适度的快乐体验可以帮助个体放松身心，有利于个体的长期发展。

②愤怒。愤怒是一种强烈的情绪反应，它通常包含着对某种被认为不公平、不合理或者具有威胁性的情况的不满和反抗。从生理角度讲，当一个人愤怒时，肾上腺素等激素会大量分泌，使心跳加速、血压升高、呼吸变得急促，身体会自动进入“战斗或逃跑”模式；从心理层面看，愤怒的产生往往源于个体的期望、价值观或者权益受到了侵犯。例如，一个人辛苦工作了很久的成果被别人窃取，他会感到愤怒，因为他的权益没有得到保障。同时，愤怒也可能是因为对自身或者他人的行为感到失望或不满。如果一个人一直信任的朋友背叛了他，这种信任的崩塌会引发强烈的愤怒情绪。愤怒可以成为推动人们维护公平正义、保护自身权益的动力，但也容易失控从而对自己、他人造成伤害。

③恐惧。恐惧是当个体面对真实或想象中的威胁时所产生的情绪体验。从生理方面来说，当人感到恐惧时，大脑中的杏仁核会被激活。杏仁核就像是身体的警报系统，它会迅速发出信号，让身体进入高度紧张状态，对周围的任何风吹草动都保持高度警惕；从心理层面看，恐惧的产生常常源于对未知事物的不确定性或者对危险的预估。例如，人们对黑暗往往会有恐惧情绪，因为黑暗隐藏了很多视觉信息，人们不知道黑暗中有什么潜在的危险，这种不确定性就会引发恐惧。另外，恐惧也可能是通过学习或者记忆获得的。如果一个人曾经有过被狗咬伤的经历，那么他再次看到狗时，可能就会产生恐惧情绪，因为过去的痛苦记忆被激活了。

④悲伤。悲伤通常会在个体遭遇损失、挫折、不幸或者对某种事物感到失望时产生。从生理层面出发，悲哀情绪被触发时，人的面部肌肉会松弛，嘴角可能会不自觉地下垂，眼神失去光彩，显得黯淡无神。同时，可能也会伴有轻声的叹息或者哭泣；从心理层面出发，悲哀往往源于对失去的感知。这种失去可以是具体的，如失去了财物、工作机会等，也可以是抽象的，如一直以来追求的梦想无法实现。适度的哭泣可以帮助我们宣泄压力，但如果悲伤情绪长期得不到缓解，就会对个体的心理状态、社会功能等产生消极影响。

（2）复合情绪

复合情绪（complex　emotion）是指那些由基本情绪的不同组合而派生出来的情绪，如焦虑、嫉妒、内疚与羞耻等。焦虑是一种常见的复合情绪，它包含了恐惧和担忧的成分。当人们面临不确定的情境，比如即将参加一场重要的考试却不知道自己准备得是否充分时，就会产生焦虑情绪。内疚也是一种常见的复合情绪，当一个人做了违背自己道德准则或者伤害到他人的事情后，会因为自己的行为给他人带来了不好的影响而感到悲伤，内心充满了自责。同时又会恐惧他人知道这件事后对自己产生不好的评价，或者害怕受到相应的惩罚，悲伤和恐惧情绪相交，形成了内疚的情绪体验。

2. 心境、激情和应激

依据情绪发生的强度、持续性等，可以把情绪分为心境、激情和应激三种，其特点和示例见表5-1-1。

表5-1-1　心境、激情和应激

情绪	特　点	例　子
心境	平静、微弱、持久，具有弥散性和长期性	①人逢喜事精神爽； ②忧者见之则忧，喜者见之则喜； ③感时花溅泪，恨别鸟惊心
激情	强烈、短暂，具有爆发性及特定指向性，可能积极、可能消极	①范进中举； ②怒发冲冠、拍案而起； ③暴跳如雷、喜极而泣
应激	出乎意料、急速、高度紧张。积极：急中生智；消极：惊慌失措	①突发地震时的反应； ②急刹车

（1）心境

心境（mood）是带有某种倾向性的、比较平静而持久的基础情绪状态，它不像激情那样来得迅猛又强烈、转瞬即逝，而是以一种比较平和、缓和的方式存在着，并且能够持续较长的时间，短则几天，长则数月甚至更久。处于积极心境时，人们往往更倾向于看到事物好的一面，思维也更加开阔、灵活，做决策时可能更果断、大胆；处于消极心境时，人们可能会把事情想得比较糟糕，行为上也会变得消极、退缩，比如，原本打算参加的社交活动也不想去了，觉得没什么意思。

（2）激情

激情（intense emotion）是一种强烈的、爆发性的、为时短促的情绪状态，往往会让个体在短时间内达到情绪的高峰。比如，当自己支持的球队在比赛的最后一刻绝杀获胜时，球迷会瞬间爆发出震耳欲聋的欢呼声，他们可能激动得热泪盈眶、又蹦又跳，整个身体都处于高度兴奋的状态，这种强烈的情绪反应就是激情的典型体现。

在积极状态下，激情可以成为一种强大的动力。运动员凭借比赛时的激情，能够超常发挥，突破自己以往的成绩；艺术家在创作时有了激情的加持，往往能灵感泉涌，创作出极具感染力的优秀作品。然而，在消极状态下，比如过度的愤怒、悲伤等情绪爆发时，人们可能会做出一些冲动、不理智的行为，从而给自己或者他人带来不良的后果。因此，激情这种情绪状态虽然短暂，但其影响却不容小觑，需要正确地认识和把握。

（3）应激

应激（stress）是出乎意料的紧张与危险情景所引起的情绪状态，是人对某种超出自己应对能力的环境刺激（压力源）做出的适应性反应。比如，突然面临的重大考试、意外的交通事故、自然灾害等。应激是一种复杂的心理和生理反应，处于应激状态时，个体往往会感到不知所措，可能会出现注意力集中困难、思维狭窄、决策困难等认知变化。具体而言，其对个体的影响取决于压力源的性质、个体的应对能力以及应对方式等多种因素。可以通过调整认知、进行放松训练等方法降低应激情绪对我们的负面影响，从而良好应对生活中的各种挑战，保持身心健康。

三、情绪的影响因素

情绪是一种复杂的心理现象，会受到多种因素的综合影响。美国心理学家沙赫特提出的情绪三因素理论认为，情绪的产生会受到三种因素的影响：刺激因素、生理因素和认知因素。其中，认知因素起着至关重要的作用。

1. 客观刺激因素

客观刺激因素是引发情绪反应的外部事件或环境因素，它可以是具体的事件、他人的行为或环境中的变化，它们通过感官输入信息，直接激发人的情绪反应。例如，一句真心的夸赞会带来喜悦，而一句伤人的话则会引发悲伤。刺激的强度、持续时间及与个体的关系都会影响情绪反应的强弱和性质。

（1）刺激的强度

客观刺激的强度会对个体情绪反应的强弱产生影响。当刺激强度较大时，往往会引发比较强烈的情绪反应，例如，范进在得知自己中举后喜极而疯；而微弱的刺激引发的情绪反应通常会较为平和，比如，在安静的图书馆里，旁边的人轻微地咳嗽一声，这种微弱的刺激可能只会让人稍微皱下眉头。

（2）刺激的持续时间

刺激的持续时间同样会对情绪反应产生影响，短暂的刺激可能只会引发一时的情绪波动，例如，在看电影中的恐怖镜头时，在短暂的几分钟内，刺激是很强烈的，观众会感到害怕，可能会紧张得心跳加速、握紧拳头。但是当片段结束后，情绪会逐渐平复；而如果刺激持续时间较长，情绪反应也会更持久，并且可能会逐渐累积。例如，长期处于一个噪声很大的环境中，人们最初可能只是感到烦躁，随着时间的推移，这种烦躁情绪可能会不断加剧，还可能引发愤怒、焦虑等更复杂的情绪。

（3）刺激与个体的关系

情绪的产生与客观刺激与个体的关系密切相关，当刺激与个体自身利益、价值观或情感联系紧密时，情绪反应会很强烈。例如，自己支持的球队在关键比赛中输了，对于球迷来说，由于对球队的热爱和情感投入，会感到非常失落；而当刺激和个体没有太多关联时，情绪反应通常比较微弱。例如，在新闻上看到国外发生的一场自然灾害，虽然会产生同情的情绪，但相比自己亲身经历地震等自然灾害时的恐惧和惊慌，这种情绪要淡得多。

2. 生理因素

生理因素是指个体的身体状况和生理反应对情绪的影响。情绪与神经系统、内分泌系统密切相关，生理状态的变化会直接作用于情绪体验。不同的生理条件（如疲劳程度、荷尔蒙水平、健康状态等）会显著影响情绪的强度和表现。疲劳是一种常见的生理状态，当我们感到疲劳时，身体的能量水平下降，大脑的反应速度变慢，情绪也会受到影响。例如，长期的疲劳可能导致情绪低落、缺乏动力，甚至出现抑郁症状。自身的健康状态也会对情绪产生影响，当生病时，身体的不适会使我们更容易感到痛苦和焦虑，而长期的疾病则可能导致抑郁等情绪问题。生理因素对情绪的影响是不可忽视的。我们应该关注自己的身体状况，保持良好的生活习惯，如充足的睡眠、适度的运动、合理的饮食等，以维持良好的情绪状态。

3.认知因素

视 频

认知对情绪的影响

认知因素是指个体对事件的解读、评价和思考对情绪的调控作用。情绪并非单纯由外部刺激决定，而是经过认知加工后产生的。对于同一事件，不同的认知方式会引发不同的情绪反应。例如，面对一场失败，有人可能将其视为自我能力的不足而感到沮丧。这种认知方式往往是基于对自我的严格要求和高期望，当结果没有达到预期时，就会产生自我怀疑和否定的情绪。而另一些人则可能认为这是成长的机会，从而产生积极的情绪。这些人具有更加积极乐观的认知模式，他们善于从失败中寻找教训和启示，将其视为提升自己的契机。他们会反思自己在过程中的不足，制订改进的计划，充满信心地迎接未来的挑战。这种积极的认知方式能够激发他们的斗志，让他们在面对困难时保持乐观向上的态度。

认知因素在情绪的产生和调节中起着至关重要的作用。我们可以通过改变自己的认知方式，来更好地应对生活中的各种事件，从而调控自己的情绪，保持良好的心理状态。例如，当遇到挫折时，可以尝试从不同的角度去看待问题，寻找积极的方面，培养乐观的心态。同时，也可以通过学习和实践，不断提升自己的认知能力，更加理性地对待生活中的各种挑战，让自己的情绪更加稳定和健康。

四、情绪的功能

作为人类心理活动的重要组成部分，情绪不仅仅是一种体验，也具有多方面的功能，对个体的生存与发展、社会的协调与进步具有重要意义。情绪的功能主要体现在以下四方面：

1. 适应功能

情绪是生物进化的产物，许多情绪反应如恐惧、愤怒、喜悦等，都具有明显的适应价值。不同的情绪能够帮助个体了解自身或他人处境,适应社会的需求,应对环境的变化。情绪能够快速、自动地引导个体对环境中的刺激做出反应。例如，恐惧能让人避开威胁，愤怒能促使人应对挑战，喜悦则有助于维系积极的社会关系。不同情绪反应在不同情境下帮助个体调整行为，以适应环境的需求，促进个体的生存与发展。

2. 动机与唤醒功能

情绪能激励人的活动,提高活动效率，使人更专注、更高效地应对任务和挑战。情绪能够激发个体的内在驱动力，引导行为朝着特定目标前进。例如，期盼某一件事情成功时，会产生积极情绪，这种情绪会推动个体努力实现目标。同时，情绪的强度会影响唤醒水平，从而影响行为效率。耶克斯-多德森定律表明，适度的情绪激活可以提高注意力、记忆力和反应能力，而过度或不足的情绪唤醒可能导致效率下降。因此，应设置适当的情绪唤醒水平，以应对不同难度的挑战。

3. 组织功能

情绪的组织功能主要体现在其对认知和行为的协调作用。情绪能够影响个体的信息处理方式和决策过程，指导人们选择合适的行为策略。积极情绪通常增强创造性思维和全局性信息加工，而消极情绪则促进细致的分析和谨慎的决策。此外，情绪还可以调节生理系统和行为方式，使个体更有条理地应对挑战。

4. 社会功能（信号功能）

在社交活动中,情绪（特别是表情）能够传递信息和沟通思想，对社会行为产生一定影响。积极情绪有助于建立和巩固社会关系，而消极情绪则可以表达需求或对他人行为做出反馈。此外，情绪也在团队合作和社会群体的行为协调中扮演重要角色。例如，集体喜悦能增强团队凝聚力，而集体愤怒则可能会推动社会变革。

学习笔记

活动训练

觉察日常情绪

①目的：通过觉察自己日常的情绪，帮助学生更好地理解情绪体验。

②步骤：

- 每位学生在纸上写出20种情绪，从中选出10种自己经常出现的情绪。
- 在这10种常用情绪中看一下正向情绪和负向情绪各有多少。
- 从负向情绪中选出3～5种，针对每一种情绪写一下自己经常在什么情况下会出现，并写出自己常用的解决方法。
- 小组组员讨论，针对负面情绪，大家都会采取哪种方式解决，挑选出比较合理的方法形成小组观点。
- 每组派一名代表，分享介绍小组讨论结果。

③在活动训练过程中，完成活动训练任务单（见表5-1-2）的填写。

表5-1-2　活动训练任务单

任务执行人		班级名称	
所属小组		完成日期	
任务实施			
理论认知	结合情绪的基础知识学习，我可以做如下描述： ①我的正向情绪为________；我的负向情绪为________。 ②面对负面情绪，比较合理的方法为________		
情感体验	当我回忆自己的日常情绪时，感到________（描述情绪）。 当我找出自己常用的应对负面情绪的方法时，感到________（描述情绪）。 当我发现同学跟我有着相同或者相似的负面情绪时，感到________（描述情绪）		
意志提升	当我觉察很多负面情绪都有合理的解决方法时，觉得面对困难的勇气提升了________分（满分10分）		
行为表达	通过这项活动，发现我在行为层面有了这些方面的改变：（比如，原来面对负面情绪不知道怎么做，通过活动体验，可尝试去积极调节负面情绪） ①________。 ②________		
指导老师批阅： 年　月　日			

任务评价

对本任务学习目标的达成情况进行评价，见表5-1-3。

表5-1-3　任务评价表

评价内容	评价标准	分数	评分记录		
			学生自评	组间互评	教师评分
知识掌握	了解情绪的定义、组成成分等相关基础知识	10			
	了解影响情绪的因素	10			
能力应用	能分析自身不同情绪产生的原因	30			
	能良好调节自身情绪唤醒水平，更有条理地应对挑战	30			
素质养成	正视不同情绪的双面性，以辩证的态度看待情绪	10			
	树立正确人生观和价值观，以良好情绪应对生活，不断提升社会化文明水平	10			
总　分		100			

任务二　调适情绪

情境导入

日常生活中，我们的情绪就像天气一样，时而晴朗、时而阴霾，总是处于不断地变化之中。有时候，一个小小的意外就能让我们的情绪从高峰跌入低谷；也有时候，一句温暖的话语又能让我们从沮丧中重新振作起来。那么，当面临这些情绪的起伏时，该如何应对？

学习目标

知识目标：

了解良好情绪的标准、大学生情绪特点及良好情绪的培养方法，培养健康情绪。

能力目标：

能够正确认识和把握情绪、合理宣泄和控制自己的情绪，运用相关方法完成情绪调适。

素质目标：

培育良好情绪素质，促使个体德智体美劳全面发展，提升职业岗位情绪胜任力。

任务描述

了解良好情绪的标准，能够对自己的情绪现状做出评价。

学习大学生情绪特点及常见情绪问题，结合自身现状，探索情绪调节方法。

学会良好情绪培养的方法，回顾自身情绪调适模式，寻找良好情绪宣泄途径。

任务分析

通过学习良好情绪的标准、大学生情绪特点及其常见问题，了解良好情绪的不同方面，并依据相应标准对自身现状做出评价，能结合自身现状及所学专业岗位要求探索情绪调节的方法，良好解决现实生活中的情绪难题。通过完成良好情绪培养方法的学习活动训练，提升个体情绪调节能力，达到以稳定、积极的情绪状态应对学习中的各种挑战和压力，增强职业竞争力，实现个人在职业生涯中的持续成长和进步的职业发展目标。

相关知识

情绪，如同我们内心世界的晴雨表，时刻反映着我们的心理状态。了解良好情绪的标准，对于保持心理健康、提升生活质量以及实现个人成长具有至关重要的意义。

一、良好情绪的标准

1. 正确的情绪表达

正确的情绪表达是良好情绪的重要标准之一，有良好情绪的个体能对外界环境或刺激的影响产生正确反应，善于准确表达自己的情绪感受。我们每个人在生活中都会经历各种各样的情绪起伏，快乐、悲伤、愤怒、恐惧等。如果不能准确地识别和表达这些情绪，它们就可能在我们内心深处积压，久而久之，可能会引发心理问题。在人际关系中，正确的情绪表达也起着至关重要的作用。当我们与他人相处时，能够准确地表达自己的情绪感受，可以让对方更好地了解我们的需求和想法，促进沟通和理解。此外，正确的情绪表达同样有助于更好地适应外界环境。例如，当面对学习中的压力时，通过合理的渠道表达自己的焦虑，如与同学交流、寻求老师的支持等，可以帮助我们缓解压力，找到更有效的学习方法。

2. 适度的情绪反应

适度的情绪反应是良好情绪的另一个重要标准，情绪反应过度或不足都可能会对我们的身心健康和人际关系产生负面影响。情绪反应过度往往表现为对一些小事过度敏感、反应强烈。例如，因为别人的一句无心之语而大发雷霆，或者因为一点小挫折就陷入极度的沮丧和绝望之中。这种过度的情绪反应不仅会让自己陷入痛苦之中，还可能会伤害到身边的人。而情绪反应不足则可能表现为对重要的事情缺乏应有的关注和反应。比如，在面对批评、失利等情况时，表现得过于冷漠或麻木，这可能是一种心理防御机制的过度使用，但长期下去并不利于自身的进步。

为了做到适度的情绪反应，需要提高自身的情绪觉察能力。时刻关注自己的情绪变化，了解自己在不同情境下的情绪反应模式，以便在情绪出现波动时及时进行调整。同时，还可以通过学习情绪管理的技巧，如深呼吸、放松训练、积极思考等，来帮助我们更好地控制自己的情绪反应。

3. 较强的情绪转移能力

较强的情绪转移能力是良好情绪标准的重要组成部分，在日常生活中，不可避免地会遇到悲伤等负面情绪，如果无法及时将这些负面情绪进行转移，它们便可能长期困扰我们，对我们的身心健康产生影响。拥有较强情绪转移能力的个体虽然会产生一些消极情绪，但会表现出较高的耐受性和平衡性，不会因负面情绪的出现影响或改变自己的目标和正常的学习生活。一方面，情绪转移能力能够帮助个体从负面情绪中走出来。当遇到不开心的事情时，相比于一直沉浸在悲伤或愤怒之中，情绪转移能力较强的个体会积极地寻找方法来转移注意力，缓解负面情绪。例如，当因为与朋友发生争吵而感到生气时，可以去做一些自己喜欢的事情，如看电影、听音乐、读书等，让自己的心情逐渐平复下来。另一方面，情绪转移能力能够帮助个体将负面情绪转化为积极的动力。比如，当因为身体不适而感到焦虑时，可以通过积极地调整生活方式、加强锻炼等方式来改善身体状况，从而缓解焦虑情绪。

4. 符合学生或者年龄身份的情绪特征

个体的情绪特征符合学生或者年龄身份的情绪特征也是良好情绪的重要指标之一，不同的年龄阶段和身份角色有着不同的情绪特点和需求。如果个体所表现出的情绪与其所处年龄阶段应有的情绪不相符，如过度抑郁，则需要引起关注、加以重视。

二、大学生的情绪特点及其常见问题

1. 大学生的情绪特点

（1）丰富性和复杂性

大学生正处于身心快速发展的时期，他们的情绪体验极为丰富。在学习过程中，会因取得优异成绩而感到

喜悦和自豪，也会因考试失利而产生沮丧和焦虑。在社交方面，大学生的情绪也丰富多彩。他们会在交到志同道合的朋友时感到快乐和安心，在与朋友发生矛盾或被群体孤立时体验到孤独、伤心和愤怒。

大学生的情绪不仅种类多样，而且层次复杂。他们的情绪往往不是单一的，而是多种情绪交织在一起。例如，在准备重要比赛时，他们可能既感到紧张又充满期待。紧张是因为担心自己不能很好地发挥，而期待则是源于对成功的渴望和对自我价值的追求。

（2）强烈性和冲动性

大学生的情绪就像暗流涌动的潮水，一块小石子也可能会激起大浪花。例如，在观看体育比赛时，他们会为自己支持的队伍欢呼雀跃，情绪高涨，甚至会大声呐喊、手舞足蹈；而如果队伍输了比赛，他们可能会情绪低落，甚至愤怒地指责裁判或者对方队伍的某些行为。

由于大学生的情绪强烈，加上他们的心理尚未完全成熟，情绪容易冲动，可能会在情绪的驱使下做出一些不理智的行为。例如，在与同学发生矛盾时，可能会因为一时的愤怒而口不择言，说出一些伤害对方的话。这种冲动性的情绪行为可能会给自己和周围的人带来十分不良的后果。

（3）波动性和不稳定性

大学生的情绪往往并不稳定，波动频繁，容易受到各种因素的影响。从学习方面来看，一次课堂提问的回答情况、一门课程的成绩公布等都可能会使他们的情绪在短时间内发生变化。生活中的小事也会引起情绪波动。例如，天气的好坏、食堂饭菜的质量等都可能会对其情绪产生影响。

（4）掩饰性和内隐性

随着年龄的增长和社会经验的增加，大学生开始学会掩饰自己的情绪。在一些场合，他们可能会隐藏自己真实的情绪，展现出符合社会期望或者场合要求的情绪。而在面对家人和朋友时，他们也可能会掩饰自己的情绪。比如，为了不让父母担心，在电话中可能会隐瞒自己在学校遇到的困难和挫折，用轻松愉快的语气和父母聊天。

大学生的情绪还表现出内隐性的特点。他们会把一些情绪深埋在心底，不轻易表露出来。这种情绪的内隐性反映了大学生的心理正在逐渐走向成熟，同时他们对自我情绪的控制能力也在逐渐增强，相较于高中阶段有了一定的提升。

2. 大学生情绪的常见问题

（1）焦虑情绪

①学业焦虑。大学的课程难度和学习压力相比中学阶段有了显著提升，对于自主性、自制力的要求也更强。许多大学生会为自己的学业成绩感到焦虑。例如，面对复杂的专业课程，如高等数学、电工技术中的一些高难度理论，学生可能会担心自己无法理解知识要点，跟不上教学进度。在考试周，这种焦虑情绪会更加明显，他们会担心挂科，影响自己的评奖、评优或者毕业。

②社交焦虑。相比于高中，大学生活中的社交场合变多了，这对一些性格内向或者不擅长社交的学生来说是一个挑战。他们可能会在寝室相处、参加社团班级活动或者与陌生人交流时感到紧张和不安。例如，在社团招新面试中，很多学生因为害怕自己表现不好，不能被社团录取，会出现心跳加速、说话结巴等现象。社交焦虑同时体现在人际关系的维护上。部分学生担心自己在与朋友、室友相处过程中会发生矛盾，或者不被他人接受和喜欢。这种焦虑可能会使他们在社交场合中过于在意别人的看法，行为变得拘谨，甚至会主动回避一些社交活动，长此以往，会影响个体的社交能力和心理健康。

③未来焦虑。由于未来的未知与不确定，大学生也会因不知道其未来如何发展而产生焦虑情绪。他们会担心自己找不到满意的工作，无法适应职场环境。面对激烈的就业竞争，他们可能会觉得自己的专业技能不够扎实，缺乏实践经验。适度的焦虑有利于个体激发前进动力，不断发掘自身潜能，而过度的焦虑则会适得其反，不利于个体身心的健康发展。

（2）抑郁情绪

①环境适应不良导致抑郁。对于刚进入大学的新生来说，环境的巨大变化可能会引发抑郁情绪。从生活环境看，他们离开了熟悉的家乡和亲人，来到一个陌生的城市和校园，需要重新适应宿舍生活、饮食习惯等。例

如，一些南方的学生到北方上学，可能会对北方的干燥气候、不同的饮食口味感到不适应，这种不适应如果长期得不到缓解，可能会让他们产生孤独感和无助感，进而引发抑郁情绪。此外，在学习环境方面，大学的教学方式和学习氛围与中学有很大不同。在中学，学生的学习进度和内容由老师严格把控，而在大学，更多的是依靠学生的自主学习。一些学生可能无法适应这种转变，导致学习成绩下降，从而产生自我否定的情绪，长时间处于这种状态可能会发展成抑郁。

②压力和挫折引发抑郁。大学中的各种压力和挫折是导致抑郁情绪的重要因素。在学业、人际、竞赛等诸多方面的不如意容易引发个体的失落感，此时，如果个体无法及时调整自身，以合理的认知模式看待挫折与压力，这种失落感便会逐渐积累演变成抑郁情绪，甚至对个体的社会功能产生影响。

（3）愤怒情绪

在大学生的情绪特点部分了解到，大学生的情绪具有强烈性和冲动性，这也让他们在日常生活中容易体会到愤怒情绪。大学生的愤怒情绪可能会由学业压力、人际关系、社会现实等因素引起，例如，在寝室中有的同学喜欢熬夜，而有的同学则习惯早睡早起，这种作息时间的差异可能会引发矛盾。当矛盾无法得到妥善解决时，便会引发人际冲突，使个体产生愤怒情绪，甚至做出攻击行为。

三、良好情绪的培养方法

良好的情绪对大学生的身心健康和个人发展至关重要，大学生应该学会管理自己的情绪，培养积极的心态，以更好地应对大学生活中的各种挑战，实现自己的人生目标。

1. 敏锐觉察情绪

能够敏锐觉察情绪是培养良好情绪的前提。首先，要了解自己的情绪模式，能够为自己当时的主要情绪命名，且大概知道各种情绪的前因后果。大学生可以通过回顾自己的日常经历，分析在不同情境下自己的情绪反应。例如，记录下自己在一周内感到快乐、悲伤、愤怒、焦虑等情绪的具体事件，以及当时的情境和自己的反应。通过这样的记录和分析，了解自己容易被哪些因素触发特定的情绪，从而更好地认识自己的情绪模式。同时，可以进行自我反思，思考自己的情绪反应是否合理，是否有更好的应对方式。比如，当因为一次考试成绩不理想而感到沮丧时，反思自己的沮丧情绪是否过度，是否可以采取积极的态度去分析问题、寻找改进的方法。

其次，要提高自身的情绪觉察能力，培养时刻关注自己情绪变化的习惯。在日常生活中，留意自己的身体感觉、思维活动和行为变化，这些都可能是情绪变化的信号。例如，当感到心跳加快、呼吸急促、思维混乱或者行为冲动时，可能意味着自己正处于强烈的情绪状态中。

可以通过冥想、深呼吸等练习来提高情绪觉察能力。在安静的环境中，闭上眼睛，专注于自己的呼吸，感受身体的放松和情绪的流动。当情绪出现时，不评判、不逃避，只是静静地观察它，了解自己当下的情绪状态，敏锐地对情绪进行觉察。

2. 及时调整情绪

当察觉到不良情绪出现时，在接受其存在合理性的同时也要及时采取相应手段对自己的不良心态进行调整，有效调整情绪的方法包括宣泄、转移和暗示等。

①宣泄。宣泄是指将内心的不良情绪通过适当的方式释放出来，从而减轻心理压力。倾诉是一种很好的宣泄方式，可以找朋友、家人等信任的人，把自己心里的烦恼、委屈等情绪一股脑地说出来。比如，当你在学校中遇到了很大的压力，和舍友产生了矛盾，心里非常郁闷时，可以找一个安静的地方，和最好的朋友打个电话，把事情的来龙去脉详细地告诉他。在倾诉的过程中，你会感觉自己心里的负担在一点点减轻。运动也是一种很好的宣泄方法，通过跑步等体育运动可以促使大脑分泌内啡肽，从而释放情绪、改善情绪。书写也是一种宣泄的途径，可以写日记，将自己的情绪变化、产生情绪的事件以及自己的感受都记录下来。也可以是写信，不过不一定要寄出去，只是把自己的情绪通过文字的形式表达在纸上。例如，当你感到很焦虑的时候，坐下来，拿出笔记本，把让你焦虑的事情，以及自己内心的各种担忧都写出来，有助于整理思绪，缓解焦虑情绪。

②转移。转移是指把注意力从引起不良情绪的事物转移到其他事物上，从而使情绪得到缓解。一方面，可

以借助兴趣转移。当情绪糟糕的时候，相比于沉浸其中无法自拔，可以先尝试去做自己喜欢的事情。比如，你喜欢绘画，在感到悲伤的时候，就可以拿起画笔，沉浸在绘画的世界里，将注意力集中在色彩的搭配、线条的勾勒上，暂时忘记那些让你不开心的事情。或者你是一个音乐爱好者，听听自己喜欢的音乐，让自己的情绪随着音乐的节奏而起伏，从而摆脱不良情绪。另一方面，也可以借助环境转移，改变自己所处的环境。如果在一个让你感到压抑的房间里，不妨走出去，去公园、海边或者山上等自然环境优美的地方。大自然的美景能够让人心情愉悦，比如在海边，听着海浪的声音，看着广阔的大海，人的心境会变得开阔，之前的烦恼情绪也会被大海的浩瀚所冲淡。

③暗示。暗示是指通过语言、行为或者环境等因素，对个体的心理和行为产生一定的影响，可能来自自我，也可能来自他人。“肯定式语言”是最常见的自我暗示方式。当感到情绪低落或焦虑时，可以尝试使用肯定的语句来改变自己的思维模式。例如，在准备一场演讲时，可能会感到非常紧张，此时可以对自己说：“我已经做好了充分的准备，我的演讲内容很有价值，我能够自信地表达自己的观点。”这种肯定式的语言能够帮助你增强自信心，缓解紧张情绪。“想象暗示”也是自我暗示的方式之一，在感到焦虑时，可以闭上眼睛，想象一个能够让你感到平静、放松或者快乐的场景。比如，想象自己躺在一片柔软的草地上，阳光温暖地洒在身上，周围是五颜六色的花朵，微风轻轻拂过脸颊。在这个想象的过程中，可以尽可能地调动自己的感官，感受草地的柔软、阳光的温暖、花香的四溢和微风的轻抚。这种想象能够帮助个体从紧张、焦虑等不良情绪中解脱出来，让身心得到放松。

3. 有效表达情绪

培养良好情绪同样要求个体学会正确表达情绪，在适当的时间以合适的方式表达自己的情绪体验。情绪表达有三个原则：时间性原则、同水平原则和无伤害原则。

①时间性原则。时间性原则强调情绪表达要选择合适的时机。在不同的时间，人们对情绪的接受程度和反应可能会有所不同。比如，在上课时，大家正在集中精力学习，此时如果因为个人的一些小情绪，如因为一点小挫折就开始发泄沮丧情绪或者因为一点小惊喜就过度兴奋喧哗，显然是不合适的。这会干扰课程的正常进行，也会给老师、同学留下不好的印象。

②同水平原则。同水平原则是指情绪表达的强度应该与引发情绪的事件相匹配，也就是说，不能因为一个小事件就反应过度强烈，也不能对一个重大事件反应过于平淡。例如，如果老师对你提出了一个小小的建设性意见，你就大发雷霆，这显然是情绪表达强度超出了事件本身的水平。相反，如果自己遭遇了重大的挫折，却表现得好像什么事情都没有发生一样，也是不符合同水平原则的。

③无伤害原则。无伤害原则要求在情绪表达过程中，不能对自己或者他人的身心健康造成伤害。情绪表达不能以牺牲他人的利益或者自己的长期心理健康为代价。比如，不能通过暴力行为、侮辱性语言或者自我伤害的方式来表达情绪。在与他人发生冲突时，要避免使用攻击性的语言，如辱骂或者贬低对方来发泄自己的愤怒。同样，也不能通过伤害自己的身体来表达内心的痛苦。如果感到情绪非常低落或者愤怒，应该采取合理方式进行表达，比如，找一个安静的地方调整呼吸，或者和专业人士倾诉。

4. 创造快乐情绪

在日常生活中，要学会为自己创造快乐情绪。可以通过陶冶性情、培养兴趣，或者参与体育锻炼等方式为自己营造愉快的生活氛围，保持和创造积极快乐的氛围。陶冶性情，犹如在心灵的花园中种下美丽的花朵。阅读一本好书，便是开启一场奇妙的心灵之旅。沉浸在文字的世界里，可以与智者对话，汲取智慧和力量。培养兴趣，则是为生活增添色彩的画笔。当我们投入到自己热爱的事情中时，时间仿佛静止，烦恼也烟消云散。参与体育锻炼，是释放压力、激发活力的有效途径。可以在运动场上尽情挥洒汗水，感受身体的力量和活力。我们应努力让快乐成为生活的主旋律，让积极的心态伴随我们走过每一个美好的日子。

活动训练

快乐三件事

①目的：帮助学生积极发现生活中美好的事物，促进内心和谐平静。

②步骤：

- 全体学生在宽敞的空间随意漫步，感受教室内有趣和美好的部分。
- 跟遇见的同学微笑、点头示意。
- 5分钟后，找其他同学两两分享今天遇到的三件高兴的事情，可以是吃了一顿美味的早餐，也可以是遇见了老朋友……
- 每个人都要找三个其他成员分享三件高兴的事情，而且不能重复，跟每名同学说的都是不同的事情。

③在活动训练过程中，完成活动训练任务单（见表5-2-1）的填写。

表5-2-1　活动训练任务单

任务执行人		班级名称	
所属小组		完成日期	
任务实施			
理论认知	结合健康情绪培养的学习，可以做如下描述： ①我今天遇到的第一件开心的事是________（例如吃了一顿美味的早餐）。 ②我今天遇到的第二件开心的事是________（例如遇见了老朋友）。 …… ③我今天遇到的第九件开心的事是________（例如看到小树发芽了）		
情感体验	当我随意漫步，感受教室内有趣和美好的部分时，感到________（描述情绪）。 当我跟遇见的同学微笑、点头示意时，感到________（描述情绪）。 当我找其他同学两两分享今天遇到的三件高兴的事情时，感到________（描述情绪）		
意志提升	当我发现身边的美好、并表达给同学时，觉得积极的自我对话提升了________分（满分10分）		
行为表达	通过这项活动，我发现在行为层面有了这些方面的改变：（比如，原来不善于发现生活中的美好，通过活动体验，可找到平凡生活中的小确幸） ①________。 ②________		
指导老师批阅： 年　月　日			

任务评价

对本任务学习目标的达成情况进行评价，见表5-2-2。

表5-2-2　任务评价表

评价内容	评价标准	分数	评分记录		
			学生自评	组间互评	教师评分
知识掌握	了解良好情绪的标准、大学生的情绪特点	10			
	学习良好情绪的培养方法	10			
能力应用	能阐述大学生常见情绪问题并找出应对方法	30			
	能正确认识和把握情绪，合理宣泄和控制自己的情绪	30			
素质养成	培养良好的情绪素质，促使个体全面发展	10			
	学会以平和心态应对各项挑战，提升职业岗位情绪胜任力	10			
总　分		100			

任务三　情满职业

情境导入

畅安同学是高铁动车驾驶专业的学生，在专业实习中要在模拟驾驶舱里进行实际驾驶的模拟训练，他觉得自己能以饱满稳定的情绪状态完成驾驶作业。在动车段进行实地参观，听职教科老师讲到：动车组岗位规章制度要求非常严格，当出现紧急事件时容易产生紧张情绪，应急情境中非常容易出现违反规章制度的行为，因此对动车组司机在应激状态下的操作能力要求很高，在上岗前要经过严格的专业训练与考核，保证列车的安全运行。畅安瞬间感到身上的责任重大。

学习目标

知识目标：

明确职业素质中情绪复原力的要求，了解情绪复原力的意义和作用。

能力目标：

增强观察情绪变化的自我觉察能力和情绪控制能力。

素质目标：

培养主动提升情绪复原力的职业素质。树立情绪管理意识，保持积极的工作态度，构建和谐的工作环境和人际关系，感悟中国传统文化对职业情绪的影响力。

任务描述

学习轨道交通行业员工情绪复原力的要求。教师呈现企业相关案例，学生搜集相关案例并分组讨论轨道交通行业人员情绪复原力的要求，教师进行总结。

探索个人职业情绪复原力。学生对照轨道交通行业员工情绪复原力标准，分析自己的现状，找到差距，明确方向。

任务分析

通过学习和明确轨道交通行业员工情绪复原力的要求，增强观察情绪变化的自我觉察能力和情绪控制能力。探索个体职业情绪复原力水平，树立提升个人职业情绪复原力的意识，以保持良好的工作情绪以及和谐的职业人际关系，能结合中国传统文化理解职业情绪与职业情怀，激发工作热情，增强职业归属感。

相关知识

一、情绪对职业的影响

1. 消极情绪对职业的影响

①工作效率降低：情绪困扰会严重影响工作效率。例如，焦虑情绪会导致思维混乱，难以集中精力完成任务，工作进度缓慢，质量下降。抑郁情绪会使人感到疲惫和无力，对工作失去兴趣和热情，导致拖延和消极怠工。

②工作满意度下降：长期的情绪不良会减少对工作的热爱和投入，降低工作满意度，甚至引发职业倦怠。

③工作质量受损：情绪波动会影响工作质量，导致个人和团队的整体表现下降。

④决策失误：情绪困扰会干扰判断力，导致决策失误，可能对工作结果产生负面影响。

⑤人际关系紧张：情绪问题会影响职场人际关系，容易引发误会和冲突，影响团队协作。

⑥职业竞争力下降：情绪困扰会削弱个人的职业竞争力，缺乏自信，错失发展机会。

⑦职业形象受损：情绪失控会损害职业形象，让人对专业性和可靠性产生疑虑。

⑧团队氛围恶化：负面情绪可能在团队传播，破坏工作氛围，减少团队合作和创造力。

⑨影响创造力和创新：情绪不良会限制思维，影响创新能力的发挥，阻碍问题解决。

2. 积极情绪对职业的正面影响

①促进团队合作：积极情绪能够在团队内部产生积极的“情感传染”效应，促进合作和协同作用。

②提升工作效率：积极情绪有助于拓宽思维范围，提高工作效率和创新表现。

③改善人际关系：积极情绪能够促进合作行为，减少冲突，增加人际互动。

④提升工作满意度：积极情绪能够增加对工作的热爱和投入，提升工作满意度。

⑤增强职业竞争力：保持积极情绪的人更愿意不断学习新知识，提升自己的综合素质，从而在职场上更具竞争力。

⑥优化生理系统：积极情绪有助于增强免疫功能，优化生理系统运作，提高身体健康。

3. 应对策略

（1）认知调整

①认识压力源：明确导致焦虑的具体工作压力的原因，有助于更精准应对。

②改变视角：从积极角度看待问题，认识到挑战也是成长的机会。

③设定合理目标：将大目标分解为小目标，逐步实现，避免产生过度压力。

（2）放松技巧

①深呼吸：帮助放松身体，减少紧张感。

②冥想：专注于呼吸或某个平静的画面，清空杂念，放松身心。

③渐进性肌肉松弛：通过紧张和松弛身体各个部位肌肉，帮助放松身体，减轻焦虑。

（3）调整生活方式

①规律作息：保证充足睡眠时间，有助于恢复精力和减少焦虑。

②健康饮食：均衡饮食，多摄入富含维生素和矿物质食物，减少咖啡因和糖分摄入。

③适度运动：定期进行有氧运动，如散步、跑步、游泳等，利于释放压力，改善心情。

（4）社交互动

①分享感受：与亲朋好友或同事分享感受和压力，朋友的支持和理解利于缓解不良情绪。

②加入兴趣小组：参加感兴趣的活动或社团，结交新朋友，拓展社交圈，让生活更加丰富多彩。

（5）寻求专业帮助

①心理咨询：如果焦虑情绪持续严重影响到工作和生活，建议寻求专业心理咨询帮助。

②时间管理：学习有效的时间管理技巧，合理安排工作和休息时间，避免过度劳累。

③职业规划：考虑自己职业发展方向和目标是否符合自己的兴趣和价值观，适时进行调整和规划。

（6）情绪管理技巧

①深呼吸：在情绪快要失控时，深呼吸10秒，帮助缓解紧张情绪。

②合理表达情绪：不要轻易向同事表达情绪，解决不了问题，反而可能加重情绪负担。

③控制脾气：不要轻易发脾气，争执不要超过4句，避免冲动行为。

④积极应对挑战：将挑战视为成长的机会，保持积极的态度和乐观的心态。

（7）合理安排工作时间

避免过度疲劳，保证充足的休息时间。

通过这些方法，可以有效减少情绪对岗位的影响，提升工作效率，保持心理健康。

二、对轨道交通行业岗位人员情绪复原力的要求

1. 紧张应对

紧张应对是指轨道交通行业员工在作业过程中要求精力保持长时间高度集中，且每一环节的操作都需要准确无误，因而会产生紧张的情绪状态，主要来源于时间、责任、操作三方面。下面通过实际案例进行分析。

（1）时间方面

【案例1】某动车组的电连接线夹被烧坏，导致接触网出现故障。为了立即排除故障危险及安全隐患、恢复接触网的功能、保证列车不晚点，接触网维修工刘某接到通知以后，紧急作业，进行检查，发现故障后马上更换烧坏的电连接线夹。应急抢修时对接触网维修工的技术要求高、时间要求紧，规定时间内未完成抢修会影响工作考核和绩效考核。对作业人员的紧张应对能力要求也较高。

案例分析：轨道交通行业员工在面临紧急抢修时，对抢修时间要求很紧，在规定时间内必须出动，抢修成功时间越短越好，这种抢修时间压力会造成工作人员情绪上的紧张感。

（2）责任方面

【案例2】某年农历大年初一，小刘如往常一样凌晨4点准时起床，例行巡视，这是随车机械师出乘前最为重要的一项工作。距离车组正式上线还有60分钟的时间，小刘开始对车组进行全面的巡视检查。每次作业他都会花30分钟时间对组车内、车下状态进行仔细确认，确保车组各关键部位状态良好，各项参数正常，实现车组零故障出库。随车机械师责任重大，要求责任心强，其任务主要是通过系统来监测车体的运行状态，如果出现故障，根据系统提示找出原因，马上排除故障以保障车组正常运行。

案例分析：轨道交通行业员工在面临非正常行车时责任重大，需要及时发现并处理车组故障的原因。这种时间紧张、责任重大的状况会造成情绪上的紧张感。

（3）操作方面

【案例3】某动车组担当的某次列车运行至某站进站前，后受电弓自动降弓，司机未立即按照规定采取停车措施，盲目升前受电弓维持运行，继续进站，导致接触网大面积损坏。

动车组岗位规章制度要求严格，当出现紧急事件时容易产生紧张情绪，违反规章制度，因此对动车组司机在应激状态下的操作能力要求很高。

案例分析：轨道交通行业规章制度要求非常严格，员工在工作过程中要求精力长时间保持高度集中，而且每一步操作都要求做到准确无误，因而易产生紧张的情绪状态。

2. 恐惧应对

轨道交通行业员工恐惧情绪主要来源于工作环境、工作性质、未知情况三方面。下面通过实际案例进行分析。

（1）工作环境

【案例4】某年小寒节气后的第一天0:20，实时气温零下十四摄氏度，正是一天当中最冷的时段。某铁路工务段综合维修工区，高铁线路工已经集合完毕，准备去作业。当天晚上主要的工作是对野外路段的道岔进行综合保养，其中包括水平、轨距、高低以及方向等病害的综合整治。山路崎岖，线路工扛着重型设备前行，沿途观察着周围环境，密切关注蛇虫的出没。

高速铁路线路工长期天窗作业，晚上在野外工作，环境陌生，而且需要走很远的路才能到达工作地点，因此对其恐惧应对能力要求很高。

案例分析：由于野外工作地点距工区比较远，高铁主要行车工种岗位人员要走很远的路才能到达工作地点。野外人迹罕至，时常有蛇、鼠等具有攻击性和毒性的动物出没，工作环境比较恶劣，因此这类作业人员心理上容易产生恐惧情绪，如接触网维修工、电力线路维修工、线路工、桥隧工等。

（2）工作性质

【案例5】某日22:00，在大雪大风的恶劣天气影响下，供电设备发生故障，变配电设备检修工孙师傅发现设备故障问题及时报告，第一时间联系了车站和调度所，携带必要工具材料进入故障地点确认故障性质和影响范围，协助故障抢修。但在抢修过程中，需要接触到高电压，存在一定的安全风险。

牵引变电是将电厂传来的27.5 kV的高压电转到接触网，由于不同作业网点的机电结构存在差异，存在高压、增压危险，需要逻辑清晰、记忆力强、理解力好的人作业。配电是向车站、所内照明用电，存在感应电、增压风险，检修时以检测设备故障为主，出现问题整体更换。变配电设备检修工工作时经常接触到高电压，因此对其恐惧应对能力要求很高。

案例分析：轨道交通行业员工的工作内容，使其常与电打交道，易接触到高电压，存在高压、高速、高危的风险，对生命安全产生一定的威胁，因而会产生心理上的恐惧感，如变配电设备检修工、接触网维修工等。

（3）未知情况

【案例6】随车机械师小赵在动车组驶出动车所之前，从调度室拿到动车组钥匙，进行最后一次出库前的检查作业，确认动车组的技术状态正常后，配合动车组司机把动车开到某站。在行车途中，突然出现不明异物，列车紧急停车，小赵即刻下车查看，耗时 8 分钟将不明异物清理掉，列车恢复运行。动车一旦在行驶途中发生设备故障，随车机械师会在第一时间进行处理排除，确认安全后动车才能开行，因此对其恐惧应对能力要求很高。

案例分析：轨道交通行业员工在列车运行中遇到设备故障需要立即处理，遇到不明异物时也需要立即下车清理异物，确认安全后车辆才能继续前行。个体对未知状况、不明物体等会产生猜测，比较容易产生恐惧感，因此从业人员心理上会产生对未知异物的恐惧情绪。

3. 倦怠应对

轨道交通行业员工在长期的岗位作业中，要重复地做同类型工作，容易产生工作积极性减弱、学习专业主动性降低等情况，大幅影响作业效能和生产安全。

【案例7】车体的安全行驶和正点运行有赖于车载通信设备的优良与正常。作为车载通信设备维修工，必须保证车载通信设备的安全运用，必须加紧对车载通信设备的精心维护。车载通信设备维修工每天的工作主要是车头检查、主机柜检查，工作内容单一、重复，车头车尾来回跑，因此对他们的倦怠应对能力要求很高。

案例分析：轨道交通行业员工倦怠情绪主要源于工作内容。因工作内容单一、重复带来身心倦怠的情绪状态，如车载通信设备维修工、地勤司机、地勤机械师、列控车载信号设备维修工等。

4. 孤独应对

轨道交通行业员工的作业环境有沿线较长、工作空间较封闭、成组作业人员较少且单一的特点，长期在一个岗位或空间内工作易产生孤独感，会有资源不足、少支持的体验，工作自我效能感会降低。

【案例8】普通火车司机由正司机和副司机两人组成，可以相互提醒。地铁在行车过程中，只有一个司机。司机室全程只有司机一个人，行车时不能接打私人电话，不能与人交流，因此对作业人员的独自应对能力要求很高。

案例分析：轨道交通行业员工孤独情绪主要来自工作制度。为了保证注意力高度集中，避免外界干扰，司机驾驶往往都是单人执乘的状态，全程只有一个人操作，在狭小的司机室中只能听见自己的声音，容易产生孤独情绪，如动车组司机、轻轨司机。

5. 挫折应对

轨道交通行业员工常会有具体作业中遇到突发事件及新的技术难题，会在不同的自然环境中遇到各类环境导致的不可控因素，对从业人员来说都是极大的挫折与挑战，需要有稳定的应对资源进行支持。

【案例9】某动车组担当交路任务时，16车司机室占用。21：17左右列车突然紧急制动停车，动车组司机师傅立刻呼叫随车机械师，随车机械师即刻赶到16车确认情况。查看HMI发现21：15报66B0（ASD强制制动），21：16报190B（意外的PB压力下降到紧急制动水平）。停车后车上乘客也焦躁着急，司机抓紧时间了解了列车紧急制动停车的原因，操作制动手柄0C位，列车管充风后列车制动缓解，21：31列车重新开车，临时停车14分钟。

动车组司机的责任非常重大，任何操作都必须是零失误，不能受到挫折情绪的影响，因此对作业人员的挫折应对能力要求很高。

案例分析：轨道交通行业员工任务较多且任务之间的时间间隔较短，他们需要在受到挫折以后，尽可能快速调整自己的状态投入后续的工作，以免受到不良情绪干扰而出现判断失误。

6. 压抑应对

轨道交通行业员工的一些特殊作业环境容易造成情绪上的紧张与压抑，会影响作业积极性及效能感。

【案例10】通常情况下，每一列高铁都拥有两个司机室，它们分列在列车的两端，与商务舱共享一节车厢。在这节车厢中，近四分之三面积由商务舱占据，除去设备，司机室里可供活动的范围不足两平方米。司机室内，只有一把可旋转的靠背椅，周围环绕着司机用的各种仪表和挡把，因此对其压抑应对能力要求高。

案例分析：轨道交通行业员工的压抑情绪主要来自自身所处的工作环境。由于工作空间狭小、工作压力不断增加和情绪宣泄疏导时间和方式匮乏，较易产生压抑情绪。

7. 焦虑应对

轨道交通行业员工的作业空间广、技术环节连接复杂，需要面对和处理的作业故障情况错综复杂，容易产生焦虑情绪。

【案例11】某日，记者来到某通信车间网管工区进行探访。进门看到，数名通信网管整齐地坐在十几台计算机前，正在对某区段传输、动环、视频等通信设备进行实时监控。利用工作间隙，采访了这些通信网管。期间，网管工区的电话铃声接连不断，工作气氛非常紧张，这些通信网管总是不停地忙碌着，进行上传下达的同时，既要顾及上级的命令，又要传达给其他相关岗位的职工，易产生焦虑情绪。

通信网管是轨道交通运输系统的中枢神经，他们监控运输线上的所有通信设备，一旦发生告警，就要立即通知通信工区共同处理，以确保轨道运输通信安全通畅。如果操作失误或没及时发现告警，则会导致通信系统故障，影响安全运输，因此对从业人员的焦虑应对能力要求高。

案例分析：轨道交通行业员工焦虑情绪主要源于工作内容。由于需要指挥处理通信设备故障，时时与上下级联系，连续接收和传递各种复杂信息，与人沟通时易产生焦虑情绪。

8. 郁闷应对

轨道交通行业有系统的安全管理制度和安全作业规章制度，对于不同岗位有严格的作业流程与规定，员工个性特点受到约束，需要个体服从安全生产、作业流程与标准，会产生郁闷情绪，需要做好积极调整与应对。

【案例12】轨道车司机由正司机和副司机两人组成，一般两位司机一同执行任务。要求正副司机同时会开车、修车、特种设备操作、物料堆放等。作为一名轨道车司机，平时连续工作时间长，无固定班制。

某年1月某日的22：00，非常寒冷，一轨道车司机师傅收到任务后立刻赶到任务地点。由于行车等级低，在轨道上等待了很长时间，活动范围只能在轨道车上。

轨道车司机的工作内容主要是配合施工需要，运送物料、人员。工作时经常需要等较长时间，在任何时间都会遇到临时转线的情况，无固定驻点，因此对其郁闷应对能力要求很高。

案例分析：轨道交通行业员工郁闷情绪主要来自工作制度。由于行车等级低，工作时需要等待的时间长，缺乏归属感，岗位人员工作中无法满足自身成就、受尊重、归属等心理需要。因此，容易产生自卑、弱小及无能的感觉，伴随着产生郁闷情绪，如接触网作业车司机、轨道车司机。

学习笔记

活动训练

职业情绪大家演

①目的：让学生在讨论和表演中学会调节职业情境中的情绪，助力职业发展。

②步骤：

- 老师准备写有负面情绪的卡片，如紧张、恐惧、倦怠、孤独、挫折、压抑、焦虑、郁闷等。
- 每组选派一名代表上台抽取情绪卡片。
- 各小组按照抽取的情绪卡片的内容，讨论面对职业情境中的负面情绪，应该如何应对，怎样调控情绪。将讨论结果排练成心理剧（3分钟以内）。
- 各小组依次表演。

③在活动训练过程中，完成活动训练任务单（见表5-3-1）的填写。

表5-3-1　活动训练任务单

任务执行人		班级名称	
所属小组		完成日期	
任 务 实 施			
理论认知	结合轨道交通员工情绪复原力要求的学习，可以做如下描述： ①我们组抽到的情绪卡片为________。 ②我们组设定的职业情境为________。 ③我们认为调控此种情绪的方法为________		
情感体验	当面对这样的职业情境时，我感到________（描述情绪）。 当应用应对此种职业情境的方法进行情绪调控时，我感到________（描述情绪）		
意志提升	当我顺利完成心理剧，并成功调适好情绪时，觉得战胜职业困难情境的勇气提升了________分（满分10分）		
行为表达	通过这项活动，发现我在行为层面有了这些方面的改变：（比如，原来不敢当众表演，通过活动体验，可参与团体的心理剧表演） ①________。 ②________		
指导老师批阅： 年　月　日			

任务评价

对本任务学习目标的达成情况进行评价，见表5-3-2。

表5-3-2　任务评价表

评价内容	评价标准	分数	评分记录		
			学生自评	组间互评	教师评分
知识掌握	明确职业素质中情绪复原力的要求	10			
	了解情绪复原力的意义和作用	10			
能力应用	增强观察情绪变化的自我觉察能力	30			
	增强情绪控制能力	30			
素质养成	具备情绪管理意识，有持续的积极工作态度	10			
	建立人际关系融洽，以中国传统文化理解职业情绪	10			
总分		100			

项目六

创建和谐关系　服务职业人际

项目描述

本项目主要了解人际交往和人际关系的含义、影响因素、发展过程，理解人际交往和心理健康的关系，识别大学生人际交往的误区和调适方法，掌握人际交往的原则和技巧，提高大学生人际交往的能力，促进心理健康发展。良好的人际沟通，掌握交往的艺术以及和谐的人际关系是轨道交通专业学生必备的心理素质，通过提升人际交往能力促进社会和谐发展。

思维导图

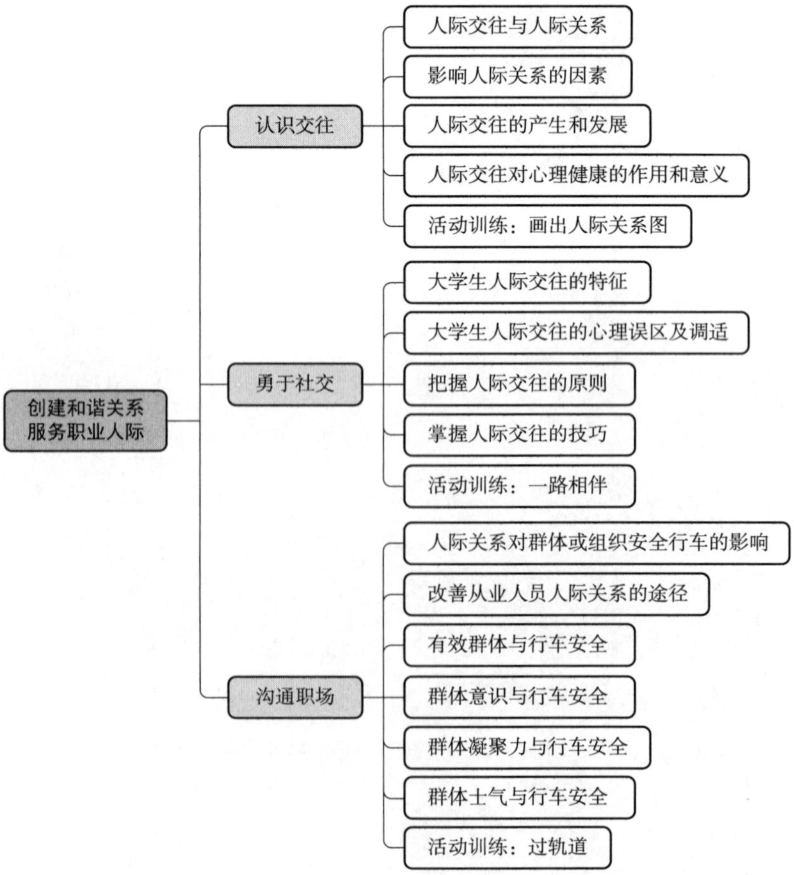

趣味导读

音频

维系良好人际

不论是在职场还是在日常生活中，人际关系协调能力始终支撑着个体的顺利发展。在本项目中，将对人际关系的基础知识、如何建立良好的人际关系、职场中的人际关系等内容进行讲解。我们要学会做人际关系的主导者，通过学习人际关系的相关技巧让自身适应多元人际环境，学会协调人际关系，实现职业人际的良好构建，进而提升职业素养，开启精彩职业生涯。

任务一 认识交往

情境导入

韵佳是一名内心比较敏感的大学生，她看不惯宿舍室友的一些生活习惯，对于其中一些人的行为方式更是无法接受，但她又不好直说。每次遇到这样的情况，她就会表现出不满的情绪，直接摔门离开宿舍，这让其他人都感到莫名其妙。久而久之，同学们都疏远她，集体活动也不会叫她，她感到很孤独又无助，觉得没人理解她，也就不愿主动与人交往，这些不快都堆积在心里，无处倾诉。

学习目标

能力目标：

学习人际交往概述，建立良好的人际关系，保持个性健康发展和提升生活幸福感。

知识目标：

理解人际交往与人际关系的含义和过程，了解影响人际关系的因素，明确人际交往和心理健康的关系。

素质目标：

建立良好的人际关系和有效的沟通，帮助个体之间增进了解，增强同学之间的友谊，适应未来职业的需要。帮助学生构建和谐的人际关系，提高个体自信和自尊，感悟社会主义核心价值观对形成和谐人际关系提供的保障与支持。

任务描述

学习影响人际关系的因素。结合影响人际关系的因素，探索自我人际交往模式的形成原因。

识别人际交往的阶段。结合生活事件对自身与他人的人际交往阶段进行识别。

发挥人际交往的重要功能。结合岗位作业情境和生活事件认识并发挥人际交往的功能。

任务分析

通过学习人际交往和人际关系的含义、影响人际关系的因素以及产生发展的阶段，了解到个体在人际交往方面的模式，能结合所学专业岗位和情境进行人际交往阶段的分析，制定促进人际交往的提升目标。通过完成学习活动训练，提升对个体人际交往方式方法的认识，达到完善个体人际交往模式、促进生活、职业发展的目标。

相关知识

一、人际交往与人际关系

1. 人际交往的含义

人际交往是指人与人之间的互动与影响，是人与人之间的信息沟通和物质交换，并且通过一定方式进行接触，在心理或行为上产生相互影响的过程。从表面上看，人际交往活动在形式上是复杂多样的，在时间上是随机发生的，在内容上是零碎烦琐的，在对象上是瞬息多变的，似乎不存在任何确定性和规律性。但是，随着交往范围的扩大、内容的丰富、次数的提升，到一定时期就会形成相对稳定的人际网络，即下面要讲述的人际关系。

2. 人际关系的含义

人际关系就是人们在生产或生活活动过程中所建立的一种社会关系。这种关系会对人们的心理产生影响，形成人与人之间的心理关系，是人们在交往中发生的一种心理性的连接。它表现为人与人之间心理上的距离，反映了交往双方寻求满足其社会需求的心理状态。

人际交往与人际关系有区别也有联系。两者的区别是：人际交往与人际关系的含义不同，人际关系是从静态角度看的一种状态，而人际交往是从动态角度看的一个过程；从时间上看，人际交往在前，而人际关系的形成在后。人际交往与人际关系两者联系也十分紧密。一方面两者互相依赖，人际关系是人际交往的起点，是人们进行人际交往的依据，而人际交往又是一切人际关系实现的根本前提和基础，任何人际关系都是以往人际交往的产物；人际关系通过交往表现，又通过交往实现。另一方面两者又互相影响，人际关系的发展和变化是人际交往的结果，交往的状况与人际关系发展程度成正比；人际关系的程度又影响和制约着人际交往的深度和广度，决定交往的内容和性质。

二、影响人际关系的因素

人是各种社会关系的总和。每个人都不是孤立存在的，必定存在于各种社会关系之中，如何理顺好这些关系、提高生活质量，涉及人际交往能力的问题。大学生在学校除了学习知识外，最关键、最基本的是培养各种能力，良好的人际交往能力以及良好的人际关系是生存和发展的必要条件，它有利于形成团结友爱、朝气蓬勃的环境，有利于形成和发展健康的品质。但是，大学生的人际交往有其自身的特点，影响人际关系的因素也有很多，下面主要从主观和客观因素两方面论述。

1. 主观因素

（1）心理因素

大学生的人际交往受个体心理素质的影响，其中包括个人对自己和他人的认识和评价情况。

对自己不恰当的认知与评价会引起自负或自卑心理，对他人不恰当的认知和评价表现为，自我为中心的人常常对他人评价过低，而自卑心过重的人又会错误地过高评价他人，造成难以平等交往的局面。

个体的心理因素还包括情绪、情感因素。大学生情感丰富，心境易变，有时对人对事过于敏感，容易凭一时的好恶改变对一个人的看法，使得人际交往缺乏稳定性，产生各种障碍。在人际交往过程中情绪较稳定、心智较成熟的大学生，其人际交往会较顺利；而情绪反应过分强烈或情绪波动较大的大学生，则会给人轻浮不实、难以相处的感觉，这些不良的情绪都会影响人际交往。另外，在一般情况下，人与人之间地理位置越近，越容易发生人际交往；相反，地理位置越远，越不容易建立人际关系。

交往过程中的人格因素也会导致交往障碍的产生。所谓人格，简单地说是指人在各种心理过程中经常地、稳定地表现出来的心理特征，包括气质、性格等。人格因素既影响人际吸引力的大小，又影响到人际交往的方向、数量和质量。人格差异会带来交往中的误解、矛盾和冲突，与性格相投的人相处，感到难舍难分；与性格不合的人相处，处处觉得别扭。因此，人格因素也会影响人际交往。

（2）仪表因素

个体的仪表也会影响人际交往，尤其在交往初期更是如此。这些因素会明显地影响交往双方彼此间的吸引。通常情况下，外表美丽、英俊、衣着整洁、仪表大方的人，常因外表的魅力而给人留下好印象，相对评价也高，往往更容易讨人喜欢。尽管人们都懂得人不可貌相，但在交往初期，外表因素会无形地左右人们的交往。随着交往次数的增多、时间的加长，仪表因素的作用越来越小。

（3）能力特长与道德品质

一般来讲，个人在能力与特长方面如果比较突出，与众不同，其本身就有一种吸引力，使他人对其产生钦佩感并欣赏其才能，愿意与其接近。但是，如果一直是一种高高在上的姿态，会抑制别人对他亲近，会使人感到高不可攀，望而却步，认为自身太差而不敢与他来往。因而，一个看起来很有才华的人，如果暴露出一些个人的弱点，反而会使人们喜欢接近他，从而有利于建立良好的人际关系。

道德品质也制约着人际交往。虽然个人的道德品质是在后天的不断学习中逐步形成的，可一旦形成就对一个人的行为起着主导作用。自私、狡诈、虚伪、贪小便宜的人和无私、诚实、善良的人在交往中的表现截然不同，因此个人道德品质的优劣是影响当代大学生人际交往的重要因素。大学生要不断加强自身道德品质的修养，为提高人际交往能力奠定基础。

2. 客观因素

（1）社会和时代背景

由于当今社会和特殊的时代背景，当代大学生在各方面都面临着前所未有的压力。就业市场竞争激烈、未来人工智能无处不在、大学生自我实现和完成不足的焦虑等社会现象，互相激荡与碰撞，使大学生的世界观、人生观、价值观呈多元化趋势，大学生对自己的行为选择也呈多样化取向，仅仅为了满足自己的需要，而忽视他人需求的交往，是无法长久的。

（2）学校环境

学校的文化氛围，校园组织的活动等对人际交往也有一定的作用。大学校园的相对开放，使大学校园俨然变成一个“小社会”。大学生远离亲朋好友，来到这种特殊的生活环境，怀念昔日亲情、友情，渴望新的友谊，对人际交往产生了强烈的欲望。在校园文化的渗透和感染下，大学生的交际行为会自然地与这种文化氛围融合在一起。此外，高校校园丰富多彩的活动也为当代大学生营造了良好的交际氛围，为他们的人际交往创造了条件。

（3）家庭环境

家庭环境对大学生的塑造具有潜移默化的影响，对人际交往能力的培养也具有重要意义。家庭是人出生后的第一所学校，是个人成长的摇篮。当代大学生中独生子女多，没有兄弟姐妹，从小万千宠爱集于一身。家庭教育的共性，使这一代人习惯于以自我为中心，使他们从小培养起极强的自信心和自尊心，容易张扬个性，富有创新意识，没有任何思想的束缚。这种经历也导致他们先天不足，缺少容忍、谦和、合作的品质，在集体内与人相处会暴露种种弱点：无礼、自私、任性，从而无法顺利地进行人际交往。

有调查研究表明，对大学生人际交往影响最大的人是自己的父母，父母是孩子的第一任老师。大学生的人际交往与家庭适应性、家庭亲密度关系密切。家庭适应性和亲密度越低，社交状况越差。也就是说，一个人与家人关系越亲密，其社交状况越好；与家人关系越疏远，其社交状况越差。同时，对不同情况的适应性越强，社交状况越好。因此，在这方面家长要以身作则，给孩子树立榜样。

三、人际交往的产生和发展

人际交往的产生和发展一般会经历以下四个阶段：

1. 定向阶段

在人际交往中，人们对交往的对象具有很高的选择性。进入一个交往场合时，人们往往会选择性地注意某些人，而对另外一些人视而不见，或者只是礼貌性地打个招呼。对于注意到的对象，人们会进行初步的沟通，谈谈无关紧要的话题，这些活动，就是定向阶段的任务。在这个阶段，人们只有很表层的自我表露，例如谈谈自己的职业、工作、对最近发生的新闻事件的看法等。

2. 情感探索阶段

如果在定向阶段双方有好感，产生了继续交往的兴趣，就可能有进一步的自我表露，例如工作中的体验、感受等，并开始探索在哪些方面双方可以进行更深的交往。这时，双方有一定程度的情感卷入，但是还不会涉及私密性的领域。双方的交往还会受到角色规范、社会礼仪等方面的制约，比较正式。

3. 情感交流阶段

如果在情感探索阶段双方能够谈得来，建立了基本的信任感，就可能发展到情感交流的阶段，彼此有比较深的情感卷入，谈论一些相对私人性的问题，例如相互诉说工作、生活中的烦恼，讨论家庭中的情况等。这时，双方的关系已经超越了正式规范的限制，比较放松，比较自由自在，如果有不同意见也能够坦率相告，没有多少拘束。

4. 稳定交往阶段

情感交流如果能够在一段时间内顺利进行，人们就有可能进入更加密切的阶段，双方成为亲密朋友，可以分享各自的生活空间、情感、财物等，自我表露更深更广，相互关心也更多。一般来说，能够达到这种境界的关系相当少，这也就是人们常说的“人生难得一知己，千古知音最难觅”。

四、人际交往对心理健康的作用和意义

人际交往与大学生的心理健康有着密切的关系。良好的人际关系氛围有助于个体提高自信和自尊，使人感到心情舒畅，体会到温暖和满足感。人际交往和沟通有助于个体之间的了解，增进同学之间的友谊，缺少人际交往会使人生活在闭塞的环境中。正常的人际交往和良好的人际关系都是心理正常发展、个性保持健康和生活具有幸福感的必要前提。进行和谐、融洽的人际交往对心理保健有极其重要的作用。

1. 交流信息和情感

进行人际交往有助于相互传递、交流信息和情感，从而丰富经验、增长见识。俗话说：三人行必有我师。个体通过与其他人进行人际交往、交流信息和情感，互通有无，从而有效地学习社会知识、经验、技能与文化，完成社会化过程。每个人都希望并需要与他人交往、交流，从而获得心理满足感。离开与他人的合作，个体就无法成为一个合格的社会人。

2. 排解不良情绪

人际交往有助于排解不良情绪。面对生活中不可避免的矛盾，人们会产生各种情绪，如抑郁、焦虑、失望、恐惧、苦恼或悲观。而通过沟通排解不良情绪，可以避免心理疾病的产生，有助于大学生正常的生活和学习。如果没有适当宣泄不良情绪，而是选择压抑或其他错误方式，久而久之，就会造成身心紧张，从而影响健康甚至导致疾病。所以，良好的人际关系不仅是人们健康的基本条件，也是防治或治疗心理疾病的有效办法。

3. 促进自我完善

个体对自我的正确认识，是在交往过程中逐步实现的。在人际交往中，个体通过他人对自己的评价，可以更加清楚地认识自我、确立自我、发展自我，从而完善自我。大学生通过与他人相处、与他人比较，进行自我评估，可以看到自己的价值和优缺点，从而对自身的言行进行调节，形成良好的自我形象并塑造完美的人格。因此，只有在人际交往中，个性才会发展，自我才会完善。

4. 提供满足感和安全感

心理学的研究表明，人在群体中生活时，会有强烈的安全感；反之，安全感则会下降。大学生通常喜欢结交几个好友，在团体中获得力量，同时还有助于满足人们实现自身价值的需要。当人处于团体中的时候，会感到团体的力量是自身力量的延伸，从团体中获得一些力量，从而增加安全感，而且由于和朋友在一起时容易受到其他人的欣赏，有成就感，能充分体现自身价值。

学习笔记

活动训练

画出人际关系图

①目的：觉察自身的人际关系现状，拓展身边潜在的人际资源。

②步骤：

- 教师为每名学生发放一张“我的人际关系图”材料纸，如图6-1-1所示。
- 学生在中心的圆圈内写上自己的名字。
- 把对你来说重要的、有帮助的人按照远近亲疏写到各个外圆中，关系越近的，就写在越靠近中心的位置。
- 小组讨论分享：

每个圈里大致有多少人；每圈的主要功能有哪些；与哪些人关系可以更近。

挑选新近建立人际关系的人，回顾与其建立关系的四个阶段：定向、情感探索、情感交流、稳定交往，增强对不同阶段的识别能力。

③在活动训练过程中，完成活动训练任务单（见表6-1-1）的填写。

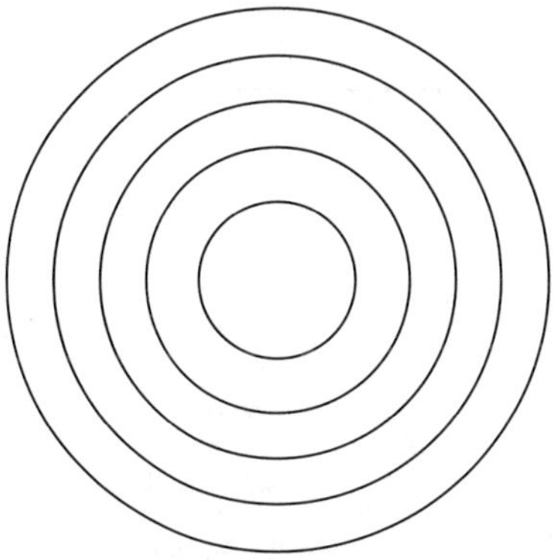

图6-1-1　“我的人际关系图”材料纸

表6-1-1　活动训练任务单

任务执行人		班级名称	
所属小组		完成日期	
任　务　实　施			
理论认知	结合人际交往与人际关系的基础知识学习，可以做如下描述： ①我的人际关系图的每个圈里大致人数为________；每个圈的主要功能为________；我认为与________关系可以更近。 ②________是我新近建立人际关系的人，我认为在与他人际交往的过程中： 定向阶段是________（时间），表现为________； 情感探索阶段是________（时间），表现为________； 情感交流阶段是________（时间），表现为________； 稳定交往阶段是________（时间），表现为________		
情感体验	当我在绘制的人际关系图时，感到________（描述情绪）。 当我在觉察我的人际关系的人数和功能时，感到________（描述情绪）。 当我辨识新近建立人际关系的阶段时，感到________（描述情绪）		
意志提升	当我发现自己的人际关系，以及潜在的人际资源时，觉得我的人际支持对未来发展的助力提升了____分（满分10分）		
行为表达	通过这项活动，发现我在行为层面有了这些方面的改变：（比如，原来不曾有意识地觉察自身的人际交往，通过活动体验，可梳理自身的人际关系） ①________。 ②________		
指导老师批阅： 年　　月　　日			

任务评价

对本任务学习目标的达成情况进行评价，见表6-1-2。

表6-1-2 任务评价表

评价内容	评价标准	分数	评分记录		
			学生自评	组间互评	教师评分
知识掌握	理解人际交往与人际关系的含义、过程，以及影响人际关系的因素	10			
	明确人际交往和心理健康的关系	10			
能力应用	能通过人际交往建立良好的人际关系	30			
	能保持个性健康发展和提升生活幸福感	30			
素质养成	建立良好的人际关系和有效的沟通，增进个体间的了解	10			
	提高个体自信和自尊，感悟社会主义核心价值观对形成和谐人际关系提供的保障与支持	10			
总分		100			

任务二 勇于社交

情境导入

在一所高职院校求学的珍雨与宿舍舍友相处很融洽。她说，大一刚来到学校时，宿舍六个女生就在宿舍长的提议下商议好宿舍公约，彼此监督。比如，熄灯必须就寝、安排轮流打扫宿舍的值班表、墙上不能乱涂乱画或张贴，舍友之间要团结互助、互相帮忙、不斤斤计较等。珍雨觉得在这个宿舍里生活学习非常舒心，通过大家商议出台的公约，大家都会遵守，避免了生活习惯等不同产生的宿舍矛盾。

学习目标

知识目标：

掌握大学生人际交往的心理特点及调适误区，掌握人际交往的技巧。

能力目标：

能够了解大学生人际交往特点及存在的问题，理解并且运用人际交往的原则和方法。

素质目标：

提升人际关系的建立与改善能力，培养职业精神，在人际交往中实现真诚、尊重，学会自尊自爱，提升对人际和谐、国家和谐发展的幸福体验。

任务描述

准确分析个体人际交往的特点。结合大学生人际交往的特征分析个体的人际交往特点。

合理调适人际交往的心理误区。结合生活事件对自身人际交往的误区进行分析和调适。

运用人际交往原则和技巧。在生活和职业场景中运用人际交往的原则和技巧。

任务分析

通过学习大学生人际交往的特征、心理误区及调适，了解到个体在人际交往方面的特点，能结合人际交往的原则和技巧进行人际交往的调适，制定人际交往提升的目标。通过完成学习活动训练，提升人际交往的能力，达到促进生活、职业的发展目标。

相关知识

一、大学生人际交往的特征

当代大学生的人际交往具有其自身的特点，互联网世界丰富多彩，让他们视野开阔、知识丰富，掌握先进的信息交流技术；时代发展的多元化又让他们思维活跃、张扬个性、思想解放、渴望平等、向往自由。这个时代的特征在他们身上打上了深深的烙印，渗透到他们的思想、学习、生活等各个方面。

大学阶段是青年学生身心迅速发展，为步入社会做充分准备的时期。在人生这一重要转折时期，为了解社会、适应社会、探索人生、实现价值，大学生社会交往比较活跃，并表现出了与其社会知识经验相对应的特点。

1. 交往愿望强烈

大学生渴望了解他人、了解社会、了解人生，渴望认识自我、表现自我、完善自我，更渴望与别人进行思想和情感上的交流，以期得到别人的关怀、支持、鼓励、帮助、理解和同情。他们的交往范围日益扩大，跨年级、跨系别、跨院校的交往已不鲜见，而且随着社会实践活动的增多，开始把交往的触角伸向社会各个角落。

而且，当代大学生由于更关注社会问题，所以交往的内容也变得非常丰富，对各种自然的、社会的现象都会产生兴趣，希望自己见多识广。

2. 注重与同龄人交往

大学生大部分都远离家乡，这样一来，与父母、亲友的关系就相对疏远，但与同学之间交往日益频繁。交往对象的筛选性是大学生社会交往的又一显著特征，其交往对象多侧重于同龄人。他们更注重同辈之间的心理沟通和人格上的独立，而且多来自相似的环境，他们更多地相信自己的眼光或自己朋友的认识或评判。

他们虽然主动追求开放式的人际交往，但由于时间、经历、经济条件等方面的限制，交往的主要场所仍然在校园内，中心是寝室和网络。

3. 易受暗示、感染

在人际交往中，大学生出于一种完善自我、赢得他人赏识、避免失误和遭他人轻视嘲笑的动机，往往需要某种行为做参照，易受他人影响、暗示、感染，互动效应十分明显，常常模仿他人特别是他们所崇拜的人的一些生活方式和行为习惯，表现出观念的自主性与行为的趋同性。

4. 社交能力尚未完善

随着社交经验的不断积累、认识能力的不断提高和世界观的逐步形成，大学生的社会交往能力也随之迅速增强。但由于社会经验和认识能力的局限，他们的社交能力还不够成熟；在交往中，他们有时过于注重交往的形式；有时对交往对象的认识和态度易受“晕轮效应”“首因效应”“近因效应”“思维定式”等因素的干扰；有时为交往而交往，十分盲目；有时易受“哥们义气”影响，只讲友情而不讲原则，缺乏正确的交往态度。

尤其是面对人际冲突的时候，大学生往往不知道怎么理性处理。其实人际冲突的结果不一定是胜负之分，在澄清并界定问题、理解彼此的需求和愿望、寻求可能的解决方法、达成共识等方法的基础上，也可以达到双方皆满意的共赢局面。

5. 交际分层现象

由于种种原因，目前，大学校园学生家庭经济条件贫富悬殊的现象还比较突出。经济上的悬殊，决定大学生在兴趣爱好、思想情趣等方面的差距，这种差距其实早在上大学前就已存在。进入大学进一步演变为能力和心理上的对比，并对大学生活的人际交往产生一定的影响，甚至出现社交分层现象。

二、大学生人际交往的心理误区及调适

大学生在人际交往过程中，都或多或少地会出现一些心理问题。他们虽然有强烈的交往动机，也认识到人

际交往在社会生活中的重要作用，但实际上因为大学生的个性特征等方面存在问题，以及缺乏人际交往策略而使人际关系处于紧张状态，从而引发了种种心理问题。以下列出了几种常见的大学生人际交往的不良心理。

视 频

人际关系冲突调适

1. 以自我为中心的表现及调适

（1）自我中心的表现

大学生长期以来形成了自己独特的个性，家庭教育和成长环境为自我中心意识的形成创造了条件。正常的交往目的在于满足交往双方的需要，是建立在双方互相尊重、互谅互让、以诚相见的基础上的。但是，有的大学生在人际交往中以自我为中心，不顾及他人的感受，遇事带有强烈的主观性。他们常常忽视平等、互助这样的基本交往原则，喜欢自吹自擂、装腔作势、盛气凌人、不考虑对方的感受，这样的交往必定以失败而告终。只从自己的经验角度去认识人和事，而不能意识到别人对同一事物的看法和观点，对人和事的看法带有强烈的主观性，便是以自我为中心意识的主要特征。

（2）调适对策

这种类型的人在平时人际交往中，应注意换位思考，想想如果自己是对方会有怎样的感受。注意理解他人，遇事不要过于强求，把握交往分寸，遵守平等、互助的交往原则。有这样心理的学生应认识到，尽管受各种主客观因素的影响，人与人在气质、性格、能力、家庭背景等方面都存在差异，但是在人格上，大家都是平等的。因此，在交往中要对自己有信心，对别人有诚心；只有彼此尊重、平等地交往，才可能有持久的友谊；除去身上不必要的“骄傲之气”，以诚待人，多从他人角度考虑问题。只有这样，才能获得其他同学的认可，获得真正的友谊。

2. 社交自卑的表现及调适

（1）社交自卑的表现

社交自卑是指在人际交往中自我评价过低，这种心理主要是由于缺乏正确的自我能力与素质评价，自身条件相对不足，缺乏人际交往的技巧或缺乏自信等原因产生的。大学生可以通过提高自身的素质，正确理解挫折，乐于为集体和他人服务来调适自卑感。有自卑心理的大学生在交往中常常畏首畏尾，遇到一点挫折便怨天尤人；如果受到别人的耻笑与侮辱，更是忍气吞声。实际上，自卑并不一定能力低下，也可以是由于凡事期望值过高，不切实际，在交往中总希望自己的形象理想完美，惧怕受挫或遭到他人的拒绝与耻笑导致的。这种心境使自卑者在交往中常感到不安，因此社交圈子较小，不易结交到新朋友。

（2）调适对策

要消除自卑心理，首先应增进对自身的认知。对自己有清晰、正确的认识，客观评价自己和他人；在交往中做到不卑不亢，既不取悦别人，也无须炫耀自己。了解自身的价值，不随别人的评价改变自己。

其次，积极主动与别人交往。自卑的人大多谦虚谨慎，善于体谅人，在人际交往中比起自负的人更讨人喜欢。所以，在平时生活、学习中，应积极大胆地与人交往，树立自信心，培养开阔的胸怀，克服自卑心理。

最后，积极参加各种社会实践活动和人际交往活动，从中找到自己的长处，获得信心，争取成功的体验。积极参与交往，通过成功体验，还可以为自卑者带来有益的鼓励和帮助。

3. 社交恐惧

（1）社交恐惧的表现

社交恐惧是指惧怕人际交往，表现为怕与人见面、谈话，见人就紧张，面红耳赤，甚至颤抖，常独居屋内避不见人。有社交恐惧症的人除了与几个亲近的人交往之外，很难和外界沟通，在人多的地方会觉得不舒服，无法主动走出自我的世界，也不愿意加入人群，总是担心别人注意他们、害怕被批评。情况轻微的人可以正常的生活，情况严重时会造成生活上的障碍，无法正常求学或工作。

（2）调适对策

在人际交往中，应该调整不合理的认知，分析问题的所在，改变看待问题的错误方法，以克服恐惧心理。学习一些简单有效的放松方法，如在进行人际交往前，先全身放松，然后在头脑中逼真地再现那些引起自己恐惧的社交场合，最好由轻到重进行。每当恐惧来临时，就让自己放松，然后再想、再放松，如此循环，直到恐惧消失。总之，出现恐惧心理时，不应躲避，而是要积极面对，寻求解决方法，争取早日克服不良交往心理。

4. 社交自负

（1）社交自负的表现

社交自负也是一种人际交往中的心理误区，主要是由于无法正确认识自我、评价自我导致的。社交自负的人往往过高评估自己，认为自己很了不起，在人际交往中表现为傲气轻狂、居高临下、自夸自大，过于相信自己而不相信他人，只关心个人的需要，强调自己的感受而忽视他人。与同伴相聚，不高兴时会不分场合地乱发脾气，高兴时则海阔天空、手舞足蹈讲个痛快，全然不考虑别人的情绪和态度。与熟识的人相处，常过高地估计彼此的亲密程度。这样的人多是长期被溺爱、骄纵，平时在家中和学校都会表现得过于以自我为中心。无论自卑还是自负，都是导致交往障碍的两个极端。

（2）调适对策

首先，接受批评有助于大学生根治社交自负心理。这是要求他们接受别人的正确观点，改变过去固执己见、唯我独尊的形象。有助于大学生正确认识自我，并适当进行自我调节，改变自负心理。

其次，大学生应提高自我认识。既要看到自己的优点和长处，又要看到自己的缺点和不足，不可只见树木，不见森林。认识自我不能孤立地去评价，应放在社会中去考察，与人比较时，也不要总是用自己的长处去比别人的不足，把别人看得一无是处。

再次，与人平等相处。自负者认为自己的观点都是对的，对自己进行过高的评估。无论在观念上还是行动上都无理地要求别人服从自己。平等相处就是要求自负者以一个普通社会成员的身份与别人平等交往。

最后，要以发展的眼光看待自负，既要看到自己的过去，又要看到自己的现在和将来，辉煌的过去并不代表着现在，更无法预示着将来。

大学是人际关系走向社会化的一个重要转折时期。进入大学，就会遇到各方面的人际关系：师生之间、同学之间、同乡之间，以及个人与班级、学校之间的关系等。良好人际关系的建立与改善是大学时代生存和发展的必要条件，也是未来适应职业的需要。

三、把握人际交往的原则

1. 尊重、平等的原则

人生来是平等的，平等待人是人际交往的前提和基础。缺乏尊重和平等待人的观点，就不能顺利进行相互交往。因为人人都有自尊心，人人都需要得到别人的尊敬，希望在交往中建立互尊、互爱的平等关系。特别是年轻人，受尊敬的希望特别强烈，渴望独立于父母，成为家庭中、社会中真正的一员。要求在家庭交往、社会交往中自己能被别人平等对待，这种需要就是尊重与被尊重的需要。情感上的对等、心理上的互导是非常重要的。在与人交往的过程中，切记彼此在人格上是平等的，交往的受益者是双方。应该求大同、存小异，建立和谐的人际关系。

2. 团结互利的原则

在人际交往中，需要遵循团结互利的原则。因为人际交往是一种双向行为，有“来而不往、非理也”之说，只有单方获得好处的人际交往是不能长久的。人际交往的一个显著特征是互利，包括物质的和精神的，交往双方都要讲付出和奉献。在运用互利原则时要注意：一是要处理好国家、集体和个人之间的利益关系；二是要提倡奉献精神，朋友相处，要处理好交往双方的利益关系，要多替别人着想，学会换位思考问题，如果我是对方，将怎样处理问题；三是要心胸宽广，宽宏大量，既不随波逐流，也不强人所难，“己所不欲，勿施于人”。

3. 真诚守信的原则

在人际交往中，应铭记“诚信”二字，即真诚、守信。“人之相知，贵在知心”，交往离不开真诚和信用。真诚，即交往的双方坦诚相见，以诚待人，说真话、动真情。真诚的心能使交往双方心心相印，彼此肝胆相照，真诚的人能使交往者的友谊地久天长。信用指一个人诚实、信守诺言。古人有“一言既出、驷马难追”的格言；现在有以诚实为本的原则。不要轻易许诺，一旦许诺、要设法实现，以免失信于人。办不到的事情，一定要婉言谢绝。真诚、守信不仅是人际交往中应该遵循的原则，也是做人的一条重要原则。

4. 相容和谅解的原则

心理学研究表明：自信心越高的人，相容程度就越强。民谚常说，“不要得理不让人，得理也要让三分”。相容是以心胸宽广、忍耐性格对待别人的冒犯，原谅别人的不足和过失。谅解和让步是希望团结人，为了减少不必要的麻烦和心理困扰而主动地忍让。特别是在别人心情不好时，可能会无意间伤害你，此时更应该原谅别人的过失。要做到相容和谅解，就要不自卑、不自傲；既要正确对待自己，又要正确评价他人。

四、掌握人际交往的技巧

1. 运用积极的心理暗示

运用积极的心理暗示有助于在短时间内结识许多人，进行良好的人际交往。心理学研究表明，这类人大都具有良性的自我认识：“我是一个受人欢迎的人，我喜欢与人交往。”这样的心态会使人以开放的方式走向人群。他们心地坦然，很少有先入为主的防御心理，因而言谈举止轻松自在，挥洒自如。在这种人面前，很少有人会感到紧张或不自在，即使一些防御心理较强的人也会受其感染而变得轻松、开放起来。同学之间的交往，许多时候都是在紧张的学习之余，求得一种轻松感，所以能满足这一愿望的人自然会有一种吸引力。但许多同学，包括一些才华和品质都很优秀的人也可能存在一些消极的自我意象。在与人交往时，常常会产生自我怀疑，由此带来的结果是防御心理。再者，由于时时注意别人如何评论自己，心情难以轻松下来，所以其言行、表情总会显出某些不自然的东西，交往气氛也会因此受到一定程度的损害。之所以有以上差异，是由于习惯性暗示在起作用。运用积极暗示能够减少或消除不良的自我意象。比如，经常在心里默默对自己说：“我是受欢迎的人！”除言语暗示外，还可运用形象暗示。在头脑中把自己想象成一个良好的交际者，直到这种形象在头脑中能够栩栩如生地浮现出来并根深蒂固。

2. 讲究语言艺术

语言是交往的工具和媒介，在人际交往中需要讲究语言艺术。从一定意义上说，交往的艺术就是语言的艺术，正确运用语言艺术是培养社交能力的重要内容。这门艺术首先取决于思想的内涵和深度、语言的丰富以及发现各种事物典型特征的能力。同样的内容、同样的意思，却有不同的表达方式。在语言交往方面，需要注意以下几个问题：一是要选择共同关心的话题，使在场的人感兴趣，并让每一个人都能发表意见。与熟人交谈可以开门见山，但与陌生人初次相识，则应考虑选择适当的开场白，使彼此能顺利地进入一种共同语言交流的沟通境界。初次见面，做自我介绍要恰当，要避免刻意谦虚或自我炫耀。二是不要谈别人的生理缺陷，不要取笑别人。开玩笑一定要谨慎，切记一定不要伤害他人。三是要能缓解气氛，一旦涉及让人不愉快的事情，要耐心听别人把话讲完。在一般的社交场合下，一般不宜突然打断对方的话。四是要注意语言的魅力：安慰受创伤的人，鼓励失败的人，赏识真正取得成就的人，帮助有困难的人。

3. 讲究非语言使用

交往是人际间思想和感情的相互传递过程，既可以通过言语沟通方式，也可以通过非语言符号和行为形式进行沟通。非语言交往的表现形式包括人际沟通中的目光、体势、声调、衣着、饰品、礼物等，适时地运用非语言，可以获得良好的交往效果。非语言行为可以直接代替语言，如用目光正视表示尊重、肯定和接受，斜眼表示否定、不理会。非语言行为还能表达出有时语言难以表达的思想感情，还可以支持、修饰语言行为。人们在相互交谈的时候，往往通过目光接触来了解自己的话语对他人的影响，也以凝视他人来表示自己正在洗耳恭听。人的思想感情能从体势中反映出来：略微倾向于对方，表示热情和兴趣；微微欠身，表示谦恭有礼；身体后仰，显得若无其事和轻慢；侧转身子，表示轻蔑；背朝人家表示不屑理睬；拂袖而去，则是拒绝交往的表示。声调具有表达和沟通的作用，一般来说，柔和的声调表示坦率和友善，激动时的声调会颤抖，表示同情时略为低沉。用鼻音哼哼时往往表现出傲慢、冷漠、恼怒和鄙视，是缺乏诚意的，自然会引起别人的不快。

4. 注意举止

著名心理学家卡耐基曾说，你的笑容就是好意的信差,你的笑容照亮所有看到它的人。在交往中，应举止大方、坦然自若，使别人感到轻松、自在，从而激发交往动机；培养开朗、活泼的个性，让对方觉得和你在一起是愉快的；培养幽默风趣的言行，幽默而不失分寸，风趣而不显轻浮，给人以美的享受；与人交往要谦虚，待人要和气，尊重他人，否则事与愿违；要做到心平气和、不乱发牢骚，这样不仅自己快乐、涵养高，别人也会心情愉悦。在与同学的交往中，真诚的微笑也很重要，它可以给人留下美好而深刻的印象。

5. 把握交往尺度

我们都喜欢用“亲密无间”来形容很要好的朋友，其实真的到了亲密无间的程度往往会适得其反。所以，在人际交往中，要注意把握交往的尺度，保持适度距离，不要过于亲近。人际关系本是人与人之间的心理上的关系，也可称作心理上的距离。不分亲疏地靠近对方最终难免引起不快，彼此之间还是应该保持适度距离为好。交往的距离太远，易被误以为没有诚意；太近，过分热情，则别人会怀疑有所企图，特别是异性交往要注意分寸。

总之，交往不是为了交往而交往，而是为了生活、学习、事业而交往。注意交往有度，追求交往的质量；深化交往的内涵，提高交往的效益；通过交往使自己的生活、学习的需求得到满足，生活、学习质量不断提高。

学习笔记

活动训练

一路相伴

①目的：通过模拟一个完全依靠他人的情境，感受同学间的信任和真诚。

②步骤：

- 班级学生两两自由组合，组成一个两人小组，其中一人戴上眼罩扮演盲人，另一人扮演助人者，帮助盲人走完指定的路程。
- 行进的过程中，两人都不允许说话，只能用动作来协助。活动开始前，两人可约定行进中的方法。
- 盲人戴上眼罩原地转三圈，使之暂时失去方向感。助人者搀扶着盲人跨越障碍物，完成指定路线。助人者保护盲人的安全，避免受到伤害。
- 两人回到原点，互换角色，重复上一过程。
- 小组分享。这个过程中，戴上眼罩时你有什么样的感受？你是采取什么方法帮助同伴的？在这个过程中你对人际关系的建立有着怎样的理解？

③在活动训练过程中，完成活动训练任务单（见表6-2-1）的填写。

表6-2-1　活动训练任务单

任务执行人		班级名称	
所属小组		完成日期	
任　务　实　施			
理论认知	结合大学生良好人际关系的建立的学习，可以做如下描述： 我戴上眼罩时的感受为______。 我采取的帮助同伴的方法为______。 我对人际关系建立的理解为______		
情感体验	当我戴上眼罩原地转三圈时，感到______（描述情绪）。 当我戴着眼罩开始行进时，感到______（描述情绪）。 当我和同伴形成默契时，感到______（描述情绪）。 当我扶着同伴行进时，感到______（描述情绪）		
意志提升	当我和同伴都完成了这项任务时，觉得我对人际支持的信任提升了______分（满分10分）		
行为表达	通过这项活动，发现我在行为层面有了这些方面的改变：（比如，原来从来不轻易相信别人，通过活动体验，可与信任的人共同完成任务） ①______。 ②______		
指导老师批阅： 年　月　日			

任务评价

对本任务学习目标的达成情况进行评价，见表6-2-2。

表6-2-2　任务评价表

评价内容	评 价 标 准	分数	评 分 记 录		
			学生自评	组间互评	教师评分
知识掌握	理解大学生人际交往的心理特点及调适误区	10			
	掌握人际交往的技巧	10			
能力应用	能阐述大学生人际交往特点及存在的问题	30			
	能理解并且运用人际交往的原则和方法	30			
素质养成	提升人际关系的建立与改善水平，在人际交往中实现真诚、尊重	10			
	学会自尊自爱，提升对人际和谐、国家和谐发展的幸福体验	10			
总　　分		100			

任务三　沟通职场

情境导入

学校实训车间里，同学们正在进行行车实训分组作业训练。随机分组后，A组同学的个人专业操作水平明显高于B组。按常理推测，本次实训成绩应该是A组优于B组，但最终成绩恰恰相反。A组成员的个人能力较高，但是始终难于统一意见，不能形成合力，在操作展示环节错误频发，组员间相互埋怨。而B组成员，虽然个人能力水平参差不齐，但是能善用每个人所长，形成的作品能融合每个人的思想和设计，展示环节流畅自然。在总结分享时，A组成员总结到：我们最核心的问题就是缺少角色重新定位，没有重视沟通与合作在团队作业中的重要性，因为沟通不畅，影响了工作情绪，最终影响工作效能，并造成了不安全的工作隐患。

学习目标

知识目标：

明确人际关系对轨道交通行业安全的影响，了解有效群体、团体凝聚力、群体意识、群体士气与行车安全的关系。

能力目标：

能够运用人际关系的理论和沟通技术为安全行车提供有效支持。

素质目标：

在日常生活、学习和工作中能增强团结意识。将个人人际关系与行业安全运行和发展相关联，树立大局意识，感悟践行社会主义核心价值观对构建和谐职业人际关系的重要意义。

任务描述

学习人际关系对轨道交通行业安全的影响。教师呈现企业相关案例，学生分组讨论总结人际关系对轨道交通行业安全的影响。

探索群体和团体对行车安全的影响。教师组织团体活动，学生分组角色扮演，体验职业中的有效群体、群体意识、团体凝聚力、群体士气对安全的影响。

任务分析

通过学习人际关系对群体或组织安全行车的影响，了解改善从业人员人际关系的途径，能够应用有效群体、群体意识、群体凝聚力、群体士气对行车安全的影响关系，运用人际关系的理论和沟通技术为安全行车提供有效支持，树立安全意识，提高行车安全绩效。

相关知识

一、人际关系对群体或组织安全行车的影响

人际关系对轨道交通行车安全有着重要的影响，影响着行车安全绩效。

1. 影响群体的凝聚力

人际关系协调能促进组织或群体凝聚力增强，表现为群体成员团结一致。如果人际关系紧张、矛盾重重，则组织或群体无凝聚力可言。

2. 影响群体的安全绩效

人际关系协调有助于群体积极性的发挥，从而提高群体成员在安全行车中的绩效；反之，则效果迥异。

3. 影响安全行车

人际关系与组织或群体在行车作业中的安全行为直接有关。如果群体成员之间人际关系紧张、会使人们产生紧张感，注意力分散，易于导致作业失误，甚至导致事故的发生。

4. 影响群体员工的身心健康

人际关系不协调时，由于紧张可使个体心理发生障碍，甚至引起身心疾病。

二、改善从业人员人际关系的途径

和谐的人际关系是实现安全行车的前提和保证。营造良好的人际关系，主要应从以下几方面入手。

1. 增加交往，沟通情感

通过加强沟通交往，增加相互了解，创造融洽气氛。体现相互友好，反应相互关心，产生更多的共同语言，合作互补是安全行车的必需条件。

2. 珍视友谊，增强信任

友谊是人类独有的高级情感，是强化良好人际关系的纽带，应当共同珍惜、培植。即使有时因某种原因产生误解，也应本着与人为善的态度及时化解。

3. 及时沟通，交换意见

人和人之间对某些问题或事物的看法和态度不可能总是一致的。但通过共同的学习和讨论，及时交换意见，可以使对方了解自己的看法、态度以及形成的原因，以便消除隔阂，化解矛盾。

4. 相互关心，互相帮助

在一个人的工作、学习和生活中，难免会遇到困难或挫折。如果能在此时加以安慰、体谅、关心，帮助他人解决困难，更容易使人体会到温情。即使是原来关系不亲密，也会得到谅解和改善，这是改善人际关系、化解矛盾、增进情感的好时机。

5. 严于律己，宽以待人

维持、发展良好的人际关系，应该首先从自我做起，对自己严格要求，言行一致、表里如一，诚信守诺。作业处理过程既要坚守制度和原则，又要有宽大的胸怀，多谦让、多付出，少争多让。遇事能共情、换位思考，就可避免许多不必要的矛盾或冲突，创建彼此尊重的团结氛围。

6. 改变不良行为，陶冶情操

在群体中与人相处，要注意改变自己的不良性格和行为。例如，说话时声色俱厉、态度傲慢，听不进不同

意见，爱占便宜，工作有成绩归于自己、有差错时推给别人，文过饰非，不干实事等，这些都有损工作氛围。

7. 及时调节，化解矛盾

作为群体成员或领导，发现有冲突苗头或成员间人际关系紧张时，应及时查明原因，因人、因时地予以调节、化解矛盾，防止矛盾激化或引起工作团队成员的矛盾冲突。

三、有效群体与行车安全

在诸多安全行车的相关群体中其安全绩效是差别较大的。例如，安全绩效高的班组在同等时间内的安全走行里程比其他班组会高出许多、甚至几倍。这种能在安全行车中充分发挥作用取得应有成效的群体称为有效群体。

①成员拥有共同的目标和行为规范，具有较强的群体意识。

②成员能够正确处理群体内的冲突，合作互助，凝聚力强。

③成员素质较高、配合默契、互补性强、心理相容度高。

④成员学习兴趣浓厚、上进心强。

一个群体拥有以上特征的程度决定着它的有效性。拥有的特征程度越高，表明这个群体的有效性越好；群体所拥有的特征程度越低，就表明这个群体的有效性越差。有效性与团队完成完全行车任务绩效成正比。

四、群体意识与行车安全

1. 群体意识的含义

群体意识也称集团意识或团体意识，是指群体成员对群体以及自己与群体的关系、情感和行为倾向的总和。个体对群体以及自己与群体关系的认识，是形成群体意识的基础。对群体的认识，包括对群体的目标、规范、价值观、群体性质的了解和评价；对自己与群体关系的认识，包括自己在群体中担任的角色、自己在群体中的地位、自己与其他成员的关系，自己对群体的责任、义务和权力的了解。

一般来说，情感是在认识基础上产生的心理状态或感受，而群体意识的情感，也是群体意识的核心部分，是认识转化为行为的中介因素。个体对群体的情感主要表现在群体的归属感、认同感、责任感、荣誉感和义务感等方面。行为倾向就是行为的准备状态。群体意识的行为倾向，也是群体意识的主要动力。在行为倾向的激励下，群体成员便能够以自己的实际行动来履行自己对群体的责任和义务，自觉维护群体的利益和荣誉。

2. 群体意识的形成

（1）组织参与群体的活动

群体意识的形成过程，也是群体意识向更高水平发展的过程。通过参与建设与发展群体的活动形成和发展群体的群体意识，以及组织丰富多彩的活动，引导群体成员积极参与，使成员在建设群体的实践中形成和发展群体意识。

（2）教育引导，提高个体与群体关系的认识

群体成员对个体与群体关系的认识，是形成群体意识的基础。首先要提高个体的认识，使他们认识到自己与群体的关系及意义，认识自己对群体的责任和义务，以及群体带给个体的意义和价值，引导群体成员处理好个体与群体的关系，积极承担群体的义务，关心群体的利益和荣誉。

（3）制定集体主义的行为准则

合理、可行的集体主义的行为准则，对群体意识的形成有着激励和促进作用。行为准则是对行为的客观要求，群体意识是调节人们行为的一种心理倾向。外部因素只有转化为内部的群体意识，群体中个体才能自觉调节自己的行为。因此，要引导群体成员把行为准则转化为主观的群体意识。

（4）建立良好的群体氛围

建立良好的群体氛围，包括建立良好的群体评价、群体议论等激励措施。群体的社会评价和议论，对群体意识的形成有着促进和导向作用。激励措施对群体意识的形成有强化作用。

（5）发挥群体意识的能动作用

群体意识一旦形成，便会产生实际的影响和作用。群体意识能够使群体成员真正懂得群体规范的本质，激发他们实践规范的自觉性。能够使每一个成员都成为群体活动的主体，让“个体”融合在群体之中，自觉地承担起自己的责任和义务。这样，即使在没有群体规范制约的情况下，群体成员也能自觉地按集体主义的原则调节自己的行为。

3. 群体意识对安全行车的影响

群体意识是提高群体凝聚力和士气的基础，是调节人们行为的一种心理倾向。对于多工种群作业的轨道运输行车安全来说，较强的群体意识有助于提高作业者遵章守纪、标准化作业的自觉性，增强群体成员之间作业中心理上的相容性和互补性，以减少作业过程中的不安全行为，提高群体作业的安全可靠性，有利于安全行车。但对于本位主义较强或群体安全目标与组织安全目标不一致的群体来说，过强的群体意识会因目标冲突而干扰组织目标的实现，反而对安全行车产生副作用。对此，要因势利导、及时纠正偏差以保证群体意识在安全行车过程中发挥积极的作用。

五、群体凝聚力与行车安全

1. 群体凝聚力的概念及其特征

（1）群体凝聚力的概念

群体凝聚力又称群体内聚力或群体吸引力，是指将群体成员吸引在群体内而对其施加全部力量的总和，既包括群体对其成员的吸引力，也包括群体成员之间的相互吸引力。这一概念与内部团结的概念类似，它可以通过群体成员对群体的向心力、责任感、荣誉感以及成员之间的关系融洽、相互协作、友谊等进行说明。

群体凝聚力是维持群体存在和发展的必要条件。一个群体如果失去了凝聚力，也就失去了群体的力量和功能，犹如一盘散沙，不仅难以完成组织的任务，甚至会名存实亡。安全行车的实践表明，有效的安全管理需要正式群体的凝聚力作为保证。在凝聚力低的团队中，安全行车规章制度的执行和标准化作业必然受到较大影响。同时，在良好的安全生产条件和环境中，规范安全作业标准，可以增加群体的凝聚力。

（2）凝聚力团队的基本特征

①成员间目标一致，相容性强，信息沟通较为频繁，关系和谐，相互了解较为深刻。

②成员归属感强，吸引个体积极参加群体活动。

③成员关心群体，愿意承担更多的任务，维护群体的利益和荣誉。

2. 影响群体凝聚力的因素

（1）奖励方式

群体内部的奖励方式可分为个人奖励和群体奖励以及这两种方式相结合的三种方式。不同的奖励方式会影响群体成员的情感和期望，进而影响群体的凝聚力。集体奖励方式可增加群体的凝聚力，个人奖励方式可增加群体成员之间的竞争力。研究表明，采用个人奖励和群体奖励相结合的方式，有利于增强群体凝聚力。

（2）目标结构

群体的目标结构与群体凝聚力也有密切关系。群体成员目标若与群体任务目标不关联就很容易降低凝聚力；反之，个人目标与群体目标有机结合，能够增强成员的群体意识和凝聚力。

（3）满足成员需要的程度

个人加入群体的首要因素，是因为群体有助于满足他的物质需要和精神方面的需求。群体对个体各种需要满足度越高，群体就越有吸引力，群体的凝聚力也就越大。

（4）领导方式

不同的领导方式，对群体的凝聚力有不同影响。若领导者能广泛了解个体及群体的需求，并将个体与集体需求进行统筹，将个体发展目标与集体发展目标同向，群体成员之间会更友爱、思想更活跃、情绪更积极，且归属感及价值感更高，凝聚力更高。

3. 高群体凝聚力团体的特征

（1）成员有相似性和互补性

所谓的相似性，是指成员之间在文化、民族、背景、兴趣、需要、动机、信念、价值观及人格上有相同相似之处。一般来说，成员之间的相似性越高，群体的凝聚力也就越大。互补性，指具有异质性的群体成员之间感到彼此在某个或若干方面能够取长补短、互相补充时，也会增加成员间的感情和密切关系，增加凝聚力。

（2）群体的成就和荣誉

当一个群体取得显著成绩，获得组织的表彰，被授予先进、优秀或标兵等荣誉称号时，其群体成员的心理认同会更强烈，每个成员都会有一种自豪感，并尽其所能来维护这种荣誉。一个群体的成就越大，社会和组织对该群体的评价就越高，群体成员的归属感和自豪感也就越强烈，群体凝聚力也就越高。

4. 外部的影响

不同群体间的竞争会促使成员更加团结，增强凝聚力，以赢得竞争。外来威胁也会增强群体成员之间的依赖性，提高群体的凝聚力。此外，群体规模的大小、人际的沟通程度等因素也会影响群体的凝聚力。

5. 群体凝聚力与安全行车的关系

高凝聚力可以提高安全作业绩效，也可以降低安全作业绩效，这取决于凝聚力和群体的行为规范、目标、态度与组织安全目标的符合程度。当群体的安全态度、规范、目标与组织安全目标一致时，群体凝聚力高，其安全作业绩效也高；反之，当群众的安全态度、规范、目标与组织安全目标不一致时，群体凝聚力高，其安全作业绩效反而会降低。

组织领导应认识到并认真对待群体凝聚力对安全作业绩效的影响，及时了解，掌握和调整不同群体的凝聚力状态，使其成为安全行车的动力。对于群体凝聚力低的群体，要仔细分析影响凝聚力的主客观因素，积极引导群众克服这些因素。对于凝聚力高而其安全作业规范达不到标准的机车组或机班，应加强安全检查和引导，并采取措施提高其作业标准化程度，使群众的安全目标与组织的安全目标保持一致。

六、群体士气与行车安全

1. 群体士气的概念和特征

（1）群体士气的概念

“士气”一词原用于军队，表示军人的战斗意志和集体精神。在管理学中，是指群体的作业意志和工作精神，也称“团队精神”。它是成员对群众有认同感和满意感，愿意为实现群体目标而奋斗的一种精神状态，使群体成员在安全行车过程中形成共同态度和情绪。

（2）士气高昂的群体特征

①群体的团结来自内部的凝聚力，而不是外部的压力。

②群体成员的目标与群体目标高度一致。

③群体本身具有适应外部变化和处理内部冲突的能力。

④群体成员之间以及群体具有强烈的认同感和归属感。

⑤群体成员都认同群体的存在价值，并具有维护其继续存在的意向。

2. 影响群体士气的主要因素

（1）群体目标与个体目标是否一致

士气是群体中成员的群体意向，它代表着一种个人成败与群体成就休戚相关的心理。这种心理只有在个体目标与群体目标一致时才可能产生。这时个体群众有较强的归属感和认同感，真心实意地为实现群体目标而努力。

（2）作业环境与心理环境是否适宜

改善员工作业的物理环境，以人为本、科学合理地安排作业制度，使员工在作业中身心舒畅，减少环境因素和作业制度所带来的焦虑和挫折，使员工对从事作业充满信心，获得自尊，这些都是提高士气的重要条件。

（3）经济报酬是否合理

经济报酬不仅能够满足生存生活需求，同时还代表了个体在群体中的贡献与成就。按劳取酬、公平分配、合理奖罚，有利于调动员工的积极性；否则，会引起员工的不满，降低士气。

（4）个体对作业的满足感

这里是指个体因为对职业产生较浓兴趣而获得的对群体的满意感，满意感必然带来高涨的士气；相反，对从事职业厌烦的人，由于不能胜任本职工作或不能发挥自己的才能，对群体的满意感低，士气必然低下。

（5）群体领导者是否适宜

群体领导者素质和管理风格对群体影响较大。若领导者管理得当，公正无私，尊重、信任、关心群体成员，必然会提高成员士气。

（6）成员之间的和谐与心理相容性

群体中领导和成员之间的关系和睦，相互协调，心理相容性较强，则士气高；反之，彼此埋怨，相容性差，则士气较低。

（7）信息沟通情况

群体上下纵横各环节如果出现信息沟通受阻变异，领导和成员互不了解情况，皆会引起员工的不满情绪而影响士气。领导若让员工参与决策，进行多种形式的民主管理和双向沟通，有利于提高群体的士气。

3. 群体士气和行车安全

士气是一种心理倾向，士气低者对行车作业感到痛苦，在作业群体中不能得到满足感而不能达到标准化作业水平，易产生疲劳和身心疾病，产生不安全行为。组织都希望其员工既有高昂的士气，又有较好的安全绩效，但士气只是提高安全绩效的必要条件，而不是充分条件。它们之间存在以下较为复杂的四种关系。

①士气低，安全绩效也低。这是个体的需求得不到满足和与组织目标不一致时所出现的状态。

②士气低，安全绩效高。这是个体的需求虽暂时得不到满足但与组织目标相一致，或采用严格控制的方式出现的状况。由于忽视了个体的需求，这种状态并不能持久维持。

③士气高，安全绩效低。这是个体的需求得到满足但与组织目标不一致时出现的状态。

④士气高，安全绩效也高。这是个体的需求得到满足且与组织的目标一致时出现的状态。

活动训练

过轨道

①目的：感受在职业中的团体智慧和创意，体验全体成员的参与精神，提升团体动力。

②步骤：

- 老师首先宣布任务目标和游戏规则。

任务目标：面前是一条轨道，每组同学只能从自制车厢上安全通过，并且要通过障碍物。

游戏规则：每人分发一张报纸，象征车厢；每个人只能踩在自制车厢上才能在轨道上保证生命安全，如果掉下轨道，都会导致失去生命；自制车厢一旦置于轨道上，必须被踩住或摁住（用脚或用手），若孤单一片，则立即被老师没收；自制车厢只能被铺设前进，不能被踩住向前滑行。

- 各个小组开始活动直到结束。
- 分享讨论活动心得：活动采取了什么策略和分工、自身的角色，以及如何应对活动过程中出现的状况。

③注意事项：

- 活动之初，教师应严明活动纪律，在过程中出现掉下轨道等现象，学生立即下线。
- 每个小组开始之前，可以有充分的讨论时间，共同探讨活动策略和分工。

④在活动训练过程中，完成活动训练任务单（见表6-3-1）的填写。

表6-3-1　活动训练任务单

<table>
<tr><td>任务执行人</td><td></td><td>班级名称</td><td></td></tr>
<tr><td>所属小组</td><td></td><td>完成日期</td><td></td></tr>
<tr><td colspan="4">任 务 实 施</td></tr>
<tr><td>理论认知</td><td colspan="3">结合人际关系与轨道交通安全学习，可以做如下描述：
①我们组在活动中采取的策略和分工为______________________________。
②我在活动中的角色为______________________________。
③我们应对活动过程中的状况的方法为______________________________</td></tr>
<tr><td>情感体验</td><td colspan="3">当我跟组员一起商量策略时，感到______________________________（描述情绪）。
当我在活动过程中正常移动时，感到______________________________（描述情绪）。
当我在活动过程中掉下轨道时，感到______________________________（描述情绪）。
当我们小组成功完成任务时，感到______________________________（描述情绪）</td></tr>
<tr><td>意志提升</td><td colspan="3">当我们小组所有成员共同完成任务时，我觉得对职业的信心提升了__________分（满分10分）</td></tr>
<tr><td>行为表达</td><td colspan="3">通过这项活动，发现我在行为层面有了这些方面的改变：（比如，原来不敢面对危险的职业情境，通过活动体验，可在与他人的合作中成功完成相对危险的职业任务）
①______________________________。
②______________________________</td></tr>
<tr><td colspan="4">指导老师批阅：

年　　月　　日</td></tr>
</table>

任务评价

对本任务学习目标的达成情况进行评价，见表6-3-2。

表6-3-2　任务评价表

<table>
<tr><td rowspan="2">评价内容</td><td rowspan="2">评 价 标 准</td><td rowspan="2">分数</td><td colspan="3">评 分 记 录</td></tr>
<tr><td>学生自评</td><td>组间互评</td><td>教师评分</td></tr>
<tr><td rowspan="2">知识掌握</td><td>明确人际关系对轨道交通行业安全的影响</td><td>10</td><td></td><td></td><td></td></tr>
<tr><td>了解有效群体、团体凝聚力、群体意识、群体士气与行车安全的关系</td><td>10</td><td></td><td></td><td></td></tr>
<tr><td rowspan="2">能力应用</td><td>能运用人际关系的理论建立和谐的工作关系</td><td>30</td><td></td><td></td><td></td></tr>
<tr><td>能应用沟通技术为安全行车提供有效支持</td><td>30</td><td></td><td></td><td></td></tr>
<tr><td rowspan="2">素质养成</td><td>在日常生活、学习和工作中能增强团结意识</td><td>10</td><td></td><td></td><td></td></tr>
<tr><td>以构建和谐职业人际关系践行社会主义核心价值观</td><td>10</td><td></td><td></td><td></td></tr>
<tr><td colspan="2">总　　分</td><td>100</td><td></td><td></td><td></td></tr>
</table>

项目七

正确对待爱情　预知职业情感

项目描述

本项目学习爱情的含义和本质，了解大学生恋爱的原因、类型和特征，明确大学生心理发展过程和特点，正确认识性心理困扰，能够正确处理性心理发展的矛盾冲突和挫折，树立积极的恋爱观和维护性心理健康的意识，提升爱的能力，向往美好人生，领悟中国传统文化对形成正确恋爱观的积极作用。

思维导图

- 正确对待爱情 预知职业情感
  - 爱情解密
    - 爱情的含义，本质和特征
    - 大学生恋爱的动因
    - 大学生恋爱的类型
    - 大学生恋爱的特征
    - 培养分手的能力
    - 活动训练：欣赏他人
  - 维护性心
    - 青少年性心理的发展过程
    - 大学生性心理活动的表现
    - 大学生常见的性心理问题
    - 大学生性心理问题产生的主要原因
    - 维护性心理健康的途径
    - 活动训练：传球
  - 爱岗护家
    - 理解家庭内部的人际关系
    - 铁路职工婚姻家庭对安全生产的影响
    - 轨道交通行业员工婚姻家庭状况案例分析
    - 活动训练：写一封情书

趣味导读

在青年的人生发展中，学习与同龄男女的交往方式，学习男性或女性的社会角色，做好组织家庭的准备等内容，都是重要的课题。恋爱则是个体在性成熟和社会成熟达到一定阶段之后出现的特殊的交往方式，是青年在组织家庭之前的重要经历，也是青年必须正视的重要课题。大学生恋爱是一个复杂的心理过程，学习恋爱中常见的心理机制，学会适时调节、拥有健康的恋爱心理是大学生心理成熟的标志。

音频
一见钟情的心理机制

任务一　爱情解密

情境导入

小李同学是高铁运营专业一年级新生，进入大学以后，生活的时空与内容在拓展。小李在刻苦埋头学业的同时也十分关注自身的成长发展。她悄悄注意同宿舍的女生，她们活泼、开朗，懂的事情特别多，在班级中男生居多的情形之下，她们格外受到关注、照顾。她羡慕她们，感觉自己似乎是个丑小鸭，在人群中是那么不起眼。为了避免被拒绝而受伤，她从来不与男生有更多的接触、交谈，最多限于别人与她交流功课、讨教问题。但是，一个已经成熟的女孩，内心不会没有接近异性、探索异性、引起异性注意、得到异性爱的心理需求。她感到压抑并陷入深深的困惑与烦恼之中。

学习目标

能力目标：

提升善于处理恋爱中各种烦恼和挫折的能力。

知识目标：

理解爱情的含义和本质，塑造健康的恋爱观。

素质目标：

看到爱情的美好，学习处理恋爱和学习生活的关系，提升职业适应能力，树立文明的恋爱观，做社会主义文明的传承者。

任务描述

自我探索活动：我理想的恋爱类型。

通过体验活动，分小组讨论恋爱观的性别差异。

任务分析

通过学习爱情的含义、本质和特征，提升善于处理恋爱中的各种烦恼和挫折的能力。通过自我探索练习，学习处理恋爱和生活的关系，树立文明的恋爱观，提升爱的能力和向往美好生活的能力。

相关知识

一、爱情的含义、本质和特征

1. 爱情的含义

爱情是指男女双方基于一定的物质基础和共同的生活理想，在各自的内心形成真挚仰慕，渴望对方成为自己共同生活的终身伴侣的强烈情感。

心理学家斯坦伯格提出，爱情由三个基本成分组成：激情、亲密和承诺。激情是爱情中的性欲成

视频
爱情三元素理论

分，是情绪上的着迷；亲密是指在爱情关系中能够引起的温暖体验；承诺指维持关系的期许或担保。这三种成分以不同的组合构成了喜欢式爱情、迷恋式爱情、空洞式爱情、浪漫式爱情、伴侣式爱情、愚蠢式爱情、完美式爱情等七种类型的爱情。激情、亲密和承诺共同构成了完美的爱，缺少其中任何一个要素都不能称其为完美爱情。

2. 爱情的本质

爱情具有两种属性：自然属性和社会属性。自然属性主要满足人的生理需要，即性爱；社会属性指满足人的精神需要和责任（家庭责任），即情爱。爱情是性爱与情爱两者相互作用而产生的，它是人类的一种高级精神生活。它不仅要求男女双方在思想、情感、性格等方面共鸣和谐，而且要求男女双方共同承担应负的社会责任和义务。爱情是一种责任，是一种奉献，而不是索取和占有。

3. 爱情的特征

作为人与人之间特定的社会关系，爱情具有以下一些基本特征：

（1）爱情具有互爱性

爱情是一种复杂、崇高的感情活动，彼此互相倾慕，情投意合。真正的爱情是不可强求的，只能以当事人双方的互爱为前提，当事人既是爱者又是被爱者，男女双方必须始终处于平等互爱的地位。

（2）爱情具有排他性

男女一旦相爱，就会要求相互忠贞，并且排斥任何第三者亲近双方中的一方。

（3）爱情具有持久性

真正的爱情不是昙花一现，也不会随着年岁的增长而减弱，而是存在于整个恋爱过程之中，会延续到婚后的夫妻生活和家庭生活。恰如莎士比亚说：真正的爱，非环境所能改变；真正的爱，非时间所能磨灭；真正的爱，给我们带来欢乐和生命。

（4）爱情具有道德性

爱情中蕴涵着对对方的强烈义务感和责任心。

二、大学生恋爱的动因

恋爱是一对相互倾慕的男女共同追求、培育及发展爱情的过程。现实中，大学生恋爱现象越来越多，越来越普通，已经渗透到学习、生活和工作的各个方面。大学生的恋爱动因主要包括以下几方面：

1. 生理发育成熟

恋爱是大学生生理需求的一种自然反映。大学生已经步入青春期，在性的发育上由于下丘脑和垂体前叶迅速发育，促性腺释放因子和促性腺激素分泌量增加，性腺激素的分泌水平相应提高到成人水平，性开始成熟，性意识迅速萌发，性欲意识越来越强烈，会产生性生理需求，对爱情充满憧憬，择偶心理需求增强。

2. 情感需要

由于中学阶段巨大的升学压力，他们的情感被暂时压抑。进入大学后，环境相对宽松，休闲时间增加，因而大学生有条件更多地考虑情感问题，青春期被压抑的情感此时得以爆发。恋爱是满足情感需要的一种重要方式。

3. 从众心理

在当今的校园里，谈恋爱的学生不占少数，而校园恋爱极富传染性。大学生涉世不深，自我意识力薄弱，独立性较差，易简单模仿或效仿他人的行为，盲目从众。既有本身对爱情的渴望，又有从众心理。

4. 价值观念的变化

价值观念的变化也是导致大学生恋爱的原因之一。社会的快速发展，大学生的自身价值观有了明显的改变，更加注意表现自己，体现自身价值。伴随着自我意识的增强，特别关心自我在别人心目中的地位和形象，尤其是异性对自己的评价和承认，不少大学生对自身的价值判断以有无对象为尺度，增强了获取爱情的迫切心情。

5. 家庭的影响

一部分学生在校期间谈恋爱时受到家庭的影响。一些父母认为，社会的大龄青年找对象难，而在这段时间比较容易找到称心如意的对象，而且同学之间的感情比较单纯，彼此之间比较了解，因此对大学生谈恋爱表示支持，或持不反对的态度，希望自己的子女在大学期间谈好对象以解除后顾之忧。

三、大学生恋爱的类型

1. 理智型

这种类型的爱情和恋爱是在长期的学习、生活过程中培养起来的，是建立在信任和真诚的基础上的，是一种平淡而厚实的爱情。该类型学生能够正确处理恋爱与学习、爱情与友情的关系，学习努力，社会活动积极，双方表现都很好，把幸福的爱恋转化为学习和奋斗的动力。

2. 感情型

这种类型的学生容易感情用事，遇事易冲动，容易陶醉于爱情之中而忘却一切，严重地影响了学习，在学生中也比较孤立。

3. 需要型

这种类型的学生谈恋爱用于缓解精神苦闷，弥补心理上的不平衡和思想上的空虚，有的会单相思，有感情上的痛苦，甚至造成悲剧。

4. 游戏型

这种类型的学生视爱情和恋爱如游戏，特征是只求个人需求的满足，对恋爱极不严肃，毫无道德和责任感。

四、大学生恋爱的特征

大学生恋爱，除了具有一般青年恋爱过程中所具有的排他性、冲动性、强烈性、直觉性和依存性以外，还具有自己独有的特点。

1. 恋爱的浪漫色彩浓厚

这种类型的恋爱视爱情和恋爱为生活的全部内容，谈恋爱一般不接触实质性的问题，将爱情和恋爱对象理想化，扩大了爱情的完美性而忽视了其现实性，一旦遇到实际问题，会产生动摇，也称为“真空爱情”或“玻璃爱情”。

2. 恋爱的盲目性较大

这种类型的恋爱视恋爱作为一种时髦或消遣，对爱是什么、为什么爱都没有弄清楚就盲目恋爱，结果是互相攀比，甚至朝三暮四。

3. 恋爱的情感随意性大

这种类型的恋爱多以自我为中心，不严肃、不负责任，对未来缺乏长远规划，缺乏责任意识。

4. 恋爱的过程信息化

大学生的恋爱对象不再是面对面的单一固定模式，而是通过QQ、微信等社交平台，实现了恋爱过程的信息化。网络已经成为大学生一种比较普遍的交往与恋爱方式，为青年学生提供了新型信息场所和空间。有些大学生仅把美好爱情寄托于虚拟的网络世界，享受不到恋爱的幸福和美好，易导致大学生恋爱道德意识的淡化和大学生情感心理危机。

五、培养爱的能力，解决和调适爱的心理困扰

恋爱会带来复杂、独特而微妙的情感体验，容易产生心理困扰。勇于面对恋爱中的困扰，培养爱的能力，对于维护大学生的恋爱心理健康至为重要。

1. 选择问题的心理困扰和调适

（1）培养迎接爱的能力

面对别人的施爱，能及时准确地对爱做出判断，并做出接受、谢绝或再观察的选择，这就是一种爱的能

力。一个人如果能对自己、对他人、对万事保持敏感和热情，主动关心他人，热爱他人，当别人向你表达爱时，才能及时准确地对爱的信息做出判断，坦然地做出选择。

（2）培养施爱的能力

敢于表达、善于表达，这是一种爱的能力。有的大学生自己爱上了别人，但不知道对方是否也爱自己，想表白心迹，又怕遭到拒绝，左右为难。对于这样的困境，要学会正确认识对方对自己的情感后，再向对方表白自己的心迹。

（3）培养拒绝爱的能力

面对他人的求爱，当你不准备接受时，不要为了害怕伤害对方的自尊心，或者是为了自己的虚荣心，在自己没有产生爱情的情况下，盲目接受对方的爱，对双方都是伤害。拒绝爱要注意两个方面：一是在并不希望得到的爱情到来时，要果断，勇敢地说“不”，因为爱情来不得半点勉强和将就；二是要掌握恰当的拒绝方式，尊重对方真挚的感情。

（4）培养分手的能力

爱情是不能强求的，恋爱过程中如果一方发现对方不适合自己，而准备结束恋爱关系，最好要让对方有一定的思想准备，比如，用一些暗示性的语言表明两人不合适。在对方有思想准备的情况下，再提出分手，对方可能好接受一些，感觉到的伤害也会少一些。

2. 单恋的心理困扰和调适

单恋俗称单相思，又称暗恋或爱情错觉，是指异性关系中的一方倾心于另一方，却得不到对方回报的单方面的“爱情”。单相思是恋爱心理的一种认知和情感的失误，如果处理不好，最终会使人陷入痛苦的境地，处于空虚、烦恼，甚至绝望之中，对以后的恋爱婚姻生活有消极的影响。

（1）单恋形成的原因

①认知偏差。有的单相思者是由于自己的认知偏差造成的，不能正确地对待被拒绝的事实，仅仅为了自己的自尊心和虚荣心，强迫自己追求到底。

②爱情错觉。在异性间的接触来往关系中，错误地认为对方对自己“有意”，或者把双方正常的交往和友谊误认为是爱情的来临。

③信念误区。单相思者往往以为爱仅仅是投入，不要承诺，不要回报，不顾一切的精神恋爱才是世界上最伟大的恋爱。

④爱幻想。这是造成单相思的主观因素。如果在现实生活中难以适应正常的恋爱生活，爱幻想者往往依据丰富的想象力，在幻想中得到异性爱的一切满足。

（2）单恋的调适方法

如果是自己有意而对方并不知情，并且觉得对方有很大的可能也爱自己，在理智分析之后，要敢于表达、善于表达，以免错过良机。如果被接纳，爱的快乐就取代了等待的痛苦。如果是“落花有意，流水无情”，则应该面对现实，勇敢地抛弃幻想，要用理智克制自己的情感，要从单恋的痛苦中摆脱出来，转移自己的注意力到其他方面，多参加一些集体活动。

3. 失恋的心理痛苦及其调适

失恋是指恋爱过程的中断。大学生在追求爱情的过程中遇到失恋波折是在所难免的。面对失恋带来的悲伤、痛苦、绝望、忧郁、焦虑、虚无等情绪可以用如下方法调适：

（1）积极的自我暗示

一个人失恋后，如果总是责备自己，总觉得是自己的原因才导致分手，就只会使自己越来越压抑。这时应学会积极地自我暗示，告诉自己是因为彼此不合适才导致的分手。

（2）积极放松，调适心绪

失恋后，可以找知心朋友倾吐心声，或者做些能够放松心情的事情，让自己投入大自然的怀抱，保持身体和情绪的代谢，以冲淡内心因失恋而造成的挫折感和压抑感。

（3）升华法

升华是指将挫折所产生的愤怒情绪、仇恨和敌意、自责或愧恨等消极情绪，进行积极处理，将其作为一种高尚的表达。历史上，有很多人都是在受到失恋的打击后发愤追求事业的。恋爱失败了，用功学习、工作，把因失恋而产生的挫折感、压抑感升华为奋斗的动力，从而成就一番事业是非常有益的。一旦全身心地投入到一项更有意义的事业中时，定会觉得失恋也是成长中难得的经历。

（4）用理智来驾驭感情

失恋后缺乏意志和克制，就会做出丧失理智的举动。不要一时冲动，做出害人害己的事。要通过增强理智感分析原因，总结经验教训，寻找解决问题的方法和途径，在新的追求中确认和实现自己的价值，提高自己的心理承受能力和思想水平。

4. 恋爱中不良行为的调适

（1）避免言谈的粗俗

恋爱言谈要文雅，交谈中要诚恳坦率自然亲切，不要为了显示自己而装腔作势，矫揉造作；不能出言不逊，污言秽语；不能咄咄逼人，无休止地质问对方。

（2）避免行为过度亲昵

恋爱中的大学生会逐渐从一时的羞涩与紧张走向自然大方的交往，不过这期间尤其要注意行为举止。要善于用理智控制感情，亲昵行为要高雅，特别是对恋爱中引起的性冲动，要注意克制和调节，拒绝婚前性行为，把恋爱行为限制在社会规范内，使恋爱沿着健康方向发展。避免凌驾于恋人之上，恋爱过程中要平等相待，不要拿自身的优点去比较对方的不足，以此炫耀抬高自己，戏弄贬低对方。也不宜想方设法考验对方或摆架子，这些都可能挫伤对方的自尊心，影响双方的感情。

5. 自觉遵守恋爱道德，承担爱的责任

不少同学是抱着一种玩世不恭的态度在谈恋爱，他们不愿意付出真感情，不是为了寻觅终身伴侣，而仅仅是在寻求一种两性情感生活上的即时满足和人生体验；恋爱的进程越来越快，恋爱的过程越来越短，恋爱关系的稳定程度越来越低，恋爱的行为也越来越随意。

年轻人在步入爱情的大门时，要严肃、认真、慎重和细致，至少要问自己六个问题：一是否学会对别人忠诚；二能否做到不自私；三能否善于控制自己的愿望；四双亲对此有什么意见；五是否想过今后会有孩子；六问是否想过未来家庭中除了欢乐之外，还有忧愁。从中可以看到，恋爱是自由的，但绝不是放任自流，恋爱也要严肃负责、纯真专一、举止文明。恋爱是两个人之间的感情，但绝不仅仅是两个人的私人感情，它必然要牵涉到他人，牵涉到社会。良好的恋爱关系需要道德加以规范和制约，需要恋人认真对待，自觉承担起自己应有的责任。

6. 正确处理恋爱与其他方面的关系

（1）摆正爱情与学业的关系

人生的每个时期都应有每个时期的事情，倘若提前做了后一个时期的事情，便失去了前一个时期。完成学业是大学生在大学阶段最为重要的任务，大学生应该把学业放在首位，不能把宝贵的时间都用于谈情说爱而放松了学业。学业是大学生体现自我价值的主要支柱。如果把爱情视为生命的唯一，爱情就是一株温室中的花朵，娇弱美丽却经不起任何打击；如果把爱情当成大学生期间唯一的存在价值，自我就会失去人格的独立和魅力，也很容易失去被爱的理由。

（2）处理好爱情和友谊的关系

有的大学生对友情和爱情混淆不清，无法判断。这种恋爱心理困境的原因主要在于对友情和恋情的认识还很肤浅，并缺乏对社会中人际关系的科学认识。爱情和友谊是两种不同性质的感情和概念。友谊是朋友之间一种平等的、诚挚的、亲密的、相互信赖的关系，感情上表现为平和、沉静、坦诚。爱情则是一对男女相互之爱，它在友谊的基础上，加上了异性间的吸引，感情上表现为热烈、奔放、激情难抑。但是，男女之间的友谊不是都能发展为爱情的，大学生首先应把握友谊与爱情的区别，不要误把友情当爱情。其次，在现有爱情关系存在期间，与其他异性的友谊不能超出朋友关系的范围，不能失去理性的驾驭。再次，男女同学应跳出两人的小世界，积极参加各种集体活动，积极与异性交往，不为因避恋爱之嫌而回避异性，抛弃友谊。

活动训练

欣赏他人

①目的：帮助学生更好地了解不同性别欣赏异性的特点，增加对异性的了解。

②步骤：

- 全体学生分成6人组，最好每个小组男女生比例相同。
- 每组分配一张“我欣赏的男生和女生”表格（见表7-1-1），小组内进行讨论，一人负责记录，其他人一起开动脑筋思考欣赏什么特点的男生和女生，想到的所有结果都记录下来，中间不加任何评论。
- 每组选派出一名代表向全体学生介绍自己小组讨论的结果。学生能从大家发表的看法中得出男女生在欣赏同性和异性时有一些区别和共同点，帮助学生更好地理解异性，做一个受欢迎的人。

③在活动训练过程中，完成活动训练任务单（见表7-1-2）的填写。

表7-1-1　我欣赏的男生和女生

学生	欣赏的男生或女生的特点	
男生	欣赏的女生特点	欣赏的男生特点
女生	欣赏的男生特点	欣赏的女生特点

表7-1-2　活动训练任务单

<table>
<tr><td>任务执行人</td><td></td><td>班级名称</td><td></td></tr>
<tr><td>所属小组</td><td></td><td>完成日期</td><td></td></tr>
<tr><td colspan="4">任 务 实 施</td></tr>
<tr><td>理论认知</td><td colspan="3">结合培养爱的能力的知识学习，可以做如下描述：
①我欣赏的同性的特征为________；我欣赏的异性的特征为________。
②我认为男女生在欣赏同性和异性时区别为________。
③男女生都很欣赏的人格魅力为________</td></tr>
<tr><td>情感体验</td><td colspan="3">当我跟小组成员一起讨论欣赏的同性和异性时，感到________（描述情绪）。
当我跟小组成员一起讨论男女生在欣赏同性和异性时的区别时，感到________（描述情绪）</td></tr>
<tr><td>意志提升</td><td colspan="3">当我发现男女生在欣赏同性和异性时的区别时，觉得我对找到爱情的信心提升了________分（满分10分）</td></tr>
<tr><td>行为表达</td><td colspan="3">通过这项活动，我发现在行为层面有了这些方面的改变：（比如，原来不敢当众谈论爱情，通过活动体验，可与他人一起讨论欣赏的异性）
①________。
②________</td></tr>
<tr><td colspan="4">指导老师批阅：

年　月　日</td></tr>
</table>

任务评价

对本任务学习目标的达成情况进行评价，见表7-1-3。

表7-1-3　任务评价表

评价内容	评价标准	分数	评分记录		
			学生自评	组间互评	教师评分
知识掌握	掌握爱情的含义、本质及特征	10			
	大学生恋爱的特征及类型	10			
能力应用	能从心理学视角理解恋爱观	30			
	提升处理恋爱中各种烦恼的能力	30			
素质养成	明确大学生心理发展过程和特点，塑造健康的恋爱观	10			
	学习处理恋爱和学习的关系，提升职业适应能力	10			
总　分		100			

任务二　维护性心[1]

情境导入

小李同学因自我评价出现偏差，不接纳自我，感觉自己缺乏对异性的吸引力，用回避和过度的自尊保护自己免受伤害，并且竭力掩盖内心的痛苦与失落；因缺乏与异性朋友甚至同性朋友适当交往的经验，身心健康、人格健康都会受到影响，也不能从交往中学会辨识、读解对方发出的信息，更难以区分什么是爱、什么是迷恋，以及什么是身体发育带来的作为正常生理和心理现象的性欲望与冲动。这些都提示我们合适的性教育应该引起高校的重视。

学习目标

知识目标：

了解性心理发展过程和特点，正确认识性心理困扰。

能力目标：

能够处理各种性心理发展的矛盾冲突和挫折。

素质目标：

维护性心理健康，适应大学生的发展与成长；树立积极的恋爱观，向往美好人生，提升民族自豪感。

任务描述

分小组讨论关于大学生性心理的案例，分享如何正确面对性心理的困扰。

分小组、分角色扮演，讨论解决性心理矛盾的途径和方法。

任务分析

通过学习青少年性心理的发展过程，正确认识性困扰。能结合大学生性心理问题，讨论维护性心理健康的途径，树立积极的恋爱观。

相关知识

大学生处于青年发展的中期，身心发展最明显的特征是性机能的成熟和性心理走向成熟。性生理的成熟、

① 性心理简称为性心。

欲望的增强与性心理发展不平衡的矛盾，必然给大学生带来一系列的心理困扰和烦恼。了解大学生的性生理和性心理特点以及性心理困扰，学会正确地处理各种性心理发展的矛盾冲突和挫折，对维护大学生的性心理健康具有极其重要的意义。

一、青少年性心理的发展过程

性心理是指与人类“性”有关的心理，包括围绕性欲望、性冲动、性行为、性满足而产生的认知、情感、需要和经验等心理活动。

一般来说，进入青春期以后，青少年性心理的发展大致要经历了以下五个阶段：

1. 性的反感期（12~13岁）

青春期的到来，男女少年开始产生性不安、羞涩、甚至厌恶的心理。行为上表现为疏远异性或粗暴地对待异性，即使是“两小无猜”的好朋友，也开始不自然地疏远起来。

2. 性的困惑期（14~15岁）

此阶段由于性生理的发育，使青少年产生性本能冲动。对人类性的初步体验往往使青少年带着极大的好奇心去猜测、想象，甚至盲目行动，胡乱探索。

3. 性的好感期（16~17岁）

随着知识的增长，对性的社会角色也有了一定的认同感。男女间开始由抵触转向好感，产生出一种自然的亲和力，并且因为人类对性差别本身所具有的好奇心，使男女青少年开始有了与日俱增的相互了解的愿望。这一时期一般是中学阶段，由于社会和集体舆论的压力，家庭和教师的劝导等阻碍着男女同学深一层的交往和了解，出现了所谓“心相近而形相远”的现象，其交往既不密切，也不十分深刻，较少表面化和公开化。

4. 性的倾慕期（18~20岁）

这一时期表现出青年对爱情的憧憬和向往。心理上产生了有个“心上人”的想法，经常在心底默默地塑造着自己的爱情模特儿，与异性接触时不自然的心理有所减少。在行动上表现出有意接近某一位异性，常常以含蓄而心照不宣的方式表达自己的心意等。

5. 性的发展成熟期（20岁以后）

随着自身的发展和社会活动的增加，个人对人生已有了独立的较为深刻的认识，对性的态度和评价已日益稳定，也具有了爱的能力。特别是性爱的生物因素（性欲、性能力、生殖能力等）和社会因素（社会性价值、社会性道德、社会性责任）已达到了辩证统一，这是性意识发展到成熟阶段的标志。

二、大学生性心理活动的表现

性心理就是围绕着性征、性欲和性行为而展开的思维与想象，它是一个动态的过程。大致包括以下几方面内容：

1. 性意识活动

在青年期，性意识活动常见的有被异性吸引、常想到性问题、性梦及性幻想等。

常想到性问题是指在遇到有吸引力的异性时，想到对方或与自身的有关性的意念、裸体表象、性感部位及体验到自身的性冲动等；或者在读到与性有关的书刊文章时，产生对性的臆想、对自身生理性反应的感受、联想到对自己有吸引力的异性等。

性梦是进入青春期以后在梦中出现与性内容有关的梦境。性梦的内容和表现多种多样，可以是一个极为复杂、零乱无序、虚构无实的梦境，也可以是一个非常连贯完整的性行为过程。一般认为，性梦与性激素达到一定水平和睡眠中性器官受到内外刺激及潜意识的性本能活动有关。性梦中可以伴有男性遗精、女性阴道分泌物增多等性兴奋现象。性梦是正常的生理心理现象。

性幻想表现为在某特定因素的诱导下，“自编”“自导”“自演”与异性交往内容有关的联想。性幻想的内容可以是自己身边喜欢的对象，也可以是用极其浪漫的方式构想出来的性爱偶像。性幻想可导致生理上的性兴奋、性器官充血，也可偶尔出现性高潮。

2. 性行为活动

据社会学家的调查、统计，许多个体在出生不久就已经出现了性行为活动，只是当时的性行为尚带有简单模仿和好奇的性质而已。在大学生中曾发生过性行为的人数占一定的比例，这些性行为包括性自慰、婚前性行为等。

性自慰是指通过自我抚弄或刺激性器官而产生性兴奋或性高潮的一种行为，这种刺激可以通过手或是某种物体，来诱导发生。性自慰在青春期男、女均可发生，以男性更多见。

婚前性行为是指没有配偶的男女双方在恋爱时期发生的性交行为。婚前性行为不存在夫妻间应有的义务和责任。

三、大学生常见的性心理问题

1. 与异性交往不适的困扰

在大学生中，如果没有与异性的交往，不仅生活单调乏味，在一定程度上也会影响个性成熟、社会适应能力。但是，一些大学生在实际的交往过程中，却存在着种种困惑与问题。

有一部分大学生由于传统观念的影响，认为男女之间除了谈情说爱，是不可能有真正的友情的。一方面，青春性意识萌发，有强烈的接近异性的冲动；另一方面，又受错误观念及现实能力的制约，内心冲突又加剧了异性交往的紧张。这种恶性循环使得这一部分大学生不能结交异性并维持情谊，致使自己沉浸在孤独、痛苦的情绪体验之中。还有的大学生由于性格内向、缺乏自信而不敢与异性交往，久而久之就害怕与异性交往，紧张与羞怯使其在交往中局促不安，严重者会产生异性恐惧症。

还有一部分大学生，在与异性交往的过程中，随意与放纵的倾向较严重，轻率地与各种类型的异性交往。这种异性交往的观念与态度最终使他们陷于两难境地，严重地影响自身的心理健康。

2. 性体像的困扰

随着青春期发育，男女出现了第二性征，使体像发生了很大的差异，这些体像特征对异性产生了很大的吸引力。每个青少年都希望自己在这些方面具备一切优点。男生希望自己身材高大、体魄强壮、音调浑厚、拥有男性磁力以吸引女生；女生则希望自己容貌美丽、体形苗条、乳房丰满、音调柔美以显示女性魅力，吸引男性。如果以第二性征为重点的体像不尽人意，而且很难将其改变时，就出现了烦恼和忧虑，会因为对自己的性器官发育不满意而焦虑。

3. 性心理的困扰

任何事物都有两面性。性幻想、性梦、性自慰过度会引起性欲增强，性冲动加重，还会使人经常处于兴奋状态，身体得不到充分的休息，会感到疲劳，引起身体的免疫力下降，严重者还会出现神经衰弱现象。毫无节制的性自慰可能会造成泌尿生殖系统持续充血和其他病变。但性幻想、性梦、性自慰等性心理活动作为正常的生理心理现象，可以缓释性能量，能够最大限度地满足个体的性心理需求，能够让心理冲突得以平息、心灵得以抚慰。性自慰是性心理发育、性意识发展的一种表现，是解除性紧张、宣泄性能量的方式之一，并将其作为性心理发育的一项指标。但由于受传统观念的影响，部分大学生误以为它们是淫秽、肮脏、罪恶的行为，常因自己有过这些经历进而产生恐惧心理、犯罪感、自我谴责、悔恨心理，从而造成巨大的精神和心理压力。这种精神和心理状态又进一步引起身体上的症状，使个体产生“精神恍惚”“神经衰弱”“浑身乏力”“腰酸背痛”“学习退步”等一系列问题，并反过来使心理负担加重，从而形成恶性循环，严重影响大学生性心理的健康。

4. 性行为失当的困扰

大学生的性行为失当主要是边缘性性行为和婚前性行为。大学生边缘性性行为和婚前性行为的发生率也占有一定的比例。一些资料显示，有边缘性性行为的学生中，在事发之后会心理不安、烦恼、自卑、自责、恐惧等，严重时会影响他们的学习、生活、交往。边缘性性行为包括青年或少年期的游戏性性交，青春期及青年期的接吻、拥抱、抚弄性器官等。如果他们不能给予较好的控制和应对，则会导致心理的困扰和伤害。

大学生的婚前性行为一般有三个特点：一是突发性，往往在无心理准备的情况下突然发生；二是自愿性，又称非理智性，青年学生大多在自愿而又不理智的情况下发生性行为；三是反复性，一旦防线冲破，可能反复发生。大学生出现婚前性行为，常为社会、家庭和道德所不容，容易引起心理困扰，不仅有认识、观念上的困惑与自我矛盾，还可能动摇其自我评价和对未来的信心。特别是未婚先孕会给女大学生带来更大的身体上和精神上的痛苦。

四、大学生性心理问题产生的主要原因

1. 成熟的性生理与不成熟的性心理存在矛盾

由于受传统伦理观念的影响，性的问题一直被蒙上神秘的面纱，大学生一直难以获得系统、完整、科学的性生理、性心理、性道德等方面的知识，使得健全的性心理在大学生身上尚未完全确立，大学生走向独立的、全面的、成熟的性心理的时间推迟了。于是，大学生就出现了矛盾的心理，一方面，生理的成熟使得他们过早地涉足于性；另一方面，他们在社会心理不成熟的情况下，对生理的发育以及由于生理的发育而萌发的性心理，缺乏科学的理解，很容易陷入盲目性。人的性心理的成熟有赖于性生理的成熟，而性生理的成熟并不意味着性心理的成熟。性心理的成熟与社会心理的成熟有着密切的关系。目前，我国在校大学生的年龄一般在19～23岁之间，在这一阶段，性的成熟与整个身体的发育已基本完成。但是，大学生性心理的发展并未达到成熟。

2. 性意识的强烈性与表现上隐蔽性之间存在矛盾

大学生随着性机能的成熟，在青春期就出现的性欲望和性冲动此时会表现得更加强烈，时时渴望得到最直接的满足，这是身体发育中的正常生理和心理现象。但性不仅具有自然属性，同时还具有社会属性。社会道德和法律的要求、学校纪律的约束，使得大学生无法通过社会认可的合法婚姻形式获得性的满足。性的生理性需求与性的社会性要求的矛盾，使与性成熟相关联的性爱行为，往往只能表现得比较隐蔽曲折。

3. 性的社会性、道德性要求与性的压抑性之间存在矛盾

大学生健全的性心理结构尚未确立，对各种性现象、性行为的认知评价体系还不完善，但性机能的成熟使性的生理性需求更加强烈、迫切，时常伴有性梦、性幻想、手淫等行为，再加上性的社会性、道德性要求的约束，这些都使大学生性心理的发展处于多种矛盾的相互作用之中，出现分化。不少大学生无法处理好这些矛盾，从而使性心理的健康发展出现了偏差。有的大学生对性冲动持否定、抵制的态度，采取压抑或放荡的方式。与此相反，还有的对性持无所谓或放纵的态度，使部分大学生的性意识受到错误强化而沉湎于谈情说爱之中甚至发生性过失、性犯罪。

4. 社会环境中不良性信息的刺激

青少年进入青春期后，由于身体发育和性激素的分泌使他们的第二性征出现。他们渴望了解和探究异性的愿望非常强烈，任何有关性的文化信息都会对他们具有强大的吸引力和刺激。现实社会及网络世界对于意志薄弱的大学生也会产生一定的诱惑。这些不良性刺激对大学生的身心毒害是极其严重的。

五、维护性心理健康的途径

1. 掌握科学性知识

性是一门综合性的科学，包括性生理学、性心理学、性社会学、性伦理学、性美学等。大学生一般缺乏规范的性健康教育。在学习过程中，一些大学生受传统观念影响，有了性的困惑不愿意向家人、老师、医生求助或探讨。这样，不仅不能帮助大学生掌握健康的性知识，还会给大学生性心理和性行为的形成带来畸形冲击。因此，维护性健康必须自觉地掌握科学的性知识，从科学的健康途径获取性知识，以科学的态度坦然面对性的问题。

首先，应该选择阅读一些正规出版发行的性生理和性心理方面的科普书籍或一些性社会学、性伦理学、性法律学等专门论著，使自己构建合理的性知识结构。

其次，拒绝黄色诱惑。有专家认为，淫秽物品之所以导致人堕落或犯罪，是由于在各种黄色诱惑下，人们的心理防卫机制显得非常脆弱，极易被摧毁，最终诱惑人忘记一切社会规范，为了满足性欲，变得疯狂与不择

手段。因此，正在成长中的大学生应自觉地抵制黄色出版物，避免不良信息的刺激，以保持健康的性心理。

另外，大学生在学习交流的过程中应坚持冷静分析各种性观念和性思潮；避免盲目追随，给自己造成不健康的性心理障碍。

2. 培养健康的人格

性不仅决定于生物本能，一个人对待性的态度反映了一个人的人格是否成熟。

首先要建立负责任的性态度。性问题不仅包含生物性，还包含社会性和伦理性。因此，大学生在性问题上应建立负责任的性态度，严肃对待自己的性行为，不要因此造成对自己和他人的伤害，在性行为上不要出卖自己的肉体和感情。每一个成熟的大学生都应当了解个人性行为给他人、自我和社会带来的后果，增强自己的性道德和性法律意识，用道德和法律规范自己的性行为，对自我的行为负起责任。

其次，要自爱自信，认同自己的性别角色。性别角色的认同和胜任是现代人成功适应和发展的重要心理基础，是一个人社会化成熟与否的重要体现，是心理健康的重要标志。尽管现在社会上对同性恋存在着各种不同的看法，但人们对同性恋所引起的社会适应困难的看法是相当一致的。因此，大学生应当接纳和欣赏自己的性别角色，发展出适应时代要求的优秀个性特点。应该看到，世界是两性的和谐统一，男性和女性在生理和心理上各有自己的特点，各有自己的性别魅力。大学生应当在生物生理、社会心理和文化、经济、社会参与以及政治上，进行合乎科学、合乎道德、合乎时代要求的全面角色认同，充分展示自己的魅力。

再次，要培养良好的意志品质。为了自己长远的幸福和个人成功的发展，应当努力培养自己良好的意志品质。大学生自我控制性心理能力的大小，在一定意义上是由个人意志品质的强弱决定的。意志作为达到既定目的而自觉努力的一种心理状态，具有发动和抑制行为的作用。尽管有的青年人有很强的性冲动，尽管在外界性刺激的情况下，人会急于寻求性的满足，但是，人不同于动物，人有意志力，可以抑制和调整自我的冲动。

3. 积极进行自我调节

首先，正确对待性冲动。青年期是性欲望、性冲动、性兴趣频繁出现的时期，一方面要遵从人的自然本性，接受性冲动的自然性和合理性；另一方面，应努力培养自己的性抑制力，以便适应复杂多变的文化环境和生活环境，防止自己在两性吸引和性欲冲动中，以及在偶然诱因影响下的冲动或越轨行为。

其次，培养正常的异性交往。男女交往有利于性压抑减缓，有助于培养大学生健康的情感，从而调节深层的本能，使之趋于高尚。大学生要大方而潇洒地与异性交往，但是，在与异性交往中，不要限于身体的吸引，避开一些人在物质、精神、肉体等各方面的诱惑。

再次，转移对性的过度关注。大学生精力旺盛，情感丰富，充满了生命的活力，应把充沛的精力放在学习科学文化知识、培养广泛兴趣和增长实干的才能上，使自己的生活丰富多彩，避免沉湎于性追求、性满足上。例如，通过积极参加集体活动和体育活动等多种途径，可以使性能量得到释放、代偿、升华以及有效的转移。恰当的作息制度和紧张有序的生活节奏能降低对性问题的注意。

另外，要及时处理性心理困扰和性心理障碍。性心理困扰是青少年学生常见的问题，通常，性心理困扰的直接后果是自卑、自责和自我否定的倾向，它不仅影响学生的情绪，也会影响学生的人际交往和学习效率，所以一旦发现自己存在性心理问题，应及时处理。例如，阅读有关书籍，修正自己错误的认识；找好友交谈，帮助自我认识。许多大学生的性心理困扰是源于对自己性身份、性幻想、性欲望、性冲动的害怕。因此，最好找知心朋友交流，一方面宣泄自己的不良情绪，另一方面获得一些如何应对青春期烦恼的信息和经验，有助于自我调节。性变态是比较严重的精神障碍，属于心理疾患，应找心理专家咨询。性心理咨询是心理咨询人员运用性心理学知识和技巧，给需要进行性心理咨询的当事人以启发、指导和帮助，使当事人免受性意识或性行为障碍困扰，改变不当的性适应行为方式，提高当事人性适应能力，增进当事人身心健康的过程。对一些较严重的心理问题，向心理专家咨询更具实效性。

学习笔记

活动训练

传球

①目的：促进异性间正常交往，消除两性隔阂。

②步骤：

- 学生分成10人一组的小组，5个男生、5个女生，如果男生或者女生数量不够，可不必强求数量均等。
- 组员站立列队，男女生间隔排列。
- 每名组员用头和肩膀夹球，传给下一名组员。组员都只能头和肩膀接触皮球，其他身体部位和物品都不允许接触皮球。最后一名组员将皮球放进终点的桶中。
- 传球过程中，如果皮球掉到地上或者其他部位接触皮球，就宣告此次挑战无效，需要从头开始。
- 将皮球最先放进桶中的小组获胜。
- 分享讨论：活动过程中采取的哪种策略，以及效果如何。

③在活动训练过程中，完成活动训练任务单（见表7-2-1）的填写。

表7-2-1　活动训练任务单

任务执行人		班级名称	
所属小组		完成日期	
任务实施			
理论认知	结合维护性心理健康的学习，可以做如下描述： 在活动过程中，我们小组采取的策略为________________，效果为________________		
情感体验	当我们一起讨论传球的策略时，我感到________________（描述情绪）。 当我与异性有一些肢体接触时，感到________________（描述情绪）		
意志提升	当我可以成功将球传给下一位异性同学时，觉得我对异性交往的勇气提升了____________分（满分10分）		
行为表达	通过这项活动，发现我在行为层面有了这些方面的改变：（比如，原来从来不敢与异性接触，通过活动体验，可与异性保持恰当的接触） ①________________。 ②________________		
指导老师批阅： 年　　月　　日			

任务评价

对本任务学习目标的达成情况进行评价，见表7-2-2。

表7-2-2　任务评价表

评价内容	评 价 标 准	分数	评 分 记 录		
			学生自评	组间互评	教师评分
知识掌握	掌握青少年性心理发展过程	10			
	维护性心理健康的途径	10			
能力应用	能处理各种性心理发展的矛盾冲突	30			
	通过完成活动训练，了解维护性心理健康的途径	30			
素质养成	维护性心理健康，适应大学生的发展与成长	10			
	树立积极的恋爱观，向往美好生活	10			
总　　分		100			

任务三　爱岗护家

情境导入

宋扬出生在铁路世家，现在一所高等院校学习铁道机车专业。爷爷是火车司机，爸爸妈妈分别在铁路工务和铁路客运单位工作。在他儿时的记忆中，越是逢年过节，爷爷、爸爸和妈妈越忙，越不能在家团圆。越是恶劣天气，爸爸越要往外跑，到现场作业。小的时候，宋扬不太理解为什么只有自己的爸爸妈妈这么忙，很好奇他们在忙什么。爸爸妈妈得空了就会带着宋扬到站里可参观的地方看看站台和火车，看看检票和候车区。平时，在家也总能听到爸爸妈妈相互嘱咐工作要注意安全。虽然有时候几天见不着一次面，但是一家人其乐融融。当宋扬学习这个专业后，逐渐理解了父母工作的这份责任，也越发能感受到家的温暖给父母工作带来的那份十足的动力。现在的宋扬，劲头儿十足，正在备战铁路局的职业技能大赛，对未来的职业发展充满希望。

学习目标

知识目标：

了解婚姻家庭形态对安全生产的影响。

能力目标：

能将安全生产的意义提升到维护家庭和睦，对职业与家庭的关系有预测，将婚姻对安全生产的支持性作用有效应用到生产实践中。

素质目标：

提高职业安全意识，融入爱的感受和体验，能带着爱生活和工作。树立珍惜生命、关爱家庭的意识，将家庭安全稳定与社会和谐紧密结合，从中国传统文化中汲取爱的力量。

任务描述

学习家庭对于社会及岗位稳定的重要作用。学生能结合自己的家庭分享家庭对于工作的支持作用。

体验家庭角色。教师引导学生结合书中案例发现特殊婚姻家庭形态对轨道交通安全生产的影响。学生结合自己家庭和成长经历，写一份父母职业和家庭关系对自己安全影响的事例，并进行分析。

任务分析

通过学习家庭对于社会及职业发展的重要作用，结合案例明确铁路职工婚姻家庭对安全生产的影响，能对自己的家庭进行分析，找到建立稳定和谐家庭的支持性资源，通过完成体验活动，树立珍惜生命、关爱家庭的意识，感受中国传统文化对于构建和谐家庭与和谐社会的力量。

相关知识

在人类所有关系中，婚姻是最亲密，也是最奥秘的一种关系。据《说文解字》的解释，“婚”是指女方的家属，“姻”则是指男方的家属。婚姻不仅是两个人的结合，也是两个家庭的结合。两个家族的众多人际关系使得每个人的婚姻和家庭生活变得更加微妙和复杂。家庭是社会的细胞，每位家庭成员无疑还承担着一定的社会责任。

从事轨道交通行业的员工的婚姻和家庭有一般家庭的共性特征，也具有其特殊性。由于这一行业存在着较大比例的通勤工作岗位，这种特殊的工作性质使得有相当比例的员工，比其他职业人在恋爱、婚姻和家庭生活方面面临着更多困难，承受着更严峻的考验。

一、理解家庭内部的人际关系

1. 家庭关系

家庭内部的人际关系主要分为两种：夫妻关系和亲子关系。

夫妻关系是第一关系。家庭关系建立之初的夫妻双方的感情基础和不断发展的夫妻关系，为形成良好的家庭感情氛围、养育子女的温暖氛围、支持事业发展的有力氛围提供了稳定的后方保障。

亲子关系包含两方面的含义：一方面，亲子关系是父母和不同发育时期的子女进行交流和相处的问题，而教育子女在很大程度上也是夫妻双方相互理解与配合的结果；另一方面，亲子关系也涉及成年父母和家庭里的老人如何相处的问题，这种成年人与年迈父母的相处也是人际关系的一种。

从心理学角度来说，对于职工家庭关系的理解，要对家庭生命周期进行定位。任何一个关系都有一个相对位置的视角，就像每个人都经过婴幼儿期、儿童期、青少年期、成年期、老年期一样，每个阶段都有不同的生活内容及困扰。家庭的生命周期描述了形成、成长、成熟等各个时期，在不同阶段，家庭成员间所面临的矛盾和冲突也有所不同。

2. 家庭人际关系的常见问题

家庭人际关系问题常引发于压力。人际关系至少发生在两个人之间，当人际关系中的一方正在经受压力，哪怕这种压力并非来自对方，这时个体自身的紧张也可能会表现为一种关系的紧张。常见的关系问题主要有两类：

①客观压力引发的问题，主要源于现实要求。通常为工作要求、家庭责任等现实的外部要求。比如，工作压力涉及如何做好时间管理和资源管理，可以通过分清事务的轻重缓急管理自身的工作压力；人际压力主要来自周围同事、领导的要求，或者来自家庭内部成员的要求，可能因为在新接受工作任务时，担心和害怕自己达不到别人的预期，无法承受来自别人的失望和自己的自尊心的丧失而感受到巨大的压力。面对这类情况，可以尝试真诚地告诉对方，自己对于此项工作或家庭任务能做到什么程度、做到多少，可以有效缓解这种人际压力。

②主观压力引发的问题，主要源于自身要求。相比于客观压力的真实存在，主观压力则更多是一种自身需要。当现实的客观要求没有那么复杂和困难时，如果自己把现实情况“杯弓蛇影”了，就会产生非常大的主观压力，而且这种压力会稳定存在，需要进行认知调整。主观压力的产生有时是因为错觉，比如缺乏相关知识，有时是由于一些错误的理念和信念。现实生活中，无论处理工作关系还是家庭关系，都会存在一些似是而非的生活信念，而主观压力往往源自一些不合理的人生信念：

- 应该获得生活中每一位重要人物的喜爱和赞许。
- 应该在每个环节都把事情做好。
- 如果事情不是按自己的意愿发展的，结果将非常可怕。
- 必须对任何危险和可怕的事随时随地地加以警惕。

- 应该关心他人，并为他人的问题而悲伤、难过。
- 错误的人和事，都应该受到严厉的谴责和惩罚。
- 生活中的每个问题，都有一个正确的答案。

这样，在“必须”与“应该”的逻辑下，容易对家庭关系及对方抱有过高的期望。因此，需要通过调整不合理认知，以改善家庭关系，发现家庭关系中的美。当不合理认知得到调整时，夫妻关系和亲子关系都会得到优质提升。家庭关系稳定了，家长可以安心上班，孩子可以愉悦安全上学，家庭氛围其乐融融，事业学业家业共丰收，这是期待中的美好家庭愿景。

3. 家庭人际关系紧张的类型

①双向矛盾：两个人都要抗争、都要反抗。当关系的双方都想反抗，都一心想把这个力量释放出去时，就会产生双向矛盾。当双方都试图争取家庭人际关系的控制权时，就会引发争吵和冲突。这种状况看似存在激烈的碰撞，但有时并不可怕。因为在双方争执的过程中，依然存在有效的信息交流。

②单向回避：其中一方想逃避，而另一方想抗争或想纠缠；或者另一方没事，不知道为什么一方就开始回避自己。面临单向回避的时候，通常被回避的一方会特别痛苦或不知所措。

③双向回避：表现为“我也不太理你，你也不太理我”，是一种双向的冷战。双向回避往往是由于双方把积怨压在心里，短期的冷静可能还不足以造成严重后果，但若长期存在，易导致更严重的冲突或不乐观的结果。

4. 提升家庭关系的方法

①鼓励双方站在对方的角度思考问题。

②鼓励双方学会克制和理解。

③鼓励学会把握让步的机会。

④鼓励不说伤害双方感情和自尊心的话。

二、铁路职工婚姻家庭对安全生产的影响

据统计，某铁路局铁路职工数近十万，其中车、机、工、电、辆等一线作业人员占到总人数的比例约60%。一线工作的最大特点就是流动性和分散性强，这种特殊的工作性质，造就了一线铁路职工最为显著的婚姻与家庭生活形态特征——“牛郎织女”般的生活，以及特殊的情绪情感问题。这样聚少离多的家庭形态有利也有弊。从事城市轨道交通的员工，虽然空间跨度有限，但是多数岗位都存在倒班等制度，为了能按时正点接发车。完成作业任务，则需要与家人有短暂的分离，不能因个人家事影响车辆正点运行。一方面，个体由聚少离多而产生的情绪情感困扰很容易被带到工作中，心不在焉、紧张焦虑、疲惫愤怒或不适等，都是行车安全事故潜在的安全隐患；另一方面，个体由于与家人分离而产生的情绪情感问题如果长期不能有效排解和调整，不仅影响家庭生活的质量，也间接阻碍了铁路系统的高效、快速与和谐发展。

【案例1】一辆旅客列车行至北方某站某号道岔处时，与专用线溜出的8辆货车发生侧面冲突，造成机车前台车及机后1位、2位车脱轨，影响本列2小时48分钟，构成旅客列车行车重大事故。

案例分析：事故主要原因是某专用线的制动员在调车机未到线挂车前，将手制动机松开，将副风缸的风放净，违背了“挂车时没有连接妥当，不得撤出防溜措施”的规定；作业完毕后，也未在现场监控，而是去货运员办公室给女朋友打电话，致使车辆溜道没有及早发现和防止。

轨道交通行业员工在上岗前会经过严格的选拔和岗前培训。如果排除因工作知识和技能不足导致的交通事故因素，极有可能是与身体疾病、精神压力、工作态度等因素有关，这三种因素全都与人的心理健康状态密切相关。

在责任事故分析中，不仅要从技术、规定方面分析事故原因，还要针对个人心理层面进行分析，包括婚姻与家庭生活矛盾所导致的情绪情感问题。

三、轨道交通行业员工婚姻家庭状况案例分析

【案例2】工务系统未婚男青年的告白。我是一个从事工务工作的技术干部，工作性质决定了我要奔波在

铁路的沿线。平均下来，每个月大概有15天左右在外地工作，现在又有了新的制度，将我们的工作量增加1/3，我会有20天不能回家。我大学毕业5年了，现在还没有结婚，有热心的人给我介绍对象，见面谈话时，对方一听我的工作就退缩了。也有相处过的女孩子，大多数也是因为两个人很长时间不能相见或者相见时间很短就又分开了。我不能埋怨那些女生，如果我们结合，那样对她们确实太不公平。我也很难陪伴家人，感受不到陪伴的温暖，将来我也不能照顾老人和妻儿。

案例分析：未婚铁路男青年，在想象自己未来的婚姻生活时，充满了担忧、焦虑和不自信，在现实生活中很难找到资源来应对长期在外站工作而影响恋爱的苦恼。在家庭依恋关系方面，则有明显的自责、愧疚感和无力感。长期这样的体验和感受，会影响对职业选择的信念。

【案例3】在沿线工作的已婚男士的告白。我婚后在沿线工作已经一年多时间，一个月能回家一次，一次只有两天的假期。我和妻子之间也只有每天电话或视频沟通，她在家持家务，还要工作，我这边忙起来也时常做不到每天都给她打电话，即使我们都很想念对方，但是却只能是现在的样子。去年我们有了自己的孩子，不到1岁，妻子在家带孩子，有时也会抱怨，因为我也帮不了太多忙，还是一个月才能回一次家，在工作的地方，有时真的觉得工作枯燥而又单调，好想得到家庭的温暖和安慰，想每天都能陪自己的孩子。可是只能自己扛着，甚至得不到家人的理解。

案例分析：已婚铁路男职工，长期与家人分离，有对家庭爱与关怀的渴望，也有不能履行丈夫和父亲双重角色的愧疚感。同时，希望自己获得家人的理解和宽容。另一方面，妻子在长期的家事中，有委屈和焦虑，也渴望被关怀和关注。双方对爱的需求和获取严重不对等，需要建立良好的沟通渠道。

【案例4】铁路列车员妈妈的告白。我女儿两岁，因为工作的需要，产假结束后就回到列车上工作，我跑的是长线，一趟出乘就要4天，回到家还要补觉。每次出乘前都会纠结于女儿不舍的眼神和哭声，带着这样的心情，工作时难免会心不在焉，想孩子，想家人，还时常觉得对不起孩子。还好，我丈夫很理解我，在我出乘期间，调配好工作时间，能多带带孩子，我们为工作的付出和牺牲还是很多的，确实家庭的支持对于我们铁路女客运员太重要了。

案例分析：铁路列车女性乘务员，身兼职场女性和妈妈双重角色，在面对角色冲突时，会产生极度的焦虑，既要为生活而回到工作中，还要尽快适应母亲的角色，并渴望自己能够与女儿有高质量的陪伴，内心在矛盾而自责的同时，要承受多重压力，是铁路女职工最具代表性的心理感受。需要有丰富的家庭资源支持，帮助个体建立足够强大的内驱力，实现双重角色的调试。

【案例5】中年男员工的告白。我在交通行业工作了23年，已经到中年，目前正是上有老下有小的时期。除了家庭上的责任，工作中的担子也重了。我是司机，出车前要保持充足的休息，所以即使是非工作时间，我也不能将所有的精力和时间都投入家庭事件中，更多的是由我的家人来承担，妻子不得不处理更多的家事。老人已年过花甲，很多时候还在帮我分担，孩子在这样的家庭环境中不得不自己管理自己。有时我们也很为难，对于孩子的教育力不从心。因为我的工作不仅是把火车开起来，而是要保证安全地把车上的每一位旅客送到目的地，责任太大了。工作年头越久，越觉得自己工作压力大、责任重，需要家庭的理解和支持。

案例分析：中年运输行业男员工，正在经历大多数中年男性的多重角色和压力，处于职业生涯的上升期，既有工作方面责任，又有家庭方面的角色担当。男性在家中的角色是家庭关系的重要部分，对孩子的形象建立以及婚姻关系有着重要影响。同时，随着职业体验和经验不断丰富，更加意识到家庭、社会、教育等各类资源的必要性，对生活中的各种担当有更多的觉察和期待。

【案例6】退休轨道交通行业女职工的告白。我在轨道交通行业干了一辈子，现在退休了，一下子没事做，还有点儿不适应，但仍然坚持跟上班时一样的作息时间。轨道运输的工作就是这样，时间和纪律观念特别强。我和我老伴都是一个单位的职工，一辈子就跟时间较真儿，说几点干事就几点干事，一秒都不带差。在运输行业不容易，我在电务部门工作，每天都能回家，所以家里的事我照顾得多一些，老伴在班组里管技术，说有施工任务就得走，啥时结束就说不好了，现场作业的环境非常艰苦，有时一天喝不上一口水。年轻时我俩也经常为这事争吵，那时理解不了，几十年磨过来了，坚持下来了，孩子也大了，也就理解了。工作不仅是为了生活，还有责任，人活着不能自私。看着轨道运输高速发展，我们由衷地高兴，这里我们也做过力所能及的奉献，想起来挺自豪的。

案例分析：女性轨道交通行业职工，经历了人生的奋斗期，体验了职员、母亲、妻子等不同角色的复杂经历，通过发掘和运用自身资源有效处理了家庭和工作的关系，并且从爱小家逐渐上升到爱大家，有强烈的职业荣誉感和职业归属感，并在职业和生活的体验过程中坚定了自信，确立了价值体系，使得老有所得老有所乐，人生意义得到升华。

【案例7】铁路家庭孩子的告白。我是铁路家庭的孩子，现在32岁，自己也成家了，在铁路学校工作，我家是铁路世家。姥爷是老铁路员工，听妈妈讲，妈妈小时候，姥爷在北京上班，一个月甚至两个月才回家一次，妈妈想姥爷，可是看着姥爷还会害怕。后来姥姥的六个孩子有四个在铁路工作。奶奶家的三个孩子有两个在铁路工作，我爸就是铁路职工。我们这一辈的孩子仍有一多半都在铁路工作，整个家族包揽了铁路机、车、工、电、辆所有主要工种和岗位。家族人平时在微信群、电话、饭桌上聊得最多的就是与铁路相关的话题，嘱咐得最多的就是安全，都是事无巨细的安全细节。记得我上初中的那三年，我爸爸被调到外站工作，单程坐通勤火车就要两个半小时，一周才能回一次家，碰上过年过节，一周也不能回来一次。听妈妈说，那几年，爸爸负责那个站的职工生活基础建设工作，他把那个站的职工宿舍、食堂、内务、活动室安排得井井有条，还获得了上级部门的奖励。爸爸给我看过他做的现场职工工作区生活环境改善的视频，我当时没觉得有什么，但是直到现在我做与铁路相关的教学工作，才体会到爸爸当年的艰辛，才体会到一个温馨有序的工作场所的生活环境对一名铁路职工是多么的珍贵和重要。我在这样的家庭环境中成长起来，亲眼目睹了铁路人对工作的认真、严谨，做人的真诚和朴实，以及如何协调工作与家庭的关系。我自己行事风格及对事态度受家庭影响很深，受益匪浅。

案例分析：从铁路家庭孩子的成长经历，看到家庭的养育环境对个体的影响，家庭关系、职业选择、教养方式等家庭资源为孩子个性形成、人格完善、情绪管理、行为养成等方面的发展提供了充足的养分。个体在家庭养育过程中所受到的关注以及父母的关系对孩子安全感、自信心、自尊心的建立有重要意义，并且个体形成的稳定的个性特征帮助其建立正确坚定的职业观、价值观和世界观，使其能够较快适应社会生活，保持稳定情绪状态。

通过以上案例，可从不同年龄段、不同角色的角度看到从事轨道交通行业员工婚姻家庭的特点和现状，感受到在个体生活工作中由于家庭关系及特殊家庭形式带来的体验。了解这样的特点，对于准轨道交通行业员工适应自己在工作和生活中的角色，做好行为应对提供了心理准备。家是爱的港湾，是员工能够安心工作、舒心生活的力量源泉。在重视家庭建设的过程中尊重铁路职业特点，发现符合自己家庭生活现状的生活模式，使家庭和工作资源共享，优势互补。

我们要能够充分理解轨道交通员工家庭的特点并在现实距离感中找到平衡的方法，调整到积极情绪，提升生活幸福感，带着幸福投入铁路工作和建设中，增强个人价值感和职业归属感，为轨道交通行业员工实现安全生产提供必备的丰厚的情感资源。

学习笔记

活动训练

写一封情书

①目的：了解轨道交通行业员工的婚姻和家庭，学会表达爱，学会正确抒发情感。

②步骤：

- 老师指导语："很多年前，我们通过信件传递信息，表达感情。多少浪漫的时刻都凝聚在收到情书的那一刻！网络化的今天，我们无须再去贴上邮票投进邮筒。尽管如此，情书依然是唯美、令人心动的，现在请同学们想象自己已经成为一名对应自己专业的轨道交通行业的员工，亲手写一封情书。有恋人的同学可以写给恋人，没有恋人的同学，可以想象着写给未来的男/女朋友，让爱在纸间流淌。"
- 每个学生领取一张漂亮的信纸，写一封情书，时间为30分钟。
- 学生可以自行决定是否在活动后将情书交给恋人。

③在活动训练过程中，完成活动训练任务单（见表7-3-1）的填写。

表7-3-1　活动训练任务单

任务执行人		班级名称	
所属小组		完成日期	
任务实施			
理论认知	结合轨道交通行业员工婚姻家庭状况的学习，可以做如下描述： 我所在专业对应的轨道交通行业工种在时间和时长方面的特点主要为________。 我向恋人或者未来的男/女朋友表达爱主要内容包括________		
情感体验	当我写到所在专业对应的轨道交通行业工种在时间和时长方面的特点时，感到________（描述情绪）。 当我向恋人或者未来的男/女朋友表达爱意时，感到________（描述情绪）		
意志提升	当我发现自己可以在完成职业任务，同时向恋人或者未来的男/女朋友表达爱意，尽自己所能平衡职业和家庭时，觉得我对爱情的信心提升了________分（满分10分）		
行为表达	通过这项活动，发现我在行为层面有了这些方面的改变：（比如，原来不好意思通过语言向恋人表达爱意，通过活动体验，可向恋人写一封情书表达爱意） ①________。 ②________		
指导老师批阅： 年　月　日			

任务评价

对本任务学习目标的达成情况进行评价，见表7-3-2。

表7-3-2　任务评价表

评价内容	评 价 标 准	分数	评 分 记 录		
			学生自评	组间互评	教师评分
知识掌握	明确家庭关系对于社会发展的意义	10			
	了解婚姻家庭形态对安全生产的影响	10			
能力应用	能将安全生产的意义提升到维护家庭和睦	30			
	对职业与家庭的关系有预测，能将婚姻对安全生产的支持性作用有效应用到生产实践中	30			
素质养成	提高职业安全意识，融入爱的感受和体验，能带着爱生活和工作	10			
	树立珍惜生命、关爱家庭的意识，将家庭安全稳定与社会和谐紧密结合，从中国传统文化中汲取爱的力量	10			
总　　分		100			

项目八

拥抱挫折体验　调节职业压力

项目描述

本项目帮助学生理解挫折和压力的基础知识，提升正确识别和应对挫折与压力的能力，以积极的心态将挫折转化为动力，培养大学生遇到挫折和压力后的理智反应，增强应对挫折和压力的信心，为理解职业岗位中的压力、进行职业压力调试提供有效支持。用积极、乐观的生活态度主动适应环境，坚信中国传统文化对青年提升抗压力的支持力量。

思维导图

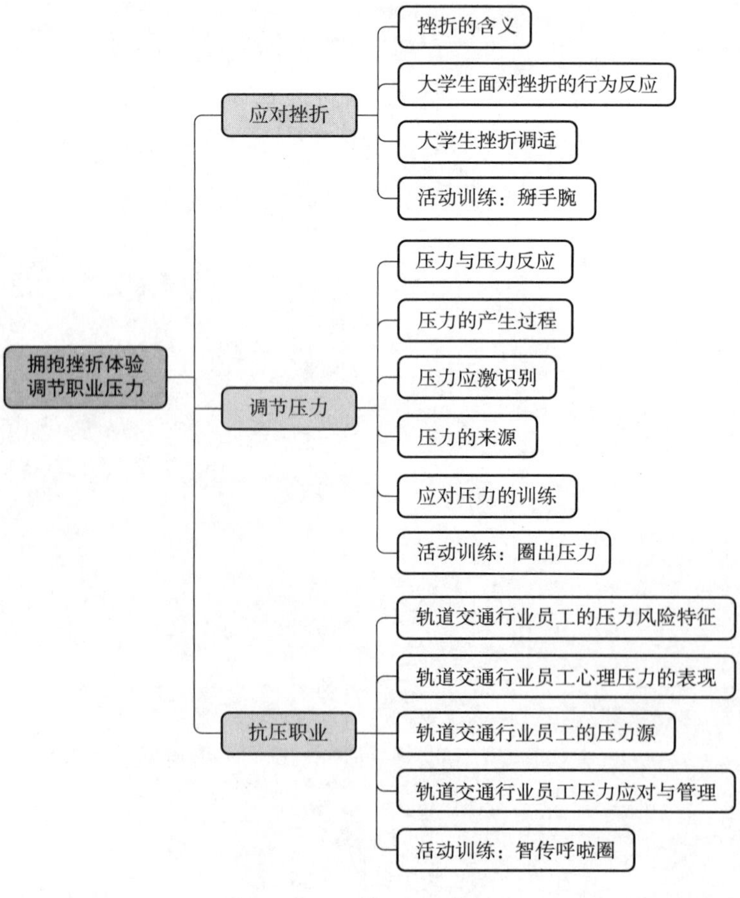

趣味导读

挫折体验和压力状态是生命常态，也是生命的滋养。一方面，挫折和压力代表着挑战，因为它能激发人们奋进。但另一方面，当挫折和压力超过一个人的身心承受负荷时，又会产生强烈的挫败感。那么挫折是怎么产生的？压力到底是什么？它是如何影响人们的身心状态的？本章学习挫折与压力的含义，帮助同学们提升生活中识别及应对挫折的能力；增强应对挫折和压力的信心，为理解职业岗位中的压力、进行职业压力调试提供有效支持，用积极、乐观的生活态度主动适应环境，提升抗压力。

音频
生存的压力

任务一 应对挫折

情境导入

大一新生小赵，开学后感觉同学们都来自天南地北，各有不同的生活习惯。比如，有的同学喜欢早上六点起床读英语，有的同学偏偏喜欢在晚上十二点以后睡觉；而自己每次躺在床上的时候往往都有人在做其他的事情，怎么也睡不着。像小赵这样的学生每年都有。很多同学上大学是第一次离开家乡，第一次离开亲人，第一次住集体宿舍，大学生要面临生活上的适应、学习上新的竞争。培养大学的学习习惯，既要建立新的人际关系，也要学会独立思考。此外，研究发现，生活环境发生变化、学习环境改变、开始自理生活、开始过集体生活、学习时间延长和每天须按时上课等问题，是大学生面对的常见的挫折情景，它们都会给大学生带来心理压力。

学习目标

能力目标：

正确认识和应对挫折，适应职业发展的需要。

知识目标：

掌握挫折的含义和性质、理智和非理智的行为反应、心理防御机制的含义、大学生挫折产生的原因及应对方法。

素质目标：

正确认识挫折，提升应对挫折的能力。培养直面挫折的意志力，以积极的态度应对挫折，将挫折变为动力，坚持“四个自信”提升抗压信心。

任务描述

自我探索：描述生活经历中印象最深的一件挫折事件及其给自己的影响。

回忆近半年所遇挫折情境时的解决过程，与小组成员分享整合资源的方法。

任务分析

通过学习挫折的含义和性质，了解挫折产生的原因，提升生活中识别及应对挫折的能力；通过学习挫折反应机制，能够运用积极的心理防御机制应对心理压力，提升个体挫折应对能力，培养直面挫折的意志力、适应美好生活和努力工作的发展目标。

相关知识

一、挫折的含义

心理学中的挫折是指个体在从事有目的的活动过程中，由于遇到阻碍和干扰，使个人需要不能满足，动机无法实现而产生的紧张状态和情绪反应。青年人在努力实现梦想和希望的过程中，会付出种种努力和追求，当这种需求持久地不能得到满足或只能得到部分满足时，就产生了挫折。如果挫折产生于较为重大的目标上，如学业、工作、爱情等，这种挫折可称为失败；如果这种挫折的障碍与压力持续时间长，影响范围广，使其处于一种不利于身心发展的人生位置，则称为身处逆境。挫折、失败和逆境会给人们带来紧张状态和失望、压抑、沮丧、忧郁、苦闷等情绪反应，心理学上称为挫折感或挫折心理。挫折心理是复杂的多层次心理结构中的重要组成部分，是大量存在或者普遍存在于个体日常生活中的一种心理状态。

挫折包括三方面的含义：

①挫折情境：指对人们有动机的、有目的的活动造成内外障碍或干扰的情境状态或条件，构成刺激情境的可能是人或物，也可能是各种自然、社会环境。

②挫折认知：指对挫折情境的知觉、认识和评价。

③挫折反应：指个体在挫折情境下所产生的烦恼、困惑、焦虑、愤怒等负面情绪交织而成的心理感受，即挫折感。

其中，挫折认知是核心因素，挫折反应的性质及程度主要取决于挫折认知。个体没有意识到，或者虽然意识到了但认为并不严重，就不会产生挫折反应，或者只产生轻微的挫折反应。因此，挫折反应的性质、程度主要取决于个体对挫折情境的认知。

1. 挫折的性质

从挫折产生的基础和过程来看，挫折是不可避免并且随时随地都可能发生的，所以，挫折产生具有必然性和普遍性。同时，挫折还具有两面性：一方面挫折具有消极性，使人失望、痛苦、沮丧，或引起粗暴的消极对抗行为，甚至导致攻击侵犯行为，或者给自己和他人造成严重损失；另一方面挫折又具有积极性，使人认识错误，接受教训并磨炼意志，更加成熟、坚强，在逆境中奋起，从而获得进一步的发展。

挫折的积极性和消极性都是相对的，也是可以转化的。挫折的转化是指当人们遇到挫折时，以积极的态度学习，将挫折变为动力，以顽强的毅力继续奋斗，或重新调整目标，从而获得新的满足的心理过程和实践过程，即减少挫折的消极因素，寻找积极的方面，促使挫折产生的消极因素向积极方面转化。

2. 大学生常见的挫折类型

（1）外部挫折

大学生的心理状况与外部条件关系密切。这里的外部挫折是指由于外部条件的限制，使某些目的无法实现，需要和愿望无法满足所形成的心理挫折。具体分为以下四种情况：

①缺乏性挫折，指由于外部条件不充分，致使目标无法实现，需要无法满足而形成的挫折，如在经济、财富上的贫乏以及非独立性，使一些大学生长时间与其他经济条件较好的大学生存在差距，感到自己低人一等、受别人鄙视，得不到来自同龄人的羡慕，致使自尊得不到满足。

②干预性挫折：指由于受到外界积极的或消极的干扰、阻止而不能达到满足需要的目标所引起的挫折。例如，有些同学热衷网络游戏，荒废学业，不能完成学习任务，成绩挂科（受到外界的积极干预）；有些同学喜欢参加社团活动，却由于受到某些同学的冷嘲热讽而退却（受到外界的消极干预）。这些干预，都可能引发挫折感。

③压迫性挫折：指由于外部条件的变化导致心理上压迫而形成的挫折，如网络时代的巨大变革给青年的思想、行为带来深刻的影响。对此，有的青年学生能够做出积极的反应，有的青年学生却感到思想上有压力，大有难以承受之感，从而做出一些消极的反应。

④损伤性挫折：指由于身体突然受到意外的损伤而引起的挫折，如一个很有才华的舞蹈专业学生，由于意外事故导致身体残疾，不能再旋转于舞台，从而失去了施展自己舞蹈才能的机会，这就是损伤性挫折。

（2）内部挫折

与外部挫折不同，内部挫折是指受自身内部条件的限制，使某些目的得不到实现、需要得不到满足而形成的心理挫折。具体可分为以下四种情况：

①失意性挫折：指自己虽经过努力，但仍然使需要和愿望无法得到满足而引起的挫折。例如，某青年学

生一心想成为歌手，虽经过艰苦的努力仍未能如愿，对别人不能欣赏自己而感到失望，从而产生一种失意的情感。

②缺陷性挫折：指由于生理上的缺陷或其他个体内部条件的缺陷而不能满足需要所引起的挫折。例如，某青年学生想参加校篮球队，虽然技术不错，却因为个子矮而不能如愿。

③抑制性挫折：指自己从心底抑制所需要的满足而引起的挫折。例如，某青年学生，当别人请求他帮忙时，他因害怕耽误了自己的事而不愿帮助别人，而事后又觉得自己做得不对，后悔当初不该拒绝求助人。

④损失性挫折：指当满足某一需要或动机时，则必然会损害另一需要或动机的实现所引起的挫折。例如，某一学生既想参加企业的招聘面试，又想继续求学深造，但二者在时间上有冲突，从而产生了“鱼”与“熊掌”不可兼得的矛盾心理。

3. 挫折产生的原因

（1）客观因素

客观因素又称外界因素或外因，是指那些让动机或行为不能实现的实际存在的外部环境因素。大学生心理挫折形成的客观因素是指那些不以学生的主观意识为转移的自然条件和社会条件，主要有社会因素、学校环境因素、家庭因素。

（2）主观因素

①个体的生理条件和心理素质：大学生的生理年龄与心理年龄不匹配。在生理上，他们已是“成人”，但在心理上，仍表现出幼稚、脆弱、依赖性强等。他们的社会阅历浅，面对各种矛盾，难以调适，挫折心理随之而来。

心理素质是指大学生的抱负水平、认知水平、性格和心理承受能力。一般来说，抱负水平越高期望就会越高，则越容易遇到障碍，产生挫折感。所以，学生应学会理智评估动机、目标与结果之间的关系，辩证地看待困难和挫折，从而寻找解决问题的方法，或者懂得取舍，也可以大幅减少挫折感。

②人际交往不适：有些大学生由于自我评价不恰当、自命不凡、骄傲自满，或极度自卑、畏缩不前、性格孤僻，或不敢正视自己的缺点，无法与他人和谐融洽地相处，人际关系紧张，从而产生孤独感，最终导致挫折心理。

③动机冲突：指并存的动机不能同时满足，并且在性质上又出现彼此冲突或排斥的情况时，所产生的一种心理现象。动机冲突也是引发大学生挫折的重要主观因素。丰富多彩的大学生活和社会转型带来的大好机遇，在为大学生的全面发展提供了有利条件和广阔天地的同时，也给他们带来了选择的冲突，如在专业、社会交往、恋爱、择业等方面的取舍问题。当若干个动机同时存在，难以取舍时，就会形成动机冲突。

二、大学生面对挫折的行为反应

大学生遇到挫折后，主要表现出理智和非理智的行为反应。理智反应有助于大学生正确应对挫折、解决问题、增加自信。相反，非理智反应则是消极的行为，会对大学生心理产生不利影响。

1. 理智反应

理智反应在心理学上又称积极的行为表现，指不失常态、可控制，转向摆脱挫折情境为目标的理智性行为。在遇到挫折情境时，能够反复尝试、调整目标、改变目标。

2. 非理智反应

非理智反应在心理学上又称消极的适应或防御，指失常、失控，没有目标导向的情绪性行为，会出现如下情形：

①情绪焦躁不安。

②出现攻击、侵犯、对抗行为。

③固执己见、一意孤行。

④还原到早先不成熟的发展水平，表现出与自己年龄不相称的幼稚行为。

⑤把个人的失败、错误地推到别人身上，或找客观原因来担负其罪责。

⑥冷淡麻木，意志消沉，情感淡漠。

⑦把自己置入一种脱离现实的想象境界。

⑧对正确的方面盲目地持反抗、抵制与排斥态度。

⑨得不到外力帮助的情况下，自暴自弃。

当然，以上这些只是大学生“挫折心理”的典型行为表现。实际上，它们在不同的大学生身上因情况不同，在程度上也会有所差异。

3. 合理运用心理防御机制

心理防御机制，是指人们为了应对心理压力或挫折、适应环境而使用的一种精神上的自我保护机制，也是个体维护身心健康不可缺少的、独特的心理过程。心理防御机制是一种在潜意识中应用的、精神上的一种自我保护方式和心理策略，具有调和自己与环境间矛盾的功能。它可以降低情绪冲突，从自身内在具有危险的冲动中保护自己，缓和负面情绪体验，减轻失望感，消除个人内在、外在因素的冲突，协助个体保持价值观与充实感，使个人有机会“退一步想”或“从另一个角度看”，从而存在解决问题的可能。

心理防御机制是常见的心理现象，几乎每个人都在使用。但如果使用不当，或者过多地依赖它，也会出现不正常的现象，甚至表现为某种病态。这是因为运用心理防御机制所产生的效果，可能是积极的、建设性的，也可能是消极的、破坏性的。前者有利于维护与提高个人的自尊；后者虽然也有降低和消除焦虑、恢复心理平衡的作用，但也有危害个人身心健康的消极方面。

积极的心理防御机制主要有坚持、替代、幽默、合理化、表同、折中，其特点是正视挫折，承认挫折，正确分析挫折产生的主客观原因，总结经验教训，采取积极的行为方式，最后战胜挫折。从人的心理成熟程度来看，积极的心理防御机制是心理成熟度较高的人为了应对心理压力及挫折而经常采用的比较有效的适应环境的方式。

消极的心理防御机制，主要包括逃避、发泄、自慰、代偿、压抑等。从心理学的角度来看，是心理成熟度较低的人应对压力及挫折的心理防御方式，实际上是对环境的一种不适应状态。

挫折防御机制是人本能的心理反应，是正常的。对于任何心理防御方式，都不能采取脱离情境、绝对肯定或否定的态度。挫折防御机制的目的是保持心理的稳定和平衡，免受不良刺激的损害。在现实生活和工作中，个人遭受挫折后都会自觉或不自觉地采取防御机制。然而，受挫者究竟采取哪种心理防御机制，或者会出现什么样的防御态度或行为表现，这不仅与挫折时的情景、受挫者的生活经历有关，而且与个人的世界观、生活态度及个性特征都有着密切的关系。

三、大学生挫折调适

1. 积极乐观、主动适应环境

积极乐观的生活态度和主动适应环境的能力，有利于学生战胜挫折心理。首先，在学习适应上，要发掘学习动力，树立正确的学习目标。有针对性地锻炼自己各方面的能力。其次，在宿舍环境的适应上，常看到自己的问题，多和同学交流、沟通，主动与大家交往，参与大家的讨论和活动，加强相互的理解和信任。

2. 正确评价自我

大学生对自我的评价是否得当，会直接影响个人价值的实现和自信心的加强，进而影响对挫折的承受力。一个人只有客观地认识自我、评价自我，才能做到客观地适应环境，做到自尊、自信、自立、自爱、自强，保持乐观进取的心态。因此，在适应过程中，要善于在与他人的比较中了解自己，全面评价自己，保持“平常心”。结合客观实际，确立适合自己的奋斗目标，并付诸行动实践。

视频

提升抗逆力

3. 增强抗逆力

（1）抗逆力的定义

抗逆力，又称心理弹性、心理韧性、复原力、压弹，是指一个人处于困难、挫折、失败等逆境时的心理协调和适应能力。可以这样理解：抗逆力就是心理免疫力，是面对挫折、困境能从容应对、坚持下去的能力。抗逆力就像球被压后反弹回常态的能力。

（2）提升抗逆力的方法

国际抗逆力研究计划(IRRP)提出抗逆力有三个来源（3I）：

①外部支持因素：提升抗逆力的外部支持（Ihave，我有），培养自己“我有”的意识。

②内在优势因素：长期发展以应对逆境的内部力量（Iam，我是），培养“我是”的积极意识。

③效能因素：应对现实逆境的人际交往和问题解决技巧（Ican，我能），培养“我能”的意识。

“我有”“我是”“我能”这三个“我”的意识，可以有效培养和提升抗逆力，以提升应对挫折情境的应对能力。

4. 运用自我调适方法，摆脱不良情绪

在遇到心理冲突或受到挫折时，除了合理地运用心理防御机制以外，还可以运用以下几种方法：

（1）自勉法：自勉就是以积极信念暗示自己，努力挖掘自己的优点与长处。在很多情况下，自勉能驱散忧郁、克服怯懦，使自己恢复乐观与自信。

（2）知足法：在挫折面前，要满足已经达到的目标，对一时难以做到的事情不奢望、不强求。这样，就容易从烦恼、痛苦中解脱出来，为成长与发展创造良好的心理环境。

（3）回避法：当某些人和事、某些场合使你郁郁不乐时要及时回避，不在导致心理困境的地方驻足，即可避免“触景生情”，恢复心理平衡。当即将火冒三丈，体验到内心矛盾冲突时，找一个安静处，静默几分钟，分散注意力，使内心趋于平静。

（4）倾诉法：心中的愤懑、悲伤等也可以向亲友倾吐。对方在理解你此时的心境后，会及时给予善意的劝慰；或者把心中的郁积通过记日记、写作等方式诉诸文字，在“一吐为快”后，也可以排解出心中的愤懑，从而走出心理困境。

（5）宣泄法：宣泄可以消除因挫折而带来的精神压力，可以减轻精神疲劳；同时，宣泄也是一种自我心理救护措施，它能使不良情绪得到淡化和减轻。当自我感觉到压力大时，可通过运动、呐喊等方式摆脱恶劣的心境。

（6）求助法：当人们遭遇到挫折不知所措时，不妨求助于心理咨询机构，获得专业心理资源的支持和帮助。

5. 建立适度的期望水平

大学生可以根据自己的实际能力，正确设定生活的目标，调整期望水平，并在前进中及时调整目标。大学生在确定目标时要全面地评估自己拥有的资源，包括能力、智力、体力、经验、兴趣等，要充分考虑到相关的外部条件，制定切实可行的目标。

6. 增强挫折的认知能力

辩证地看待挫折的两面性，就能够变不利因素为有利因素，化消极因素为积极因素，促使挫折向积极方面转化。

7. 确立合理的自我归因

失败是由客观因素和主观因素造成的，人们把失败归因于何种因素，对以后的活动、积极性有很大影响。把失败归因于主观因素，会使人感到内疚和无助；把失败归因于客观因素，会产生气愤与敌意。

8. 参加丰富的实践活动

大学生通过丰富的社会实践活动，可以感受生活的艰辛和人生的艰难，使自己的视野开阔、意志坚定，对挫折有更客观的认识，有更强的承受力。

学习笔记

活动训练

掰手腕

①目的：帮助学生积极面对困难，肯定自己。

②步骤：

- 每个学生在小组内找一名身高体重和自己相似的同伴，组成二人组。
- 房间内窗帘关闭，灯光变暗。两人面对面做掰手腕的游戏，要求一方将对手掰倒的同时高喊“我最棒”，对手在这个过程中给他制造困难，帮助他体验克服困难的勇气。
- 一方成功了之后，换另一方来完成相同的任务。
- 小组内讨论分享活动感受。

③在活动训练过程中，完成活动训练任务单（见表8-1-1）的填写。

表8-1-1　活动训练任务单

<table>
<tr><td>任务执行人</td><td></td><td>班级名称</td><td></td></tr>
<tr><td>所属小组</td><td></td><td>完成日期</td><td></td></tr>
<tr><td colspan="4">任 务 实 施</td></tr>
<tr><td>理论认知</td><td colspan="3">结合挫折的基础知识学习，可以做如下描述：
①在这个掰手腕的过程中，挫折情境为____________；挫折认知为____________；挫折反应为____________。
②采取的调适挫折的方法为____________</td></tr>
<tr><td>情感体验</td><td colspan="3">当我和同伴做好准备动作，预备开始掰手腕时，感到____________（描述情绪）。
当对方给我制造困难，使我不能掰倒他时，感到____________（描述情绪）。
当我将对手掰倒的同时高喊“我最棒”时，感到____________（描述情绪）</td></tr>
<tr><td>意志提升</td><td colspan="3">当我能够克服对手制造的困难，并成功掰倒对方时，觉得我应对挫折的勇气提升了________分（满分10分）</td></tr>
<tr><td>行为表达</td><td colspan="3">通过这项活动，发现我在行为层面有了这些方面的改变：（比如，原来因为害怕不敢跟别人竞争，通过活动体验，可与他人掰手腕）
①____________。
②____________</td></tr>
<tr><td colspan="4">指导老师批阅：

年　　月　　日</td></tr>
</table>

任务评价

对本任务学习目标的达成情况进行评价，见表8-1-2。

表8-1-2　任务评价表

评价内容	评 价 标 准	分数	评 分 记 录		
			学生自评	组间互评	教师评分
知识掌握	掌握挫折的含义和性质、理智和非理智的行为反应	10			
	了解心理防御机制的含义	10			
能力应用	大学生挫折产生原因及应对方法	30			
	正确认识和应对挫折，适应职业发展的需要	30			
素质养成	正确认识挫折，提升应对挫折的能力	10			
	以积极的态度应对挫折，坚持“四个自信”提升抗压能力	10			
总　　分		100			

任务二　调节压力

情境导入

小赵同学是城轨运营专业高职一年级新生。入学后，她先后参加了很多不同性质、不同规模、不同档次、不同种类的社团、学生会、老乡会、合唱团、羽毛球协会等。后来他发现自己并不是一个兴趣广博、精力过剩的人,这些社团让自己的时间管理成了问题，感到很大压力。

学习目标

知识目标：

掌握压力的含义、产生过程，明确压力的分类及来源。

能力目标：

能够正确使用压力调适的方法应对压力。

素质目标：

能从压力中获取动力，培养积极乐观的心态。坚定信念，向往幸福美好的生活，从中国传统文化中汲取力量，找到抗压资源。

任务描述

通过体验活动发现及感受压力。

分小组体验减压方法，总结和分享自己常用的减压方法。

任务分析

通过认识压力的普遍性及其作用，提升抗压能力。通过体验调试压力的方法，发现生活中的压力，树立应对生活和职业中压力的意识，积极面对压力，从压力中获取动力，坚定信念，向往幸福美好的生活，提升职业幸福感。

相关知识

一、压力与压力反应

1. 压力的含义

压力是人们对刺激的反应，是一种情绪、认知和行为状态。

压力会影响心理防卫机能，心理防卫机能与心理学中的心理防御机制相关。心理防卫机能是自我的一种防卫功能，使个体得到满足，缓解焦虑、减少痛苦，当个体处于压力情境下，会产生负面的情绪体验。压力破坏了身心的平衡。

压力是人与环境相互作用的产物，是个体察觉到“需求—能力”不平衡而引起的身心紧张状态。人会受到各种各样来自内外部环境的刺激，当人对这些刺激做出判断，认为它超过了自身的应对能力及应对资源时，就会产生压力。

2. 压力反应

有效应对压力需要了解面对压力的反应。

①压力是环境要求个体做选择或改变时，个体所产生的个人感受。例如，在过马路时，个人感受会依据绿灯显示时长不同而产生不同的情绪感受。绿色信号灯的长短，便会影响个体当下过马路的速度和方式。一但在非绿色信号灯时过马路，有可能造成严重的后果，此时个体自身产生的安全警示信号便是压力。

②压力是个人的一种主观反应，是对未知事件进行分析的结果。从这个意义上讲，压力是一种心态，它是人体内部发出的情感性的、防御性的反应过程。例如，在预先没有告知的情况下突然被老师告知“中午到我办公室来，谈谈你的学习情况”，如果学生对老师找他谈话这件事情进行了消极的判断，就会产生压力。

③压力是持续不断的精力消耗，是一种心力衰竭的反应。压力在伤害侵入个体时产生一种生理上和行为上的反应，是每个有压力的人都很容易体会到的。例如，当感受到压力时，会感到全身发冷、手心甚至脚心出汗、脸发热、双手颤抖等。

④压力是个体在面临威胁时的本能反应。例如，学生在面临过多的课业要求或者各类关系个体的负面情绪时，会与自身当下做的事情以及自身的情绪进行连接，这个过程就会产生一定的压力。

二、压力的产生过程

心理压力是一种主观感受，是特定情境下的应激反应。压力的大小取决于个体或者组织拥有的能力与特定情境下所需要的能力之间差距的评估。产生压力的常见情境包括维持生存、实现某个目标和摆脱某个困境等。这种应激反应可能会导致注意力集中（或分散）、紧张、急迫、忧虑、苦恼、恐惧等情绪和行为。

一般情况下，压力产生总是始于对情境的感受或者想象，终止于对能力差距的评估。首先，心理压力的产生总是与特定的情境联系在一起的，离开了具体情境就谈不上压力。而且这个情境是个体或者组织主观感受或者想象的情境，尽管这种感受可能与客观状况有很大的偏差。在同样的情境里，不同的人感受到的压力不一样，就是由于个体对这种能力差距的主观评估结果不一样。

心理压力产生过程中的六个步骤：

①感受或者想象到某个情境：一般包括维持生存、实现某个目标和摆脱某个困境中的某一个或者多个方面。

②评估这个情境对于自己能力的要求：主要依据是感受或者想象到的情境内容以及自己的过往经验。

③评估自我能力：能力认知结果涉及实际能力的大小、个性以及价值观等因素。

④评估在当下情境中自己拥有的相关能力与该情境要求能力之间的差距。

⑤差距大小的判定：与个性、心理素质和价值观等密切相关。

⑥在大脑里产生不同的压力。

压力可以分为三种类型：正性压力、中性压力、负性压力。

①正性压力：有益的压力，产生于个体被激发和鼓舞的情景中。

②中性压力：一些不会引发后续效应的感官刺激，无所谓好坏。

③负性压力：有害的压力，通常简称为压力。

负性压力又可以分为两类：急性压力和慢性压力，前者来势汹汹但迅速消退；后者出现的时候不甚强烈，但旷日持久。当压力增加时，正性压力会逐渐转化为负性压力，绩效或健康状况随之下降，生病的危险加大。

三、压力应激识别

应激即由危险的或出乎意料的外界情况变化所引起的一种情绪状态，它是决策心理活动中可能产生的一种心理因素。导致应激的刺激可以是躯体的、心理的或社会文化的因素等。但是，这些刺激通常不能直接地引起应激，在刺激与应激之间还存在着许多中介因素，诸如个性特点、认知评价、信念、人体健康、生活经验、应付能力以及社会支持的资源等，均可起重要的调节作用。应激时，内脏器官会发生一系列变化。大脑中枢接受外界刺激后，信息传至下丘脑，分泌促肾上腺激素释放因子（CRF），然后又激发脑垂体分泌促肾上腺因子皮质激素，使身体处于充分动员的状态，心率、体温、血压、肌肉紧张度、代谢水平等都发生显著变化，从而增加机体活动力量，以应对紧急情况。

相同的刺激在不同个体身上引起的心理应激反应是不同的，既可引起焦虑恐惧、精神抑郁、疲倦乏力等消极的反应，也可激发出斗志昂扬、精力充沛、勇敢果断等积极的反应，这主要取决于个体对不同压力的应对方式和压力承受能力的强弱。一般情况下，人们在感到有心理压力时都会引起一些不同寻常的身心反应，如会出现心跳加快、血压升高、活动效率提高或降低的表现，这就是通常所说的应激反应。

应激引起的心理反应可以是积极的，也可以是消极的。积极的心理反应是适度的皮层唤醒水平和情绪唤起。主要表现为：意志力强，注意力高度集中，反应敏捷，沉着冷静，果断采取行动进行处置，能及时摆脱困境，可以积极主动完成任务等。而消极的心理反应则是过度唤醒（焦虑）、紧张、过分的情绪唤起（激动）或低落（抑郁）、认知能力降低、自我概念不清等，表现为过分紧张，惊惶失措，注意力分散，意识狭窄，反应迟钝，并产生自我防御机制。

很多时候，人们常常被压力的应激状态所困扰而不自知，由此会引发长期的情绪低落，严重影响人际关系。在日常生活中，可以从生理、心理、情绪和行为四个层面进行压力应激的早期识别。

四、压力的来源

大学生所面对的压力来源主要集中于个体内部压力、家庭压力、学校压力和环境压力。

1. 个体内部压力

个体内部压力主要是指来自机体内部的生理和心理因素，这是由于受先天遗传的神经类型的影响。个体面对压力的反应受个体以往的知识经验、处理问题的能力、应对的方式以及习惯化的认知评价倾向等心理素质的影响。

大学生个体生理成熟、心理成熟和社会成熟的差异性，对其面对的压力有一定的影响。例如，独立要求与独立能力发展不足的矛盾，性意识的发展与社会道德观念准备不足的矛盾，思维的批判性、社会经验的匮乏与认识上的狭窄之间的矛盾，封闭性与要求交际理解的矛盾，这些矛盾集中反映在应试、择业、恋爱、人际关系等一系列对大学生来说十分现实的生活事件中，若不能及时得到解决，会使大学生产生压抑、焦虑的情绪状态，影响大学生心理健康。

2. 家庭压力

家庭形态是影响大学生心理的重要因素，不同的家庭类型对大学生心理健康有不同影响。大学生的家庭教养方式主要呈现出以下几种形态：

①放任型家庭：即当孩子进入大学，就不再关心其生活和学习，放弃了做家长的权利和义务。

②高压型家庭：过多地干涉大学生的生活，视大学生为不懂事的孩童，无论是生活还是学习方面，只允许他们按照父母的意愿做，造成家庭关系的紧张、对立，给大学生造成许多心理压力。

③成熟型家庭：这类家庭对待生活困难的态度是积极的，对大学生精神上的关心是充足的。当大学生出现心理困扰时，能及时察觉并加以指导，寻求积极的解决途径。

前两种家庭形态会给大学生的心理带来很大的压力，这些压力处理不好，就会影响到他们的健康成长。

3. 学校压力

大学生希望自己“学好专业，争取优秀”，部分同学认为自己在大学阶段最关注的问题是“学业”。多数大学生都想学好专业知识，但又为“学习方法不当”“学习知识与发展能力的矛盾”“社会需要具有什么样知识体系的大学生”等问题而苦恼，造成很重的心理压力；还有一部分大学生面对人才济济的大学校园，自信心下降，患上“学习焦虑症”“考试恐怖症”，心理负担加重，压力就会变大。

4. 环境压力

环境压力是指对环境的不适应而产生压力的一个来源，刚进校的大一新生会因为学校的变化而产生压力；会因为人际关系未建立而产生压力；其中对饮食的不习惯也是造成大学生压力的主要来源。

五、应对压力的训练

1. 应对压力的认知训练

对压力的认知越多，抗压能力就越强，处理压力要建立几个基本认知：

（1）压力是常态

无论在何时何处，都无法逃脱压力，我们必须直面压力，积极主动地对待压力，认真评估压力会产生什么样的影响，以采取相应的措施。

（2）有的压力是可以转化为动力的

任何工作、学习都需要付出艰辛的努力，才会取得一定的成绩。在这个过程中，承受一定的压力是不言而喻的，压力也会产生驱动力。克服恐惧和种种困难，个人潜能就能得到更大的发挥，能力得到显著提升，获得成长和进步。

（3）有的压力是不必要的

“杞人忧天”的故事正是无用压力的副作用体现。在现实生活中，人们有时常为一些不切实际的事情而忧愁烦恼，给自己增添不必要的压力。有一组关于压力的数字可以说明这个看起来似乎不可思议的问题：

①担忧的事情有40%永不会发生。

② 30%的忧虑涉及过去做出的决定。

③ 12%的忧虑集中于自己出于自卑感而做出的批评。

④ 10%的忧虑是与健康有关的。

⑤ 8%的忧虑可列入“合理”范围。

压力过度会引发疾病。有的压力是有益的，能激发人们的潜能，起到积极正面的作用，但压力过度会引发疾病危害身心健康。若压力持续存在下去，个体会出现持续的负面情绪体验，将影响生活、工作和健康状况。所以，当压力来临时，最重要的是想办法如何尽量地避免压力或减轻压力。

（4）压力是需要管理的

众多的研究和事实证明，压力过度对个人情绪、工作表现、身体状况都会产生不良的影响，危害人们的身心健康和安全，所以，压力是需要管理的。通过对压力进行有效的管理，促进压力的正面作用，消除或减轻压力带来的消极影响。

2. 应对压力的行为训练

压力不可避免，压力会使身心紧张，疲于应对，随之而来的可能就是腰酸、背痛、胃难受等慢性病的困扰，对学生的生活产生不良的影响。这时最需要的就是学会放松，消除紧张。放松是减缓压力最核心的操作技巧。每个人本身都有自我放松的内在能力，可以有意识地进行放松训练，强化放松反应，控制压力、缓解压力和改善健康状况，提高抗压能力。

（1）深呼吸

呼吸是生命的节律之一，呼吸的节奏和深度是紧张反应和放松反应的共同组成部分。当紧张的时候，呼吸会变得急促，会引发压力增加；同样，呼吸减缓也能使身体慢慢地平静下来，变得松弛。腹式呼吸是非常好的调息放松减压的方法，可以达到深度呼吸的效果。在深呼吸前，首先，把腹部的空气尽量呼出，接着进行长而深的吸气，尽量保持肋骨和锁骨没有明显起伏。而后，进行长而慢地呼气，使腹部的气体逐渐排出。缓慢地呼气过程中激活副交感神经系统，让人体趋于稳定和安静，有效释压。

（2）伸懒腰

伸懒腰是一种伸展腰部、活动筋骨、放松脊柱的自我锻炼方法。伸颈举臂，做伸懒腰动作，可以使人体的胸腔器官对心、肺进行挤压，有利于心脏的充分运动，给各个组织器官提供更多的氧气，更多含氧的血液供给大脑，可以使人感到清醒舒适。

（3）肌肉放松动作

情绪紧张会导致全身肌肉僵硬、动作不灵活，严重时会哆嗦、发抖，这时就需要放松肌肉。如果不会直接放松，就把全身的肌肉先一部分、一部分地绷紧，紧得不能再紧后放松。从头到脚，连续做几遍，全身肌肉自然就很松弛了。有以下几种练习方式：

①提肩动作：尽可能用力收紧自己的肩膀，坚持10秒，然后放松。

②手臂动作：双手握拳，提至胸口，大臂小臂尽可能地收紧，坚持10秒后放松。

③躯干动作：尽可能深吸一口气憋住，收紧腰部、腹部的肌肉，坚持10秒后放松。

④下肢动作：坐在椅子上，双脚离地，保持臀部、大腿、小腿肌肉绷紧，坚持10秒后放松。

（4）情绪心像法

情绪心像法指通过大脑里出现的画面、心理图像来调整情绪，减缓压力，放松身心，可以进行自我指导，也可以由他人指导，指导方式可以口述也可以借助录音等。比如，可以想象自己正在休假，没有任何顾虑和担忧，此时会感觉到，自己完全从日常的压力和困难中摆脱出来。

（5）咀嚼口香糖

20世纪末，研究人员采用脑电图技术研究分析人在咀嚼时的脑电活动，发现咀嚼可引起脑波数量增多，波幅增大。之前有研究表明，波是精神处于平静状态时的一个标志，仅脑波的减弱与紧张、焦虑等情绪密切相关。研究还发现，咀嚼能提高大脑海马部位的信号活跃性，海马区与情绪调节密切相关，它可以通过调控血液中与压力相关的激素水平，使情绪得到放松。

（6）蝴蝶拍

蝴蝶拍是心理治疗里的一个稳定化技术，可以帮助缓解压力、自我关照、自我放松等。具体做法是：坐在一个安全且稳定的地方，让自己的两只脚踏实地放在地板上，同时让自己的后背倚靠在椅子背上，然后做几个缓慢而自然的呼吸，尽量保持平稳。接着，把双手交叉在胸前，轻抱自己对侧的肩膀或上臂，闭上眼睛，双手交替轻拍自己的肩膀或上臂，左右各拍一次为一轮，用自己感觉舒服的力度去拍，以时钟的秒“滴答滴答”为轻拍的速度和节奏，一般8～12轮为一组。（注意：是左右交替轻拍，速度不要过快）拍完一组后停下来，做一次深呼吸，感受当下的体验和安全感。当一组完成后如果感受是安全的或者自己喜欢的，可以重复上述过程2~3组。

学习笔记

活动训练

圈出压力

①目的：识别压力源，增强对自身压力状态和压力原因的觉察。

②步骤：

- 学生思考如果用一种动物、植物、物品或者景象来代表自己，会选择哪一种。
- 在纸上画一个圆圈，将代表自己的动物、植物、物品或者景象画在圆圈中指代自己。
- 在代表自己的圆圈外画大小、远近不一的圆圈。圆圈越大代表压力越大，圆圈离“自己”越远，代表这个压力事件发生的时间越远。
- 小组讨论分享：你的压力源有哪些；每种压力给你的感受（包括身体感觉）是怎样的；你是如何处理这些压力的。

③在活动训练过程中，完成活动训练任务单（见表8-2-1）的填写。

表8-2-1　活动训练任务单

任务执行人		班级名称	
所属小组		完成日期	
任务实施			
理论认知	结合压力的基础知识学习，可以做如下描述： 我的压力源包括________。 每种压力给你的感受（包括身体感觉）为________。 我处理这些压力的方式为________		
情感体验	当我找到代表自己的动物、植物、物品或者景象时，感到________（描述情绪）。 当我在画不同的压力源圆圈时，感到________（描述情绪）。 当我跟小组成员一起讨论压力源、感受和压力应对方法时，感到________（描述情绪）		
意志提升	当我发现自己清晰地觉察压力源，并找到应对方法时，觉得我应对压力的信心提升了________分（满分10分）		
行为表达	通过这项活动，发现我在行为层面有了这些方面的改变：（比如，原来没有觉察压力源的意识，通过活动体验，可清晰得觉察自身的压力源） ①________。 ②________		
指导老师批阅： 年　月　日			

任务评价

对本任务学习目标的达成情况进行评价，见表8-2-2。

表8-2-2 任务评价表

评价内容	评价标准	分数	评分记录		
			学生自评	组间互评	教师评分
知识掌握	掌握压力与压力反应的含义、压力应激识别	10			
	学习应对压力的认知及行为训练	10			
能力应用	能正确使用压力调适方法应对压力	30			
	能认识压力来源，通过完成活动训练，学习应对压力的认知及行为训练	30			
素质养成	能从压力中获取动力，培养积极乐观的心态	10			
	坚定信念、向往美好生活、提升职业抗压能力	10			
总　分		100			

任务三　抗压职业

情境导入

善诚同学现在高职三年级，是学校心理健康协会会长，目前在企业顶岗实习。最近休息日回到学校与协会的学弟学妹们分享了在实习期间的“职业压力感”：一是关于角色的转变，到了工作单位，便不再是学生的身份，要以员工的角色适应员工应该遵守的一切公司制度，而且要有较强的自我管理意识；二是自己工作的岗位对安全作业要求很高，时刻都要以安全为红线，不能有一刻的疏忽和放松，连续一周工作下来，会感觉到特别累；三是很多作业是在夜间和恶劣的天气下，这与原来在学校期间被“呵护”是完全不同的，岗位作业内容和专业的特点决定了作业时间倒置，这对身体本身也形成了一定的压力挑战。经过近三个月的实习，善诚同学对自己的专业和未来从事的岗位有可能面临的实际压力有了切身的体验，总结并分享了自己“抗压”的经历和经验，让在校的同学对未来的职业压力有了清晰预知。

学习目标

知识目标：

了解职业压力风险特征和压力源，掌握调适职业压力的方法。

能力目标：

在生活工作中能准确识别并应对压力。

素质目标：

能树立应对职业压力的意识，提升有效管理压力的职业素质水平。积极面对压力，尊重自我，尊重生活，保持对生活的热爱，提升职业幸福感，提升做好压力管理助力国家安全的意识。

任务描述

明确轨道交通行业员工压力来源，学生结合专业特点讨论工作中可能出现的压力情况，提出应对预案。

缓解压力技巧训练。教师引导学生进行缓解压力训练，学生做分享，总结出适合自己在职业情境中缓解压力的方法。

任务分析

通过学习轨道交通行业员工的压力风险特征、轨道交通行业员工心理压力的表现，明确轨道交通行业员工的压力源，掌握应对职业压力源的方法及途径，看到压力的两面性，能够将不同工种、不同年龄的压力评估及应对标准应用于岗位工作中，提升面对压力的有效性，提升个体的自信心和安全感。

相关知识

一、轨道交通行业员工的压力风险特征

1. 压力风险特征的含义

压力风险特征分析、压力与应对方式、压力风险分析，是通过评估个体所具有的压力水平、应对方式和所能获得的支持性资源的情况，来综合评估其是否会在面临压力时在生理、心理和行为上存在风险。

支持性资源包括内部积极正面的心理资源和外部可获得的借助性资源。在工作生活中具有多种支持性资源的个体压力感受较小，而支持性资源较单一的个体压力感受较大，心理健康状态较差。在了解各工种不同工作的性质以及特征的基础上，可以明确员工的压力源和压力水平。

可以从四方面来分析轨道交通行业员工的支持性资源情况，分别为希望感、需求满足度、生活方式和社会支持。其中前三个为内部心理资源，后一个为外部借助性支持资源。

（1）希望感

希望感包括两层含义：一是个体面对问题时，具有可寻找到多种途径来解决这个问题的信心；二是个体具有的可以面对问题和解决问题的意志力。

（2）需求满足度

需求满足度包括三层含义：一是“自主需要”，即自我决定考虑的需要，个体在从事各种活动中能根据自己的意愿进行选择；二是“能力需要”，即个体控制环境的需要，即人们在从事各种活动中需要体验到一种责任感；三是“关系需要”，即个体需要来自周围环境或他人的关爱、理解、支持、体验感和归属感。

（3）生活方式

生活方式包括睡眠、饮食、卫生、社交、运动、娱乐及健康方式等各种生活习惯。

（4）社会支持

社会支持指个体可以从外界获得的、客观上的物质等资源的支持，以及主观上对支持的利用程度。强有力的社会支持系统可以确保一个人有效地面对和解决问题。

2. 轨道交通行业员工压力风险特征

经过对不同轨道交通行业员工的压力风险特征的调研，可以从工作年限来划分，详细说明轨道交通行业员工的压力风险特征，见表8-3-1。

表8-3-1　轨道交通员工的压力风险特征

工作年限	压力风险特征
3年以下	该群体的压力水平较高，希望感和需求满足达成度都较低，生活方式也不健康。其身心健康、幸福指数及职业态度水平都不高，心理状态不够稳定，压力风险比较大，是亟待关注的一类职工群体
3~6年	该群体的压力水平适中，生活方式良好，具有较丰富的社会支持系统，而需要满足的达成度和希望感适中。此工龄段员工的心理状态比较稳定，组织上可对员工进行职业发展方向的引导
6~9年	该群体的压力水平较高，员工的希望感和需要满足达成度较高，但生活方式不够健康，社会支持资源呈现不足。此工龄段的青年员工逐渐在工作上承担重要责任，未来发展有希望，所以职业热情很饱满。但同时由于压力的影响，开始呈现不良的心理健康状态。对于此工龄段的员工，培养员工的减压意识和协助其进行心理建设是比较重要的工作
9~12年	该群体的压力水平最高，除了需要满足的达成度较好外，其希望感、生活方式、社会支持资源都不高。这部分员工的心身健康、幸福指数、职业态度均处于中等水平，需要组织上对他们的心理健康和职业发展进行引导
12年以上	该群体的压力水平最低，社会支持资源最低，但需要满足达成度、生活方式和希望感都很高。这部分员工心理状态比较稳定，对工作和生活等各方面的期望较为现实，属于压力风险较小的群体

二、轨道交通行业员工心理压力的表现

轨道交通行业员工大部分工作时间都在行车区间上度过，从一处到另一处，马不停蹄地奔波着，凸显了两种生活状态：一是辛苦奔波、忙忙碌碌的工作状态；二是执着追求、不断前进的心理和行为状态。

“安全”是轨道运输的生命线，一旦发生行车事故，自下而上、自上而下都要组织员工进行反思，查找问题的症结，吸取事故的教训。在所有事故分析中都是从组织管理因素、环境因素、安全意识因素和违章操作等方面查找原因。从安全作业的每一个环节都能感到不同的压力源。

工作和家庭是人生两大主题。在面对不同的社会评价以及员工的自我认同感不足时，都会影响个体成就感和价值感，在面对诸多不如意的烦恼与压力时，非常需要不断地进行减压和自我心理调试。轨道交通行业职工在压力方面的表现主要有以下两方面：

1. 情绪反应

违章作业的分类中，有一种状态违章，即情绪状态违章。状态指人的精神状态或情绪，状态违章原因就是情绪失控造成的。

部分员工在工作、生活、家庭中遇到挫折事件或大喜大悲的事件，带到工作中，致使在工作中下意识地违章，表现为顾此失彼、手忙脚乱、情绪烦躁、神志不清、心神不定，或者高度喜悦、手舞足蹈，得意忘形，导致不安全行为。这类违章易发生在重大节日，以及员工家中有婚丧嫁娶等大事发生的过程中。铁路职工在面对压力时免不了会产生负面情绪，如果他们把负面情绪带入工作中可造成情绪违章，导致行车和人身事故。因此，做自己情绪的主人，管理好情绪，就是用对的方式方法，理解探索调整自己的情绪，起到减缓压力、提高工作效率、保障安全生产的效果。

2. 幸福感体验

幸福感是人类基于自身的满足与安全感而主观产生的一系列欣喜与愉悦的情绪。在工作过程中，要完全避免压力是不可能的，在很大程度上压力的感觉取决于个人的认知，同样的一个工作任务，对有些人可能是机遇，是挑战，而对另一些人则成了压力和负担。对压力的负性体验多，会影响幸福感受。因此，欲提升员工的幸福体验，要尝试通过改变对某些事件的看法，重新评估整个事件，减少工作压力本身对幸福感的影响，寻找工作新的含义与积极的效果。

轨道交通员工的成就需要决定他们的成就动机程度，成就动机程度又决定其预期的抱负目标。其中，员工对于自身成就的意识水平是一个重要环节，因为如果个体意识到自身成就水平高于自己的预期抱负目标，便会产生强烈的幸福感；反之，如果个体意识到自身成就水平低于他们的抱负目标，幸福感就会降低。

幸福感是主观感受。如果认为工作很有价值，它就不是一种负担，而是一种幸福；如果认为工作不仅仅有压力，而更多的是一种责任，就会产生持久的动力和克服挫折的意志力，即使痛苦也会享受精彩的过程。如果把工作视作迫不得已，则难以激发持续的努力，即使成功了，体验到的成就感也很低。同时，被动地对待工作更容易产生抵触心理，更容易放大工作中的不如意，也就更难体会到工作的快乐。开心工作，能发挥人的最大潜力，真正让人有成就感、幸福感。

在幸福体验的评估体系里，工作的过程体验是重要的指标之一。轨道交通行业工作的特点就是工作战线长、安全要求高，因此在工作压力的幸福体验会直接影响平时生活的幸福体验。因为生活和工作状态持久的重复心生厌倦，心情低落而失去幸福感。在日常生活和工作中幸福具有同向性，工作中有员工的梦想和物质源泉，生活中有员工努力工作的动力和目标。在享受工作带来的经济支持和社会地位的同时，要正视压力的两面性，有效改变“认知”，换个角度来看待自己和周围的人、事、物，再用认知指导实际的行动，让员工个体能在工作中看到并认同自己的价值，在获取收入的同时提升自尊，获得自我关爱，从而改善情绪，提升幸福体验，使得压力的有效性得以充分发挥。拥有了工作的热情和激情就很容易产生快乐的心情，易于创造好的业绩，成就感也会油然而生。成就感作为工作中的高峰体验，常常能化解过程中众多生活的琐碎和劳累，让工作上升到幸福云端。

三、轨道交通行业员工的压力源

1. 压力源——工作内容

轨道交通行业现场工作任务繁重、负荷量大，工作内容所引发的员工的心理压力主要是由于工作负荷过

重、技能要求高、时间紧迫、工作单调、职位设计及技术问题（业务不熟练）等因素超过个体耐压能力，而对员工造成的心理上的负面影响。

多数青年员工也面临着工作负担与学习要求之间矛盾的压力，在科学技术的要求下，员工要不断地学习新知识、新方法，以满足工作的新要求，所以许多员工要利用下班时间和节假日学习，以增加工作能力，但是过多地占用休息时间会使个体身心疲惫。部分员工在承担多重职务或工作量过大时，就会因其能力和精力难以应对，继而产生压力，表现为情绪焦虑不安。反之，员工的工作量不足又容易导致职工自尊心受损、缺乏成就感，产生苦闷和厌倦的情绪，甚至产生惰性和职业倦怠。

2. 压力源——工作环境

轨道交通行业工作人员所处的工作环境会使他们产生心理上的压力。工作环境主要指物理环境，如作业环境、线路环境、行车环境、人身安全环境等。例如，在高铁主要行车工种中，随车机械师和动车组司机的工作压力较大，这是因为他们的工作环境都在列车上，多数时间是处在列车运行状态，工作空间及活动范围有限。这些特殊工作环境对工作个体会产生一定工作压力。需要上线作业的工种，如线路工、桥隧工等，由于主要是夜班工作，长期的这种工作环境同样会造成工作压力。

3. 压力源——组织管理

确保轨道交通行业运输安全，事关人民群众生命财产安全，坚持守住安全红线，是管理工作中永恒的核心目标。由于组织管理因素造成的职工心理压力还会影响职工心理健康水平。大量新技术、新工艺、新设备投入生产和管理，职工除了完成日常工作外，还要进行大量政治培训、技能培训、安全教育培训等，员工的工作负荷越来越大。组织管理、用工方式、管理考核等方面需要进行相应调整以适应铁路生产组织方式和生产运行方法的发生。

4. 压力源——角色冲突

角色冲突所引发的轨道交通行业员工心理压力主要是由于在工作、家庭、社会中扮演的多重角色在时间、空间及行为模式上发生矛盾时产生的心理压力。角色冲突是工作中一个不容忽视的潜在问题，当个体扮演一个角色或同时扮演几个不同的角色时，由于不能胜任就会发生矛盾和冲突。当工作需要个人与组织外部的人进行接触，或者组织内部的个人职能出现交叉重叠，或者部门权限、责任范围分界不清时，角色冲突也会发生。当家庭和企业同时对个体有需要时，就容易在时间和空间上产生矛盾，形成冲突。此外，还存在职能上的冲突、多重领导、工作要求不一致等问题，这些都会导致员工产生工作压力，降低效能。

5. 压力源——人际关系

个人和组织健康的一个重要因素就是员工之间良好的人际关系。人际关系良好可以为职工提供一个很好的工作氛围，也可以帮助职工达到个人的职业目标。相反，支持性不良或者与同事、伙伴、上级的关系不如人意，则容易引发或加大工作压力。一方面，员工的个性化不能很好地融入工作环境，导致人际关系紧张，加之许多岗位的工作性质又经常与家人分离，无法及时舒缓工作中积蓄的压力。另一方面，不良的人际关系会降低职工相互之间的信任感，缺乏人际沟通的兴趣，难与决策层面达成一致，从而引发不必要的争吵和冲突，加大压力体验。

6. 压力源——职业发展

职业发展所引发的铁路职工心理压力是指由于个人职业生涯发展预期及个人志向受挫、职位缺乏安全感等导致。职工发展是否顺畅会影响其心理健康水平和工作行为。如果员工在日常工作中非常努力，多次获得领导的肯定和表扬，甚至在技术比武中获得荣誉等，职业发展顺利，则工作满意度和热情就高；反之，看不到个体在工作中的价值和职业发展前景，并且个人经济利益得不到满足，则会对工作产生倦怠，工作效率下降。

7. 压力源——家庭生活

对于轨道交通行业员工来说，作为家庭成员，有孝敬父母、照顾子女的义务；作为企业员工，承担着完成工作、保证铁路安全运行的责任。因为作息时间的限制所带来的婚恋和家庭问题，是铁路职工的主要困扰。轨道交通工作性质的特殊性使得员工的工作时间和其他行业有明显差异。长期驻站或工作于车上，使年轻的员工很难有足够的谈婚论嫁时间和空间，甚至没有机会交到合适的异性朋友，组成家庭更是存在困难。家庭生活的目标受到社会价值的影响，在一定程度上给员工带来了生存的压力。

四、轨道交通行业员工压力应对与管理

1. 调整面对压力的信念

生活中，人们有很多不切实际的想法，这些想法由不合理的信念支持，主要分为三种类型：一是要求绝对化，认为事情就应该怎样、必须怎样，绝对不能怎样、必须不能怎样，比如“我必须把工作做到最好”“我一定是做得最好的”；二是过分概括化，以偏概全，把“有时”“某些”过分概括为“总是”“所有”，只要有一处不好就全盘否定，比如因为自己一次没有处理好一件事情就认为自己完全不能应付这类事情；三是糟糕极度化，如果一件不好的事情发生，那将是非常可怕和糟糕的，比如“被分派到这个岗位太糟了”。

2. 压力管理与调适方法

（1）评价信念

看看这些信念在自己的生活中真正起着怎样的作用。经过识别和判断后，可以帮助人们理清思路，看清事情的真相。可能事情原本很简单，只是因为这些不合理的信念使人们把事件本身想象得沉重了，事件经想象和加工后失去了本来的样子。

（2）在生活中改变

要给自己足够的时间来接纳改变的过程。在想事情的时候，要避免思想歪曲和非此即彼。有意识地避免思想歪曲可以帮助人们以一种不同的眼光来看待事物，并可以减轻人们的压力。避免使用“必须”“应该”“不得不”这样的词语。当意识到自己在说或者在想这些词语的时候，应该尝试着把它们改为“我最好”“我喜欢”，比如“我最好能把工作做得更好”。

（3）锻炼自己的觉察能力

很多时候，不合理信念会引起情绪的不稳定，在这种境遇下，个体不易做到自我觉察和控制，也不容易接受自己当下有错误这样的判断。因此，通过遇事时周围关系中的反馈，可以帮助个体提供可借鉴的信息来进行自我觉察，使大脑迅速从压力应激的状态中调整过来。要达到这样的目的，需要对自己的自我觉察能力进行评估，并在日常生活中进行有效关注和训练。

（4）避免使用极端的词语

要避免外界用极端词语对自己进行评论，例如“极好”或“极不好”。在很多时候，这种极端论、判断和说教会使自己或他人感到不自在，无疑会让人感到压力。此外，不要过度担责，为本不该由自己负全责的失误而责备自己。同样，也不要一味责备他人，而全部忽视自己对某个失误的责任。

（5）改变自我对话模式

时刻都可以对自己说话，这是在自己脑中进行的无穷无尽的自言自语，对人们思维和行为有着巨大的影响。选择积极的说话内容和方式，可以提高自信、减轻压力。比如，可以每天练习对自己说：“我很好，我自己可以每天进步一点”“我愿意向更好的方向改变”“我可以通过努力得到更好的生活”“合理安排时间我将可以处理完这些事情”“我已经比过去有所进步了，并将继续逐步前进”“我的工作是有价值的，我喜欢它”，等等。这是一个漫长的过程，切莫急于求成，坚持下来，则会发现自己整个人都会变得更积极，更有效率。

（6）调整平和心态

抱着一种平常心，以顺应事物发展规律的角度看待问题，正视自己的掌控能力和掌控范围，以长远眼光看待事件的发展趋势。当尝试以发展的视角看问题时会发现，尽管这个问题仍然未能得到完美解决，仍有许多环节没有按个体预期完成，但个体的体验却变得不再难以忍受。将更多的注意力集中于解决问题的实际操作层面，而不是将精力停在无限的想象中，所经历的过程远不会像我们初始想象的那样可怕，压力体验自然降低。

（7）寻求社会支持，获得有效帮助

社会支持作为一种抵制压力的资源发挥着极其重要的作用，在人们经历压力事件时具有保护作用。一个人在遭遇压力时，如果能拥有亲人朋友的关心，及时得到有用的社会信息以及物质帮助、社会支援，他的抗压能力就强，就能很好地抵御压力，不会被压力打倒压垮。

活动训练

智传呼啦圈

①目的：提高在职场中相互信任、共同解决问题的能力，提高社会支持，更好地面对压力情境。

②步骤：

- 成员组成20人左右一组的小组。
- 组员手拉手围成一个封闭的圆圈，老师在其中一人手臂上套上一个呼啦圈。
- 活动正式开始，在不许用手的情况下，把呼啦圈穿过每个组员的身体，呼啦圈在小组传一圈。
- 各小组同时开始，最先完成的小组获胜。
- 讨论分享：小组采用哪些方法穿越呼啦圈；在团体合作时，有哪些需要同伴进行支持的地方。

③注意事项：

- 呼啦圈的尺寸要合适，太大穿越时难度太低；太小大家都穿越不过去，影响游戏的乐趣。
- 鼓励大家开动脑筋，想出更多、更好的方法穿越呼啦圈。

④在活动训练过程中，完成活动训练任务单（见表8-3-2）的填写。

表8-3-2　活动训练任务单

任务执行人		班级名称	
所属小组		完成日期	
任务实施			
理论认知	结合轨道交通员工压力管理的学习，可以做如下描述： ①我们小组在面对这个压力情境时，采取的方法为________。 ②在这个团队合作时，需要同伴进行支持的地方为________		
情感体验	当我们接到小组任务时，我感到________（描述情绪）。 当我们小组活动遇到困难时，我感到________（描述情绪）。 当我们成功将呼啦圈穿过所有组员时，我感到________（描述情绪）		
意志提升	当我们小组在大家共同克服困难，成功完成小组任务时，我觉得我对克服职业压力的信心提升了________分（满分10分）		
行为表达	通过这项活动，发现我在行为层面有了这些方面的改变：（比如，原来面对压力情境会胆怯，通过活动体验，可在小组成员支持下共同完成任务） ①________。 ②________		
指导老师批阅： 年　月　日			

任务评价

对本任务学习目标的达成情况进行评价，见表8-3-3。

表8-3-3　任务评价表

评价内容	评价标准	分数	评分记录		
			学生自评	组间互评	教师评分
知识掌握	了解职业压力风险特征和压力源	10			
	掌握调适职业压力的方法	10			
能力应用	在生活工作中能准确识别压力	30			
	能总结并应用适合自己的方法应对压力	30			
素质养成	能树立应对职业压力的意识，提升有效管理压力的职业素质水平	10			
	积极面对压力，尊重自我，尊重生活，保持对生活的热爱，提升职业幸福感	10			
总　分		100			

项目九

珍爱温暖生命　重视安全心理

项目描述

本项目介绍大学生常见异常心理的分类及产生的原因，针对自我心理调适的内容和方法尝试和探索适合个体的心理调适方法；正视心理危机，理解生命的意义和心理危机干预原则，结合专业特点学习职业安全心理知识；尊重和热爱生命，积极乐观面对人生，能够知法、懂法、守法、宣传法，从遵法的视角热爱和关爱生命。

思维导图

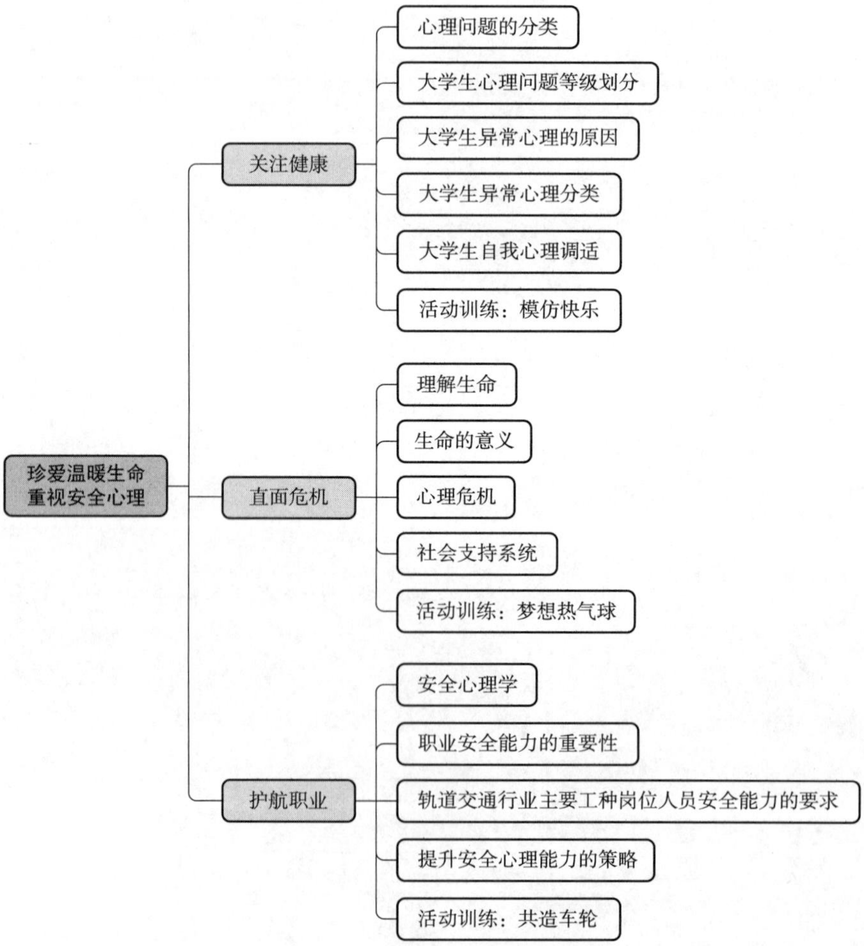

趣味导读

生命如同璀璨的星辰，在浩瀚的宇宙中散发着独特的光芒，它是丰富多彩的，拥有着无限可能。在生命的旅程中，我们体验着喜怒哀乐，感受着亲情、友情和爱情的力量。每一个微笑、每一次拥抱、每一个美好的瞬间，都是生命这一财富为我们带来的宝藏。珍爱温暖生命、重视安全心理则是我们守护这份财富的重要保障。让我们一起认真学习本项目内容，关注自身身心健康，用爱和责任去呵护生命，用安全心理去迎接未来的挑战。

音频

珍爱温暖生命

任务一　关注健康

情境导入

晓清同学在上高职一年级期间始终非常勤奋，认真学习业内课程，积极参加社团活动和社会实践，还通过了校内职业技能大赛的选拔赛晋级市赛，与同学关系也很融洽。但是，最近一个月，在备战市级职业技能大赛中，状态很不好，没有食欲，常常难以入睡，情绪很消积，训练成绩明显下降。她很担心自己的状况，跟同寝室的心理委员明芯说了自己的困扰。经明芯建议，晓清在明芯的陪伴下来到了心理中心预约了咨询，接受专业老师的心理帮助。

学习目标

知识目标：

了解大学生心理异常的原因及识别方法，掌握自我心理调适的理论和方法。

能力目标：

识别大学生常见的心理问题，划分心理问题等级，应用自我心理调适的方法解决心理问题。

素质目标：

用心理学指导生活实践，维护身心健康，提升爱己、爱他、爱社会、爱国家的家国情怀。

任务描述

识别生活中的心理问题。能够结合划分标准对自己的生活事件进行初步评估，在生活中应用心理问题等级划分标准支持和帮助他人。

体验自我心理调适。结合“3M 理论”分组讨论分享自我心理调试案例，探索和掌握自我调试的方法。

任务分析

通过学习心理问题的分类以及大学生心理问题的分类，了解大学生异常心理产生的原因和分类，掌握心理调适方法；通过完成心理调适的活动训练，体验对自己的心理状态进行评估的过程，总结适合进行自我调适的方法，提升自我效能感和价值感。

相关知识

一、心理问题的分类

视频

心理问题等级

按照心理健康水平以及心理问题的程度，由轻到重心理问题可以分为三个等级，分别是心理困扰、心理障碍和精神疾病。

①心理困扰：指因为适应性问题、应激问题、人际关系问题等引起的轻度心理失调。心理困扰强度较弱，持续时间较短，不属于疾病的范畴，容易通过自己的调整和适当的心理疏导进行恢复和矫正。

②心理障碍：又称为心理疾病，是指心理功能紊乱并达到影响个体的社会功能，或者是自我感到痛苦程度的心理问题。

③精神疾病：指人脑的机能活动失调，丧失自制力，不能应付正常的生活，不能与现实保持恰当接触的严重心理障碍。

二、大学生心理问题等级划分

根据大学生心理健康程度，可以将心理问题划分为四个等级：健康状态、不良状态、心理障碍和心理疾病。

1. 心理健康状态

心理健康状态与非健康状态的区分标准一直是心理学界讨论的话题，不少国内外心理学家根据自己研究调查的结果提出了标准，大学生应多了解有关心理健康的知识，调控自己的情绪，使自己处于健康的状态，才能有利于生活和学习。

2. 不良心理状态

不良心理状态是心理健康与心理疾病之间的状态，即正常人群中常见的一种亚健康状态，它是由于个人心理素质（如过于好胜、孤僻、敏感等）、生活事件（如学习或者工作压力大、婚恋挫折等）、身体不良状况（如过度劳累、身体疾病）等因素所引起的。它具有以下特点：

①时间较短暂：此状态持续时间短，一般在一周以内能得到缓解。

②损害较轻微：此状态对其社会功能影响较小。处于此状态的人一般都能正常学习和生活，只是愉快感小于痛苦感。

③能够自我调节：此状态者大部分通过自我调整，如休息、聊天、运动等放松方式可以使心理状态得到缓解。若长时间无法缓解，则可能形成一种相对固定的状态，应寻找专业心理支持。

3. 心理障碍状态

心理障碍是指因为个人及环境因素造成的心理状态某一方面或几方面发展的超前、停滞、推迟、退缩或偏离。具有以下特点：

（1）举止行为不协调性

举止行为不协调指心理活动外在表现与其生理年龄不相称或反应方式与常人不同。例如，成人表现得过于幼稚；儿童表现出成人行为；对外界刺激的反应方式异常等。

（2）针对性

处于此类状态的人往往对障碍对象有强烈的心理反应，而对非障碍对象可能表现得很正常。例如，有的学生因从小缺失父爱，对父爱过于渴望，对中老年男性有强烈的亲近欲望，而对同龄男生不愿接触。

（3）损害较大

此状态对其社会功能影响较大，它可能使当事人不能按常人的标准完成某项社会活动。例如，患有社交焦虑症的人无法顺利完成社交活动。

4. 心理疾病状态

心理疾病是由于个人及外界因素引起个体强烈的心理反应（思维、情感、意志、动作行为）并伴有明显的躯体不适感，是大脑功能失调的外在表现。其特点如下：

（1）强烈的心理反应

可能出现思维判断上的失误、记忆力下降、头脑空白、思维迟钝、强烈自卑感或痛苦感、情绪低落或忧郁、紧张焦虑、行为失常、意志减退等。

（2）明显的躯体不适感

由于中枢控制系统功能失调，可引起所控制人体各个系统功能失调。例如，出现食欲不振、腹部胀满、便秘或腹泻等症状；影响心血管系统则可出现心慌、胸闷、头晕等症状。此状态患者不能或勉强完成其社会功能，缺乏轻松、愉快的体验，痛苦感极为强烈。

三、大学生异常心理的原因

1. 主观因素的影响

大学生正处于青年期，是人的一生中心理发展变化最激烈的时期，由于心理发展不成熟、情绪不稳定，心理冲突矛盾时有发生，极易导致心理问题。影响大学生心理健康的个体心理因素概括如下：

（1）自我同一性的危机

在大学阶段，学生不断地反省自我、探索自我、思考人生，确定“自我同一性”，经历着种种内心矛盾和迷茫，这样便容易引起心理问题。

（2）个性的缺陷

不同的个体在同样的环境下遇到同样的挫折时，也会有不同的体验，这与人的个性有直接关系。性格过于内向、斤斤计较、孤僻封闭的个体，往往比较开朗、大度、乐观的个体更容易产生心理疾病。

（3）心理素质不完备

大学生的心理素质不仅影响其成才发展，也影响身心健康。有些大学生自制能力差，对挫折缺乏应有的承受力，惧怕失败。遇到矛盾，就怨天尤人或自怨自艾、灰心失望、精神不振，由此恶性循环，久而久之引发心理疾病。

（4）情绪发展的不稳定性

大学生的情绪处于最丰富和复杂的时期，情绪起伏大、左右不定，缺乏对事物的客观判断，这些都使其常常体验着人生各种苦恼而难以自拔。

2. 特殊环境的影响

大学生所处的特殊环境对其心理健康的影响主要表现在以下几方面：

（1）学习压力大

考入大学后，对学习意义、目标、方法等缺乏理解，想学又没目标、没动力、不会学，在各种考试期间压力更大，感觉睡眠时间严重不足，产生不适的感觉或焦虑情绪。

（2）对大学生活环境不适应

从中学到大学的环境改变很大，无论是学习方面还是生活方面，乃至人际关系，都需要重新适应，产生各种矛盾，如果处理不当就会影响身心健康。

（3）专业选择不当

由于高考选择专业具有一定的盲目性，学生在入学后，可能对所学专业不满意，或觉得不符合个人兴趣和爱好，从而产生调换专业的要求或无心学习，加重大学生的心理负担。

（4）经济压力大

虽然现在高校有较完善的经济资助政策，但家庭经济条件好的学生和家庭经济条件较差的学生在学习生活中会有许多差别，这会给一些学生造成一定的心理压力。

四、大学生异常心理分类

从大学生的现状来看，异常心理主要表现在以下几方面：

1. 极端的不良情绪

狂喜、狂怒、狂热、狂妄都属于极端的不良情绪。其中，狂喜是指碰到高兴的事欣喜若狂、手舞足蹈、忘乎所以、行为失态。狂怒是一旦发怒，做起事来不计后果，小则唇枪舌剑，争吵不休，大则挥拳动脚，大打出手，酿成严重后果。狂热表现在大学生身上有政治上的狂热、爱情上的狂热等。政治上的狂热容易被人利用，干出蠢事。爱情上的狂热，轻则影响学习和校园文明，重则导致越轨行为，违反校规校纪乃至法律。狂妄主要表现为有些大学生傲气十足，狂妄自大，对他人缺乏起码的关心、尊重和理解。

2. 焦虑

焦虑是人面临不安或危险的情境时所产生的反应，是由于心理矛盾所引起的在一定时期内反复出现的痛苦心理状态，可分为特质性和情境性焦虑。

（1）特质性焦虑

特质性焦虑是一种神经官能症，是非器质性心理障碍，是指人处于一种精神持续紧张或者发作性惊恐状态，常伴有头晕、胸闷、心悸、呼吸困难、出汗、口干、尿频、震颤和运动不安等，具有持久性。必须慎重对待特质性焦虑，必要时需要采取一定的措施。

（2）情境性焦虑

情境性焦虑是指人在具体环境中产生紧张和不安甚至害怕的反应，因环境和人而异，具有暂时性的特点。具体体现在以下几方面：

①考试焦虑：由于担心考试结果而产生的一种忧虑、紧张的心理状态。在考试的前几天表现出来，随着考试日期的临近而日益严重。

②身体健康焦虑：由于对身体健康过分关注而产生的焦虑不安，并有失眠、倦怠等症状。例如，有的大学生为脸上的几颗“粉刺”而忧心忡忡。

③适应焦虑：常见于大一新生，新生对大学的环境、学习方式和人际关系等不能很快适应；毕业生则表现为能否顺利就业或找到理想的工作单位。

情境性焦虑在大学生生活、学习和工作中经常出现，是一种在适度压力下的正常情绪反应，等到事过境迁或随着时间的延长便会自动消失。大学生中患特质性焦虑的人较少，大部分人的焦虑反应都是情境性焦虑。

3. 抑郁

抑郁是一种心境低落状态，常表现为情绪低落、焦虑不安，对任何事情都不感兴趣，不愿与人交往，感到处处不如意，总觉得有什么不幸的事情要发生，并伴有失眠、食欲减退、心跳减缓、血压降低、疲劳、头昏、头痛等症状，严重的甚至悲观厌世。

4. 压抑

压抑情绪是大学生中常见的情绪问题。大学是一个充满压力和冲突的时期，很多学生感到自己的情感不能得到尽情抒发。这种压抑感有时是由自己意识到的原因引起的，而有时则是自己也不清楚原因，隐约感觉到有一种苦闷感。当这种压抑的强度较大或持续时间过长，而又找不到或没有适宜的可宣泄途径时，加之个体素质上的缺陷，往往会导致心理异常。

5. 易怒

易怒是指情绪、情感容易进入愤怒状态或具有愤怒倾向。愤怒是一种紧张的情绪情感逐渐积累所带来的心理压力，持续时间越长，愤怒就越强烈，行为就越难控制。大学生要调控自己的行为，就应该了解愤怒对个人的意义，找出引发愤怒的根源，时常以这种观点来分析及诠释自己的愤怒，使愤怒不成为工具性的表达形式。

6. 自卑

简单地讲，自卑就是自我轻视、自我否定、自惭形秽。自卑感是因为对自己评价过低而产生的压抑、羞愧情绪情感体验。如果过分看重这些外在条件，从而影响到学习、工作、生活的正常进行，就会导致心理疾病。自卑是心理暂时失去平衡的一种心理状态。大学生中自卑心理常表现为胆怯、害羞、不自信，感到焦虑，害怕失败。

7. 恐惧

恐惧是对真实存在的危险所产生的一种自然、适应性的反应，这是一种正常的心理反应。“恐惧”增加了人生的安全系数，但是，当危险过后恐惧心理难以消除，或对并不可怕的事物产生过分的恐惧心理，或自知不必要恐惧却难以自控，感到不安、害怕时，就是恐惧情绪障碍。大学生中常见的恐惧症主要是社交恐惧。

8. 孤独

孤独是对情感联结没有做出反应时所产生的情绪状态，它影响着个人与周围环境的情绪情感紧密度，尤其使人际关系产生了无效性或负效性。

大学时期是大学生人际交往和社会活动最为频繁的时期。一方面，大学生觉得自己认识交往的人很多，另一方面又感觉茫茫人海中知己难觅，真正了解自己、关心自己的人太少，产生不愿与人交往，甚至与世隔绝的孤独寂寞心理。过度孤独感不仅会给自己身心健康带来危害，还会影响人际关系、学业和生活。

9. 冷漠

冷漠是一种对人和事漠不关心、无动于衷的消极情绪。从面部表情和身体姿态上来看，大学生中的冷漠表现在表情平淡呆板，行动毫无生气，缺乏活力，懒散懈怠，对集体不关心，对集体活动不积极、不参与，内心体验自我封闭，对生活失去乐趣，缺乏责任感和成就感。

五、大学生自我心理调适

大学生可以通过自我心理调适，掌握心理调适方法，学会进行心理调适。

1. 自我心理调适的含义

自我心理调适又称自我心理调节。顾名思义，是指个体在心理健康教育理论指导下，通过自己的努力，用可行有效的方法，及时解决日常心理问题，矫正心理异常，维护并达到心理健康的过程。

2. 自我心理调适的理论

自我心理调适的理论依据是3M理论。其中，第一个M是master，是主人的意思，这里引申为自我把握的意识和能力，包括自我观察的知识和方法、自我观察的意识和习惯、心理问题的自我判断能力、自主解决心理问题的意识；第二个M是medium，是中介的意思，这里引申为对心理进行转换、调整，从而达到心理内容和环境信息性质上的一致、相容的过程；第三个M是maneuver，有策略控制的意思，这里引申为心理调整和矫正策略的控制方法，包括心理、生理控制技术和行为控制技术。

3M理论即做自己的主人，观察自己、管理自己、控制自己。在觉察、发现自己有心理异常的时候，通过心理中介策略转化，自我化解心理冲突；与此同时，运用身心调整和矫正的策略控制方法，包括心理生理控制技术和行为控制技术，实现身心调控。

3. 自我心理调适的方法

自我意识调适的内容包括情感调适、语言暗示调适、注意转移调适、交往心理调适、阶段性的心理调适。可以尝试用以下方法进行调适：

（1）自我暗示法

自我暗示法是指自己将某种观念暗示给自己，靠思想、语词对自己施加影响以达到心理卫生、心理预防和心理治疗的目的。积极的自我暗示将形成一种强烈的心理定式，并引导潜在动机产生行为。通过自我暗示，可以调整自己的心境、情绪、感情、爱好、能力乃至意志力，起到非常积极的作用。

（2）自我放松法

自我放松法是指在心理和行为上对自己适度放松的一种心理调适的方法。当一个人遭遇到不公平对待而躁动不安或过度疲劳时，应充分放松。具体做法是：可以关掉手机，身穿宽松衣服，躺在无杂声、环境幽雅的地方，听音乐或者选择适合自己的方式，通过稳定情绪来保持心理平衡。

（3）自我宣泄法

自我宣泄法是指通过倾诉、体力的消耗等形式，缓解心理压力的一种方法。当一个人对生活环境感到极端厌倦、压抑时，应适当地发泄一下内心的积郁，使不愉快的情绪彻底宣泄。你可以开怀大笑，也可以在无人处大声喊叫甚至号啕大哭，还可以向好朋友甚至与此事无关的人倾诉，诉说完后会感到一身轻松。

（4）角色互换法

角色互换法是指在心理上将自己与他人调换位置，设想自己是对方或者其他比自己受伤害更重的人，将心比心换位思考，找出自己在此次事件中应负的责任，这样就学会了理解别人、尊重别人，也就不会再钻牛角尖。

（5）自我激励法

自我激励法是指通过一些富于挑战性和刺激性的言语，激发起自尊心和自信心，增强克服困难的信心和勇气，把自己从不健康的心理状态中拔出来。当一个人被失望、消沉、自暴自弃等不良心理笼罩时，不妨对自己说："一点小灾难就会把你击倒吗？"然后再做出积极的回答。

（6）转移目标法

当烦恼来临或者心情焦虑时，忌任由思绪跌入无底深渊，胡思乱想，加倍灰暗，将烦恼无限放大，用放大镜的印象去观察透析，这样只会让困苦加倍，让烦恼加倍，让心情更糟。可以转移注意力，让自己有别的事可做，从而淡忘不愉快，在充实中摆脱闷苦。

学习笔记

活动训练

模仿快乐

①目的：帮助学生理解有什么表情就会真的产生对应的内心体验，学会自我心理调适。

②步骤：

- 老师指导语："心理学研究表明，当模仿某种心情时，往往能帮助我们真的获得这种心情。每天早上起床后对着镜子中的自己笑一笑，大声说出'今天是美好的一天'，往往会为我们带来一天的好心情。即使没有镜子，也可利用镜子技巧，使自己脸上露出很开心的笑容，挺起胸膛，深吸一口气，然后哼一段歌曲或者吹一小段口哨，记住自己快乐的表情，为自己带来积极的情绪。"
- 拿出各自的手机，打开前置摄像头，摄像头即是镜子。面对"镜子"做出各种愉快的表情，记住自己的表情，时间为2分钟。
- 成员两两分组，一个成员做出各种愉快的表情，另一个成员作为镜子模仿他的各种表情。时间为2分钟左右，然后互换角色。
- 小组讨论分享：看到手机里出现的自己的笑脸，你有什么感受？在努力做出愉快表情时，你的情绪有变化吗？

③在活动训练过程中，完成活动训练任务单（见表9-1-1）的填写。

表9-1-1　活动训练任务单

任务执行人		班级名称	
所属小组		完成日期	
任务实施			
理论认知	结合自我心理调适方法的学习，可以做如下描述：____ ①在我情绪低落时，可以采取的方法为：____ ②在努力做出愉快表情时，我的情绪变化为：____		
情感体验	当我看到手机里出现的自己的笑脸时，感到____（描述情绪）。 当我努力做出愉快表情时，一开始感到____（描述情绪）。 当我保持愉快表情几分钟时，感到____（描述情绪）		
意志提升	当我发现通过做出愉快的表情，让自己心情变好时，觉得我对心理调适的信心提升了____分（满分10分）		
行为表达	通过这项活动，发现我在行为层面有了这些方面的改变：（比如，原来不好意思面对镜子微笑，通过活动体验，可通过对镜子中的自己微笑来鼓励自己） ①____。 ②____		
指导老师批阅： 年　月　日			

任务评价

对本任务学习目标的达成情况进行评价，见表9-1-2。

表9-1-2　任务评价表

评价内容	评价标准	分数	评分记录		
			学生自评	组间互评	教师评分
知识掌握	了解大学生心理异常的原因及识别方法	10			
	掌握自我心理调适的理论和方法	10			
能力应用	能识别大学生常见的心理问题，明确划分心理问题等级	30			
	能应用自我心理调适的方法，解决心理问题	30			
素质养成	用心理学指导生活实践，维护身心健康	10			
	提升爱己、爱他、爱社会、爱国家的家国情怀	10			
总　分		100			

任务二　直面危机

情境导入

机车专业一班准备组织开展一场心理主题班会，大家投票选出本场心理班会的主题是“尊重生命，将爱传递”。班委广泛征集同学们感兴趣的焦点及关心的细节问题，聚焦于以下三方面：

①现实生活中遇到特别困难的境遇时，会思考活着的意义是什么。

②看到同学处于非常特殊的心理困境，如何识别、提供有效支持和帮助。

③如何在日常生活中提供自我价值感，能感觉到自己是被支持被重视的。

同学们的想法得到了辅导员老师的支持，获取了心理老师的专业建议，在班会议程中设置了相关心理专业知识的讲解、热点话题的头脑风暴以及专项心理团体辅导活动的体验。

本次班会获得了学校心理月主题心理班会一等奖。

学习目标

知识目标：

理解生命的意义，掌握心理危机干预原则和心理危机预警标准。

能力目标：

能够分析和整合获得心理支持的资源，正视心理危机。

素质目标：

能对生命充满希望，能以积极心态生活，关爱个体生命，心怀感恩，从确保国家安全的高度保障生命安全。

任务描述

发现生命的意义。搜集关于生命意义的诗文，分享呈现自己生命意义的经历，提高尊重生命的自主意识。

应用心理危机预警标准。应用心理危机预警标准分析案例，能将心理危机预警标准应用到生活事件中。

整合维护生命的资源。组织体验活动，探索自己在遇到困境时可利用的多方面资源。

任务分析

通过学习和讨论生命的含义与生命的意义，提升生命价值感及尊重生命，掌握心理危机干预原则和心理危机预警标准并应用于生活事件。通过完成学习活动训练，探索在生活情境和生活经历中发掘支持性资源的能力，提升资源感和生命意义感。能用自己的生命温暖更多的生命，让更多的生命感受并传递爱。

相关知识

人生最宝贵的，莫过于生命。珍爱生命，是人与生俱来的天性。

一、理解生命

1. 生命的概念

生命是构成世界存在的基础，世界正是因为有了生命才精彩。而在所有生命存在中，人是超越一切其他生命现象之上的存在物。生命主要包括生长、发育、新陈代谢、遗传、变异、感应、运动等。生长和发育是生命的基本过程，而新陈代谢则是生命的最基本的过程，是其他一切生命现象的基础。

2. 生命的存在形态

人生命的存在形态有生物性、精神性和社会性三种。

（1）生物性的存在

人是生物性的存在，生物性是人的生命最基本的特性，是人生命的社会性、精神性存在的基础和前提。人的生命作为一个自然生理性的肉体生命而存在，人的生长和发展就必然要服从生物界的法则和规律。所以，衣食住行、吃喝拉撒、生老病死是每一个人都必须具有的，也是每一个人无法逃避的。

（2）精神性的存在

人之所以为人，就在于人不仅仅是为了满足自己的自然生命而活着，还要追求超越生物性的精神性存在。人要规划自己的人生，创造自己的价值，指导和提升生物性的存在。正是有了生命的精神性存在，才使人的生命有了人文意义和价值，有了理性的意蕴和道德的升华。

（3）社会性的存在

每个人要想生存下去，就必须参与和融入社会活动中，在与人的沟通、交往和互动中保存自己的生命，追求自己生命的意义，实现自己生命的价值。正是这种社会性存在使人面对千差万别、千变万化的社会生活，能够使自己有一种生命的智慧和坚定的信念；使人面对生死、爱恨、聚散、得失的有限人生和无奈命运时，有一种豁达的胸怀和安然的态度。

3. 生命的特征

（1）生命具有不可逆性

从胚胎起，生命便一直生长、发育，以至衰亡。它绝不会“倒行逆施”，返老还童。

（2）生命具有不可再性

生命对任何人来说都只有一次，世间常说，“人死不得复生”，道出了这个真理。

（3）生命具有不可换性

生命为个体所私有，相互不得交换，彼此不可替代。

（4）生命具有有限性

生命的有限性主要表现在以下几方面。第一，生命存在时间的有限，人的自然寿命一般为七八十岁，最多百十来岁。第二，生命的无常性，表现在生老病死、旦夕祸福等不可预测，任何人都逃脱不了，任何人必然走向死亡。所以说，生命之所以珍贵，正是因为它会消亡。第三，个体生命的存在不能离群索居，不食人间烟火，每个人都需要别人的帮助、支持和关怀。正是生命的有限性才促使人去努力思考、发奋创造、积极生活，去实现自己生命的意义。

二、生命的意义

卢梭说：“生命本身没有任何价值，它的价值在于怎样使用它”。

生命的意义是关于生命的积极思考，是个人正在努力实现的自己给予高度评价的生命目标。具体来说，包括个人存在的意义、寻求和确定获得有价值的目标，并去接近这些目标。人生的过程要好好去创造，人生最珍贵的宝藏是自己，人生最大的价值与生命的意义就是追求不断的自我发展与成长。

人的生命本身就是一个不断成长发展、生生不息的过程。生命是在此基础上不断产生新内容的创造性运动，生命的意义就在于创造，在于给原本没有价值的生命创造出一个价值。人通过创造把握生活的变化，通过创造发现生命的意义，通过创造实现对自己生命的认识、把握和超越。

人生有始有终，每个人无法决定生命的长度，但可以掌握自己生命的宽度，即实现生命的意义，活出人生的精彩，展现自我的价值。人生总会面临无尽的挑战，培养尊重生命的态度，关怀珍爱每一个人生命的价值，热爱生活、积极乐观，将会拥有一个丰盈无悔的人生。

三、心理危机

1. 心理危机的概念

“心理危机”这一概念是美国心理学家卡普兰（G.Caplan）首次提出的。他认为，每个人都在努力保持一种内心的稳定状态，使其自身与环境稳定协调。当重大问题和剧烈变化使个体感到问题难以解决，正常的生活受到干扰时，内心的紧张不断积累，继而出现无所适从甚至思维和行为的紊乱，进入一种失衡的状态，就是心理危机的状态。危机就是个体所具有的能力和资源不能有效应对挑战时的状态。

中文“危机”两个字，可以理解为：“危”就是危险，死亡的威胁或危险；“机”就是机遇，生命的希望或机遇。危机则是危险与机遇并存，危机即转机。如同中国成语描述的：“凤凰涅槃”“破茧成蝶”“山重水复疑无路，柳暗花明又一村”。

2. 心理危机的特征

心理危机的特征如下：

①通常为有限性，大多在1~6周内消失。

②在危机期，个人会发出需要帮助的信号，并更愿意接受外部的帮助或干预。

③干预后的效果取决于个人素质、适应能力和主动作用，以及他人的帮助或干预。

3. 心理危机的反应

当个体面对危机时，会产生一系列身心反应，一般危机反应会维持6 ~ 8周。危机反应主要表现在生理上、情绪上、认知上和行为上。

①生理方面：肠胃不适、腹泻、食欲下降、头痛、失眠、做噩梦、容易惊吓、感觉呼吸困难或窒息、肌肉紧张等。

②情绪方面：常出现否认、害怕、焦虑、恐惧、怀疑、沮丧、忧郁、不信任、悲伤、易怒、绝望、无助、麻木、孤独、紧张、不安、愤怒、烦躁、自责、过分敏感或警觉、无法放松、持续担忧、担心家人安全、害怕死去等。

③认知方面：常出现注意力不集中、缺乏自信、无法做决定、健忘、效能降低、不能把思想从危机事件上转移等。

④行为方面：社交退缩、逃避疏离、不敢出门、容易自责或怪罪他人、不易信任他人等。

4. 心理危机经历的发展过程

心理危机经历的发展过程包括如下几个阶段：

①冲击期：发生在危机事件发生后不久或当时，感到震惊、恐慌、不知所措。

②防御期：表现为想恢复心理上的平衡，控制焦虑和情绪紊乱，恢复受到损害的认识功能。但不知如何做，会出现否认、合理化等情况。

③解决期：积极采取各种方法接受现实，寻求各种资源努力设法解决问题，焦虑减轻，自信增加，社会功能恢复。

④成长期：经历了危机变得更成熟，获得应对危机的技巧。但也有人因消极应对而出现种种心理不健康的行为。

5. 心理危机的评估标准

心理危机可以理解为一种严重的应激反应。判定应激反应是否达到危机的程度，可用以下三条标准来评估：

①必须存在具有重大心理影响的生活事件。

②出现一些不适感觉，引起急性情绪扰乱（如烦躁、恐惧、焦虑、抑郁）、认知改变（如注意力不集中、记忆障碍）、躯体不适（如头昏、头痛、腰酸背痛）和行为改变（如失眠、不愿与人接触、一般的生活规律被打破等），但这些表现均未达到精神疾病的程度，不符合任何精神疾病的诊断标准。

③依靠自身的能力无法应对困境。

6. 心理危机的三种结局

①心理危机未能得到有效的应对与干预，进一步发展或难以自拔，使经受者陷入绝望之中，并可能采取自杀行为；或沉溺于借酒消愁与药物滥用的消极应对方式之中；或变得孤独、多疑、抑郁、自责、焦虑，而成为适应不良或神经质患者。

②当事人通过自身努力与外界的帮助，问题得以解决并防止了危机的进一步发展，逐渐恢复到危机前的心理平衡状态，这是较理想和出现较多的结局。

③部分人因经过危机的锻炼和体会，学会了新的应对技巧，心理适应能力同时也得到提高，心理状态变得比以前更成熟、坚强，更具有抗危机能力，其总体的心理结构和心理水平超出了危机前的水平。无疑这是最好和最理想的结局，也是危机干预努力的方向。

从以上心理危机的结局中可以看出，心理危机后的平衡状态可能恢复到原有水平，也可能高于或低于危机前的水平。心理危机包含有危险和机遇两层含义。

四、社会支持系统

1. 社会支持系统的含义

心理学上的支持系统通常是指个人的“社会支持系统”，是指一个人在日常生活中所信赖和获得的社会支持资源的总称，包括家庭、朋友、邻里、社会组织等多种形式。一个强大的社会支持系统对个体的健康和幸福具有重要的影响。通常，社会支持系统可以提高个体的适应能力，降低应对压力和危机时的心理健康风险，在个体面临挑战和困难时提供帮助支持。

（1）家庭支持

家庭是人们最重要的社会支持系统之一。家庭成员之间的互助和支持，可以提高家庭成员的幸福感和生活质量，对个体的情感稳定、心理健康和适应能力有着积极的影响。尤其是面临重大生活事件时，家庭支持可以帮助个体更好地应对压力、减轻负面影响。

（2）社会关系支持

良好的社交关系可以提供情感支持、信息支持和实质性支持，帮助个体解决问题和应对困难，朋友、同事、邻居等社交关系支持可以缓解个体的孤独感，增强自信心，促进个人成长和发展。有助于个体建立信任感和归属感，提高个体的社会融入度。

（3）社会组织支持

社会组织支持是指通过参与社会组织活动获得的支持和资源，社会组织可能提供各种服务和项目，为个体提供更广泛的社会支持渠道，个体可以拓展社交网络、获取新的知识和技能、提高社会责任感，增强社会适应能力和心理韧性。

2. 社会支持系统的维度

社会支持系统有三个维度：

①主观支持：主观体验到的支持也称领悟社会支持，即个体所体验到的情感上的支持，也就是个体在社会中受尊重、被支持、被理解因而产生的情感体验和满意程度，与个体的主观感受密切相关。

②客观支持：也称实际社会支持，是个体物质上的、生理上的需求和满足，包括财力的帮助、物力的提供等客观的能首先满足个体生存需要、间接支持其情绪情感正常稳定的方面。

③对支持的利用度：指个体在特殊境遇中能够很好地利用社会支持并感到满意。个体对社会支持的利用度越高，越能够从中获益，使身心状态有健康的保障。

每个人从看似相同的“社会支持系统”中获得的支持有很大的差异。如果个体能在个人支持系统中与他人共享生活，充满幸福感，遇到困难时总便能获得及时而又有力的帮助，能有被看到、被尊重的价值感，能在遇到任何困难时表现出主动寻求支持与帮助的能力，生命将更具希望感，彰显生命本有的活力、丰富与精彩。

学习笔记

活动训练

梦想热气球

①目的：学生进一步探索自身支持资源，调整心态，主动寻求帮助。

②步骤：

- 每名学生分发一张白纸、签字笔和若干彩笔。
- 在纸上画一个热气球的轮廓，包括大气球、绳索和吊篮，并给热气球涂上绚丽多彩的颜色。
- 在热气球的每个部分填写相应的内容。吊篮部分填写自己最想实现的心愿；大气球部分填写自己目前拥有的资源和优势，这些资源和优势不仅可以是物质财富、精神财富，也可以是人格力量、社会支持网络等。联结吊篮和大气球之间的绳索处填写通过这些资源实现心愿目标的途径。通过完成整个热气球帮助学生理解自己有哪些资源，如何利用这些资源帮助自己实现心愿和梦想。
- 学生完成作品后，小组讨论交流：在实现自身目标的过程中，会遇到各种各样的困难，怎样合理利用自身资源解决困难，实现梦想；你有时并没有意识到拥有的资源，通过小组分享又找到哪些资源。

③在活动训练过程中，完成活动训练任务单（见表9-2-1）的填写。

表9-2-1　活动训练任务单

任务执行人		班级名称	
所属小组		完成日期	
任 务 实 施			
理论认知	结合自我预防和干预心理危机的学习，可以做如下描述： 我最想实现的心愿为________。 我目前拥有的资源和优势为________。 通过这些资源实现心愿目标的途径为________		
情感体验	当我画出最想实现的心愿时，感到________（描述情绪）。 当我画出我用的资源、优势和途径时，感到________（描述情绪）。 当通过小组分享又找到新的资源时，我感到________（描述情绪）		
意志提升	当我发现自己的资源和优势、并找到途径可以实现心愿时，觉得我对未来的信心提升了________分（满分10分）		
行为表达	通过这项活动，发现我在行为层面有了这些方面的改变： （比如，原来不曾特意觉察自身拥有的资源和优势，通过活动体验，可思考自身拥有实现心愿的资源和优势） ①________。 ②________		
指导老师批阅： 年　　月　　日			

任务评价

对本任务学习目标的达成情况进行评价，见表9-2-2。

表9-2-2　任务评价表

评价内容	评 价 标 准	分数	评 分 记 录		
			学生自评	组间互评	教师评分
知识掌握	理解生命的意义	10			
	掌握心理危机干预原则和心理危机预警标准	10			
能力应用	能够分析和整合获得心理支持的资源	30			
	对心理危机的合理认知	30			
素质养成	对生命充满希望，能以积极心态生活，心怀感恩	10			
	关爱个体生命，从确保国家安全的高度保障生命安全	10			
总　分		100			

任务三　护航职业

情境导入

在关于职业安全心理主题的圆桌会议上，讨论了这样一个议题：安全警示教育为什么会有助于实现安全生产？经过师生热议、企业指导师和心理老师的引导，同学们做了如下总结：企业通过播放过往的安全事故分析视频、做安全知识讲座、强调安全生产的意义，是从认知层面引导职工认识到安全的重要性。当在认知层面获得高度认同，并且职工认识到遵守安全底线是个体生存和企业发展的基本需求时，个人与集体的利益同频共振，产生主动实现安全生产的动机，就容易引发职工主动遵守规章制度的行为，并伴随产生积极幸福的职业体验，最终实现安全生产，同时职工获得职业幸福感、归属感和价值感。同学们科学地分析心理过程、运用需要动机理论梳理并总结出实现安全生产“心思路”，舒缓了“谈安全色变”的抵触情绪，为实现安全生产提供了有效的心理支持。

学习目标

知识目标：

明确职业素质中安全能力的要求，重视安全能力的意义和作用。

能力目标：

能自主提高安全意识和安全能力。

素质目标：

培养主动提升安全能力的职业素质。树立强烈的安全作业意识，保持积极的工作态度，构建安全的工作环境，从实现岗位安全生产助力保家卫国。

任务描述

学习轨道交通行业员工安全能力的要求。教师呈现企业相关案例，学生分组讨论总结对轨道交通行业人员安全能力的要求。

探索个人职业安全能力。学生参与体验活动，对照轨道交通行业员工的职业安全能力标准，分析自己的现状，找到差距，明确方向。

任务分析

通过轨道交通行业主要工种岗位人员安全能力的五方面要求，明确标准和规范，通过对案例的分析讨论和参与体验活动，总结经验，探索确保安全的方法，明确自己的职业心理素质水平，树立提升个人职业安全能力的意识。

相关知识

提高员工安全心理素质是安全生产的重要环节。企业通过安全法治宣传教育和业务技能培训工作，强化员工生产安全意识，提高员工自我保护意识。员工通过自我调节，合理安排工作，排解工作压力，保持饱满的精神状态，及时处理问题，避免问题积累。各级负责人、安全技术与安全管理人员、特别是一线员工都要学习安全心理学常识，掌握心理活动规律，在事故发生前调节和控制好自己的心理和行为。

一、安全心理学

安全心理学在安全工作中起着至关重要的作用。它通过研究人在事故发生过程中的心理活动特点和规律，为安全管理提供科学的依据和方法，帮助管理者更好地了解员工的心理和行为特点，从而采取更有效的管理措施，预防和控制事故的发生。安全心理学在事故预防中有着重要的应用。事故致因理论分析认为，事故是一系列原因事件相继发生的结果，即伤害与各原因相互之间具有连锁关系。安全心理学可以通过分析人的认知、能力、人格、经验、性别、年龄、反应模式等主体因素和工作环境条件等物理因素，找出事故发生的心理原因，从而采取措施预防事故的发生。

二、职业安全能力的重要性

轨道交通运输行业工程建设规模大、施工人员分散、流动性强、机械化程度越来越高、劳动强度高、安全管理人员数量少、临时设施多、职业卫生条件有限，新技术、新工艺、新装备大量采用，安全管理任务重、难度大。企业现场需要员工了解有关工程施工安全技术规程、施工现场临时用电安全技术规范、建筑机构使用安全技术规程等标准和规范，以满足安全管理、安全技术和安全操作三个层次的行业从业人员的安全教育培训需要，帮助岗位人员了解和预知轨道交通施工的危险危害因素、安全基本常识、安全技术要点与安全管理注意事项等。通过总结多年的现场员工安全培训教育经历及相关经验，企业职教部门越来越重视在职工安全教育过程中的安全心理教育，企业想从行为层面真正减少不安全行为的发生，要运用心理学原理，将认知、情绪情感、意志过程综合分析，为支持企业安全生产起到实际效果。

为保障轨道运输安全和畅通、维护从业人员人身和财产安全，企业高度关注岗位从业人员的安全能力。若安全能力不足，则容易引发如下安全事故：关键岗位作业人员当班睡觉引发的重大、特大事故；机车乘务员不熟悉规章、误解规章引发的重大、特大事故；作业人员违反作业纪律和劳动纪律引发的行车事故；简化作业、盲目求快、防溜不当、臆测行车引发的各类调车事故；违章施工引发的行车事故；当班离岗引发的客车火灾事故；违章作业纪律、违反作业纪律、劳动纪律引发的人身伤害事故；汽车司机盲目抢越、火车司机措施不力引发的路外伤亡事故。从事故描述的行为层面看，都是违反了安全规章制度，实际伴随发生的心理过程，是可以从心理学视角进行分析和预防的，相关的警示教育也可以结合心理学原理起到更有效的支持作用。

三、对轨道交通行业主要工种岗位人员安全能力的要求

对轨道交通行业主要工种岗位人员安全能力的要求主要有以下五方面：

1. 事故敏感性

事故敏感性是指轨道交通行业主要工种岗位人员能够预先发现、识别、判断可能导致安全事故的各种危险因素，对事故及其发生高度警惕，可以高度敏感地捕捉到事故发生的先兆，并及时采取预防措施，是一种面对各种各样有可能对自己或他人造成伤害的外在环境条件的警觉状态。增强事故的敏感性可以预防事故，保证

安全，识别风险，消除隐患，需要通过熟练掌握作业技巧和方法，及时发现潜在的安全隐患来不断提高事故敏感性。

【案例 1】动车组司机周师傅在驾驶列车经过南京大桥旁边时，车身突然一晃，周师傅根据自己的敏感性马上进行汇报。后来工务去测量，结果发现是桥洞下沉。另一位动车组司机刘师傅在一次值乘途中，以时速300 km行驶，突然列车出现晃动，他感觉不妙，找好时机停车并进行汇报。事后检查发现是由于胀轨把车拱了起来。这两位动车组司机都因具有较高的事故敏感性，从而有效避免了安全事故的发生，直接避免了巨大的经济损失。

案例分析：轨道交通行业始终坚持“安全第一、预防为主、综合治理”的方针，这也是国家的安全生产目标。然而，在实际的行车或者运输生产中，有时会有一些紧急意外事故的发生，采取管理手段、技术、设备等处理往往存在时间差，不能及时有效地处理。因此，这种情况对于该岗位职工的经验、事故敏感性的要求较高，并且此时依据职工的事故敏感性对意外紧急事故进行处理，往往会有效降低时间成本，提高事故处置效率，确保安全运输。

事故敏感性对于轨道交通行业主要工种岗位人员而言非常重要，关系到安全运营和乘客生命财产。这就要求本行业工种岗位人员在值乘过程中多积累经验、多向有经验者借鉴和学习，要具有前瞻性的思维和视野；对作业方法和规则熟记于心、熟能生巧，并要充分利用部门内部的相关设备进行情景模拟，提升自己的应对能力和心理素质。工作中要高度集中精力，不能被外界干扰，有意识培养自己的事故敏感性，以便能及时发现潜在的安全隐患，并对此做出应有的反应和有效的解决对策。

2. 严谨细致

严谨细致是指职工在工作中忠实履行岗位职责，做事认真负责、一丝不苟、精益求精。严谨细致是一种工作态度，反映了工作作风。要求做好每件事情的每一个环节和每一个步骤，不能心浮气躁，好高骛远；要从具体的小事做起，特别注重在本职岗位上尽职尽责。轨道交通行业工作人员严谨细致的态度，不仅反映从业人员的安全意识和道德水平，还直接关系到值乘的质量和人民群众的生命财产安全。严谨细致是落实安全的根基，彰显新时期轨道交通行业的职业态度、思想境界和价值取向，体现了行业特征，是企业文化的基石。

【案例2】某次货物列车运行至某车站，因折角塞门关闭制动失灵，造成机车和1辆货车颠覆、1辆货车脱轨。造成这起重大事故的直接原因是检车员和机车乘务员无视作业的关键细节，违章关闭折角塞门。车间列检员在对此次货物列车机后1位车辆更换缓解阀后试风作业时，关闭了2位车辆前端折角塞门，试风完毕后未将折角塞门开启，尾部检车员又没有发现列车折角塞门关闭。某次列车司机开车前，对列尾装置3次发出的“低风压告警”提示置若罔闻。开车后，司机没有运用列尾装置查询列车风管贯通情况，对列尾装置先后5次发出的“低风压告警”提示视而不见，加之列尾反馈装置失灵，最终导致安全事故。

案例分析：轨道交通行业所有职工都应该切实养成良好的工作习惯，形成根深蒂固的安全第一的意识，切实保障安全落到实处，工作不得有丝毫马虎。对待轨道交通行业的具体工作必须要有对安全、对值乘的敬畏意识、红线意识，目标要高，制度要严，在工作上重流程和细节，使高标准、严要求、重流程和细节不仅成为一种工作态度，更要成为一种工作习惯，要通过岗位实践强化习惯的养成，最终形成严谨细致的工作态度和工作作风。

在应对突发状况时，本行业职工需要通过自己在实际工作中，不断积累经验总结应对不同突发情况的处理措施，以便在实际值乘过程中面临突发紧急情况时，可采取周到、全面、有效的应对措施和解决方案。

3. 尽责

尽责是个体对责任的感知和感受，指职工自觉、认真地履行工作职责，把责任转化到行动中去的一种自觉意识。它是职工从组织单位那里接受任务之后，内化于个体内心世界的一种心理状态，这是个体履行责任行为的精神内驱力。尽责性要求轨道交通行业的职工要用严肃认真的态度对待本职工作，勤恳敬业，忠于职守，求真务实。轨道交通行业的从业人员充分发挥尽责性，才能在平凡的岗位上实现自己的人生价值，体验成就感和幸福感，可以提升其业务水平和思想境界，会在工作中不甘平庸，勇于创新，为家庭和企业谋利益、创财富。

【案例3】中国铁路北京局集团有限公司张家口工务段小蒜沟线路维修工区，仅有22名职工，平均年龄28岁，扎根坝上高原高寒地区，肩负起守护唐包重载线路安全畅通的重任。唐包线是国家煤炭运输的重要通道，万吨重载列车对钢轨冲击力强，导致线路磨耗快、几何尺寸变化大，日常的维修养护任务非常繁重。工区线路途径路段冬季冻土期长达5个月，为了有效解决线路冻害问题，工区组建冻道防治技术攻关小组，实践总结出了“冻道防治整修16字工作法”和“高寒地区冬季15 mm以上冻道综合整治方案”，将冻道对线路的影响降到了最低，有力保障了冬季行车安全。这个青年班组多次荣获段级、集团公司级先进集体，集团公司“青年文明号”班组等荣誉，以实际行动诠释了“团结、进取、实干、尽责”的企业精神，呵护着铁路大动脉，用青春和热血在塞北高原上浇灌出忠诚尽责之花。

案例分析：个体对社会的贡献是其自身价值的一部分，主要通过职业活动来体现。尽职尽责的观念就是轨道交通行业员工认识到自己是企业的主人，并由此产生的一种迫切希望对国家、对社会、对企业负责，并为其贡献自己的力量，并抵制破坏国家、社会和企业利益的行为，保证所在组织的生存和发展，在平凡的岗位上实现自己的人生价值。

在轨道交通行业每一位职工都是“安全生产责任人”，要杜绝“事不关己，高高挂起”的思想，要牢固树立“安全责任重于泰山，安全生产事关大家”的责任意识和安全意识，及时发现安全隐患，并以尽职尽责的态度和行为及时汇报，及时消除隐患，确保轨道交通的整体安全。

4. 谨慎

谨慎是对外界事物或自己言行密切关注，以免发生非正常事件。轨道交通行车在时速较高的情况下，能够安全有效地运行，需要相关岗位的人员协调统一、认真工作、严谨操作。许多岗位是需要岗位人员长期坚守在高空、高危、不便利、不舒适的环境中进行作业的。对于这些工种的岗位人员而言，谨慎性又专指处于高危工作环境时，时刻保持小心、认真的操作状态。

【案例4】工务系统天窗作业，有时要持续到凌晨四五点钟，工作量大、人手短缺、休息时间不足等原因会导致职工心理、生理都产生很大压力，甚至出现适应不良。在供电系统“水电无情”，每一个工作步骤都要按照工作流程和标准严格进行，也不能完全靠经验行事，一旦出现用电安全的事故，后果将很严重。

案例分析：工作谨慎要求“保持如履薄冰、如临深渊的心态”，心理上敬畏安全，行为上履行安全责任。从近年来发生的事故案例看，基本都是由于忽视安全、作业不谨慎、疏忽细节等造成的。欲杜绝事故的发生，需要的是每一位员工都要对安全工作高度负责、对日常工作中的操作环境高度重视，认真学习安全生产的规章制度，辨析各种危险源，在生产中遵章守纪、按规范作业，时刻保持谨慎小心的操作状态，能及时向领导反映事故隐患，及时整改，备足预案，以便在事故发生时采取正确的举措。

5. 耐心

耐心指的是人们对事物的认识过程中所表现出来的个性心理特征，是性格中的一种潜在力量，也是信心的持久和延续，是决心和毅力的外在表现，要求不急躁、不厌烦、不求快。耐心在轨道交通作业操作中是一种极为重要的品质和心理特征。很多工种需要联合作业，会出现在岗位上待命，接受随时调度，因此不仅要求此类职工有较高的突发事件应对能力和适应密闭工作环境的能力，而且还要有极大的耐心。

【案例5】在车辆行进过程中，设备显示故障，维修人员要在有限的时间内进行故障排查和检修，经常需要进行多个环节逐个排除故障的可能性，才能最终确定故障原因，而后进行检修；在进行沿线维修时，有时要几个工友一起步行数公里，期间的用水、用餐、休息条件都可能会非常艰苦，经过数小时才能完成整个区间的巡道和检修，不仅要有体力上的足够耐力，还要有心理上的足够耐心；列车乘务人员，一次出乘少则一天，多则一周，衣食住行都要在列车上完成，需要有很强的耐力，在完成工作的同时，保持良好的身体状态和情绪感受。因此，依据工作性质和工作内容的需要，如果此方面的能力不足，则会导致不能按时保质地完成基本工作任务，让个体产生强烈的逆反和畏惧情绪，降低工作热情，削弱工作幸福感，甚至影响整个运输的安全质量。

案例分析：轨道交通行业的运输生产过程中，不免会有突发事件、延误等状况的发生。在这种情境下，每位职工务必要按照规定流程进行作业操作，车务部门要按照列车运行图要求的时间发车、行驶，而辅助司机务必要按照规定要求和规定时间耐心等待并进行自身作业。若有个体为了自身利益，稍有懈怠，延迟作业，则极有可能会导致“一人影响一车，一车影响全国”的严重后果。因此，轨道交通行业人员要有较强的顾全大局的意识和服务全局的具体工作行为。要恪尽职守，尽自己的努力，严守自己的职业或岗位，谨慎认真地做好本职工作，细心耐心地守住职位或岗位。

轨道交通行业的很多岗位都要持久连续地稳定作业，有时长时间工作需要熬夜，尤其是在夜班值班时，在长时间的高压环境下，员工个体及整个工作团队都容易产生疲劳、犯困的现象，因此需要员工保持“螺丝钉”精神，时刻保持清晰、冷静的头脑，牢记使命，保持耐心，在作业中井然有序，严格遵守交接制度，按照规定时间实施检查和维护作业，不能以任何借口影响车辆的正常运行，要不急不躁，严格按照规章制度和上级下达的命令进行操作，从工作的每一个环节入手，确保安全。

四、提升安全心理能力的策略

1. 了解常见的安全风险

首先，需要了解在不同场景下可能面临的常见安全风险。例如，在家中，火灾、电器漏电、燃气泄漏等都是潜在的危险；在道路上，交通事故、行人被撞等风险时刻存在；在工作场所，机械故障、高空坠落、化学品泄漏等可能威胁到我们的安全。对于网络世界，也存在诸如网络诈骗、个人信息泄露、黑客攻击等安全问题。

2. 学习相关的安全知识

学习如何正确使用灭火器和逃生绳索，了解地震、火灾等紧急情况下的应急处理方法；学习道路交通安全规则，知道如何避免交通事故；在工作中，掌握本岗位的安全操作规程，熟悉各类安全标志的含义。对于网络安全，要学会设置强密码，不随意点击来路不明的链接，定期更新软件以修复安全漏洞等。

3. 培养良好的生活习惯

出门时检查门窗是否关好，电器是否关闭；不躺在床上吸烟，避免引发火灾；定期清理家中的杂物，保持通道畅通。保持规律的作息时间，避免疲劳驾驶或工作，减少因疲劳导致的事故风险。

4. 增强自我保护意识

在外出时，要时刻保持警惕，注意周围的环境和人员。避免独自走夜路，尽量选择人多、照明良好的道路。如果遇到可疑人员或情况，要及时远离并报警。在与他人交往中，不轻易透露个人重要信息，如家庭住址、银行账号等。

5. 保持积极心态

在面对变革和学习时，保持积极的心态非常重要。每天给自己打打气，告诉自己“我能做到”，这样困难也就不那么可怕了。

6. 学会放松和休息

适时地放松一下，听听音乐、做做运动，或者简单地深呼吸几下。放松心情，才能更好地面对挑战。

7. 与他人交流

与同事多交流，分享彼此的感受和想法。你会发现，原来大家都有同样的困惑和挑战，一起面对，就更不怕了。

8. 设定小目标

不要一下子就想搞定所有事情，那样压力太大。给自己定个简单的小目标，一步步来，每完成一个就给自己一点奖励。

通过这些策略和方法，可以有效提升个人安全心理能力，增强应对各种安全风险的能力。

学习笔记

活动训练

共造车轮

①目的：培养学生在职业中主动提升安全能力的职业素质。

②步骤：

- 成员分成10人左右一组的小组，小组利用分配的胶带和报纸，制作一个可以容纳全体组员的封闭式大车轮，将车轮立起来全体组员站到车轮中间边走边滚动大车轮。
- 每个小组有10分钟的时间利用报纸和胶带制作大车轮，并且商讨前进时的注意事项。
- 活动正式开始，所有小组同时从起点出发，第一个到达终点的小组获胜。
- 前进过程中，所有组员都必须在车轮内。报纸制作的车轮必须保持封闭的状态，否则就宣告此次挑战失败。
- 小组讨论分享：小组在行进过程中怎么解决遇到的困难；制造车轮时需要注意什么。

③在活动训练过程中，完成活动训练任务单（见表9-3-1）的填写。

表9-3-1　活动训练任务单

任务执行人		班级名称	
所属小组		完成日期	
任务实施			
理论认知	结合轨道交通行业员工安全能力要求的学习，可以做如下描述： ①我们小组在行进过程中遇到的困难为________。 ②我们小组采取的解决困难的方法为________。 ③我认为制造车轮时需要注意的部分为________		
情感体验	当我拿到分配的胶带和报纸时，感到________（描述情绪）。 当我和小组成员一起制造车轮时，感到________（描述情绪）。 当我和小组成员在行进过程中遇到困难时，感到________（描述情绪）。 当我和小组成员共同完成小组任务时，感到________（描述情绪）		
意志提升	当我和小组成员克服困难，共同完成造车轮任务时，觉得对职业的勇气和信心提升了________分（满分10分）		
行为表达	通过这项活动，发现我在行为层面有了这些方面的改变：（比如，原来做事时不够谨慎和耐心，通过活动体验，可在职业情境下谨慎、耐心做事） ①________。 ②________		
指导老师批阅： 年　月　日			

任务评价

对本任务学习目标的达成情况进行评价，见表9-3-2。

表9-3-2　任务评价表

评价内容	评价标准	分数	评分记录		
			学生自评	组间互评	教师评分
知识掌握	明确职业素质中安全能力的要求	10			
	重视安全能力的意义和作用	10			
能力应用	能自主提高安全意识	30			
	能有在专业学习中确保安全的能力	30			
素质养成	培养主动提升安全能力的职业素质	10			
	发扬工匠精神，能将人格塑造与社会主义核心价值观深度融合	10			
总分		100			

参考文献

[1] 北京交通大学轨道交通行车关键岗位人员职业适应性研究中心 . 铁路职工心理健康管理手册 [M]. 北京：北京交通大学出版社，2016.

[2] 曾庆龄 . 铁路职工心理健康手册 [M]. 北京：中国铁道出版社，2013.

[3] 袁学玲，喻业伟，周桂凤，等 . 高速铁路机车乘务员心理健康状况调查 [J]. 中华疾病控制杂志，2014，18(5)：447-449.

[4] 李元韬，曹志宇 . 基于层次分析法的铁路职工安全心理评价模型研究 [J]. 铁道运输与经济，2014，36(8)：78-82.

[5] 郭名，叶龙，焦峰 . 基于胜任素质的高速铁路司机职业安全评价体系研究 [J]. 北京交通大学学报（社会科学版），2010，9(1)：59-64.

[6] 王波，何世伟，焦文根，等 . 铁路车务系统安全心理和行为模式的探讨[J]. 铁道运输与经济，2016，38(1)：63-67.

[7] 郭念锋 . 心理咨询师：基础知识 [M]. 北京：民族出版社，2012.

[8] 宁维卫，董洁，王雅静，等 . 铁路交通一线员工安全心理素质评估初探 [J]. 西南交通大学学报（社会科学版），2015，16(2)：60-66.

[9] 裴小贝，陈青萍 . 铁路员工工作压力源与心理健康的实证研究 [J]. 中国健康心理学杂志，2012，20(11):1665-1667.

[10] 史磊 . 铁路行车中铁路职工安全心理健康教育重要性研究 [J]，现代企业文化，2013 (5):111-112.

[11] 孙晨哲 . 铁路司机心理素质结构模型初探 [J]. 郑州铁路职业技术学院学报，2016，28(3)：90-93.

[12] 吴晓君 . 铁路职工心理压力状态研究 [J]. 理论学习与探索，2016(1):73-74.

[13] 邢邦志 . 心理素质的养成与训练 [M]. 上海：复旦大学出版社，2002.

[14] 铁路员工心理健康读本编委会 . 铁路员工心理健康读本 [M]. 北京：中国铁道出版社，2012.

[15] 赵森 . 铁路乘务员工作压力、职业倦怠与心理健康的关系 [D]. 开封：河南大学，2016.

[16] 孟凡长 . 通过个性心理特征窥视思想政治教育 [J]. 现代交际月刊，2012(4):243.

[17] 耿祥礼 . 企业员工压力管理的策略探析 [J]. 经济师，2011(4):233-235.

[18] 索红梅，马修堂，薛蓓蕾，等 . 减压放松训练对改善特勤人员紧张情绪的影响 [J]. 中国疗养医学，2014 (9):795-796.

[19] 叶芬 . 心理疏导在思想政治工作中的应用初探 [J]. 青春岁月，2011 (18)：251.

[20] 张磊 . 同舟共济，心手相连：人际交往团体辅导方案 [J]. 班主任之友（小学版），2009(11):37-38.

[21] 樊富珉 . 团体心理咨询 [M]. 北京：高等教育出版社，2005.

[22] 韩买良 . 铁路行车安全管理 [M]. 北京：中国铁道出版社，2003.

[23] 铁道部安全监察司 . 铁路行车事故案例 [M]. 北京：中国铁道出版社，2003.

[24] 高玉祥，程正方，郑日昌 . 心理学 [M]. 北京：北京师范大学出版社，1985.

[25] 赵吉山，肖贵平 . 铁路运输安全管理 [M]. 北京：中国铁道出版社，1999.

[26] 毛海峰 . 安全管理心理学 [M]. 北京：化学工业出版社，2004.

[27] 邵辉，王凯全 . 安全心理学 [M]. 北京：化学工业出版社，2004.

[28] 叶龙，李森 . 安全行为学 [M]. 北京：清华大学出版社，2004.

[29] 胡一本，周平 . 事故预防心理学 [M]. 北京：人民教育出版社，2001.

[30] 中华人民共和国国务院 . 铁路交通事故应急救援和调查处理条例 [M]. 北京：中国铁道出版社，2007.

[31] 中华人民共和国铁道部 . 铁路交通事故调查处理规则 [M]. 北京：中国铁道出版社，2007.

[32] 邵辉，赵庆贤，葛秀坤 . 安全心理与行为管理 [M]. 北京：化学工业出版社，2011.

[33] 中国铁路总公司安全监察司．铁路行车事故案例[M]．北京：中国铁道出版社，2003.
[34] 赵吉山，肖贵平.铁路运输安全管理[M]．北京：中国铁道出版社，1999.
[35] 邵辉，王凯全．安全心理学[M]．北京：化学工业出版社，2004.
[36] 曾益汉．铁路安全心理与管理[M]．北京：中国铁道出版社，2001.
[37] 樊富珉.大学生心理健康与发展[M].北京：清华大学出版社，1997.
[38] 胡德辉.大学生心理与辅导[M].广州：中山大学出版社，2000.
[39] 李有华.大学生心理健康教育[M].北京：中国林业出版社，2000.
[40] 张秀红.大学生心理健康教育[M].北京：中国言实出版社，2016.